中国外语教育研究丛书

刘道义　主编

王　蔷　国红延　陈则航　钱小芳　著

# 高中英语课程标准实验教科书评价研究

GAOZHONG YINGYU KECHENG BIAOZHUN SHIYAN JIAOKESHU PINGJIA YANJIU

广西教育出版社
南宁

**图书在版编目（CIP）数据**

高中英语课程标准实验教科书评价研究 / 王蔷等著
.—南宁：广西教育出版社，2020.8（2021.2 重印）
（中国外语教育研究丛书 / 刘道义主编）
ISBN 978-7-5435-8817-2

Ⅰ.①高… Ⅱ.①王… Ⅲ.①英语课—教材—研究—高中 Ⅳ.①G633.412

中国版本图书馆 CIP 数据核字(2020)第 086742 号

策　　划：黄力平　　组稿编辑：黄力平
责任编辑：陈文华　朱　滔　　装帧设计：刘相文
责任校对：叶　冰　　责任技编：蒋　媛

出 版 人：石立民
出版发行：广西教育出版社
地　　址：广西南宁市鲤湾路 8 号　　邮政编码：530022
电　　话：0771-5865797
本社网址：http: //www. gxeph. com
电子信箱：gxeph@vip. 163. com
印　　刷：三河市南阳印刷有限公司
开　　本：787mm×1092mm　1/16
印　　张：16.25
字　　数：270 千字
版　　次：2020 年 8 月第 1 版
印　　次：2021 年 2 月第 2 次印刷
书　　号：ISBN 978-7-5435-8817-2
定　　价：42.00 元

# 序　一

由广西教育出版社策划、刘道义研究员主编的“中国外语教育研究丛书”是出版界和外语教学界紧密合作的一个重大项目。广西教育出版社归纳了本丛书的几个特色：基于中国特色的比较研究，原创性、研究性和可操作性，理论与实践相结合，学科和语种相融合，可读性较强。道义研究员则谈到五点，即理论性、实践性、创新性、研究性、可读性。我非常赞同来自出版社和主编的归纳和总结，尽可能不再重复。在这里，只是从时代性方面汇报一下自己的感受。第一，本丛书上述各个特色具有新时期所散发的时代气息。众所周知，我国的外语教育在20世纪50年代以俄语及其听、说、读、写四项技能的教学为主，改革开放后强调的是英语交际教学法。进入新时期后，我国外语教育的指导思想着眼于如何更好地为“一带一路”倡议和“教书育人”素质教育服务。应该说，外语教材和有关外语教学理念的专著在我国不同时期均有出版，但本丛书更能适应和满足新时期的要求。如果说过去出版社关注的是如何让外语教材在市场上占有一定的份额，那么，本丛书更关注的是如何指导外语教师做好本职工作，完成国家和学校所交给的任务，让学生收到更好的学习效果，让家长和社会提高对外语教学重要性的认识。当然，这套丛书也帮助外语教师实现从“教书匠”转变为真正的外语教学工作者，使他们既是教师，又是研究者。第二，本丛书的内容不仅适用于英、俄、日、法、德等传统外语语种，也适用于其他非通用语种。第三，就本丛书的选题而言，除传统的技能教学和教育学外，还有社会学、心理学、哲学、美学、神经学等内容。这体现了当代多种学科相互融合的先进思想。随着信息技术的发展，多模态的课堂教学和网络教学已成为本丛书关注的选题内容。

我和本丛书的主编刘道义研究员相识多年。由于她从不张扬，因此我有必要以老大哥的身份来介绍一下她。第一，道义自1960年从北京外国语学院（今北京外国语大学）毕业后，从事大、中、小学英语教学工作17年，对不同层次的外语教学均有亲身体验。第二，从1977年8月起，道义参加了历次的全国中小学英语教学大纲编制工作，编写和修订了12套中小学英语教材，并承担其中9套教材的主编工作；编著教师理论丛书4套、中学生英语读物2套、英语教学辅助丛书3套；发表有关英语教学改革的文章百余篇。由此可见，除参与教学实践外，她还长期从事外语教学理论的研究。最近在许多学校内时有争论，那就是教师只要教书即可，不必费神搞研究。我想道义以自己的行动回答了这个问题。第三，道义曾任教育部中小学教材审定委员会英语专家组组长、中国教育学会外语教学专业委员会理事长、课程教材研究所副所长、人民教育出版社副总编辑。这表明道义具有很强的领导和组织能力。第四，道义曾任党的十四大代表，我认为这说明了道义本人的政治品质好。党员既要把握正确的政治方向，又要在业务工作中起表率作用。所有这些归纳成一句话，本丛书主编非道义莫属。

除道义外，本丛书汇聚了我国从事外语教育研究的专家和名师。以道义所在的人民教育出版社为例，就有吴欣、李静纯、唐磊三位研究员参与编写工作。我退休后曾经在北京师范大学兼课10年，见到丛书各分册的作者名单上有王蔷、程晓堂、罗少茜等大名，顿时兴奋起来。这些当年的同事和年轻学者承担了本丛书15卷编写任务中的4卷，实力雄厚，敢挑重担，我为之感到骄傲。作者名单上国内其他师范院校从事外语教育的领导和专家有华东师范大学的邹为诚、华南师范大学的何安平、东北师范大学的高凤兰、浙江师范大学的付安权、福建师范大学的黄远振、天津师范大学的陈自鹏，来自综合性大学的则有清华大学的崔刚、范文芳和中国人民大学的庞建荣。在这个意义上，本丛书是对我国外语教育研究力量的一次大检阅。难怪本丛书的一个特色是中外外语教育思想和理论的比较研究，而且重点是中国外语教育的实践和理论。上述作者中不少是我的老相识。虽然有的多年未见，如今见到他们仍活跃在第一线，为我国的外语教育事业而奋斗，令我肃然起敬。祝他们身体健康，在事业上更上一层楼。上述作者中有两位（范文芳教授和程晓堂教授）是我在北京大学和北京师范大学指导过的博士生。目睹当年勤奋学习的年轻学子，现已成为各自学校的教学科研骨干，内心一方面感到欣慰，一方面感到自己落在后面了。

本丛书的策划者广西教育出版社成立于 1986 年 12 月。就出版界来说，时间不算太早，但本丛书的成功出版在于该社英明的办社方针。据了解，该社主要出版教育类图书。其中教师用书和学术精品板块是该社最为器重的。本丛书的良好质量和顺利出版还得益于该社两个方面的经验。首先，早在 20 世纪 90 年代，该社已出版了一套外语学科教育理论丛书（胡春洞、王才仁主编）。该丛书总结了改革开放后外语学科教育研究的成果，展示了其发展的前景，给年轻一代学者的成长提供了帮助，在外语教学界产生了很好的影响，为本丛书的组织和编写提供了宝贵的经验。其次，新时期以来，该社相继出版了数学、化学、物理、语文等学科教育研究丛书，积累了较多经验，如今策划、组织和出版“中国外语教育研究丛书”更是驾轻就熟。

天时、地利、人和，在此背景下诞生的“中国外语教育研究丛书”必然会受到国内外外语教学界和出版界的欢迎和重视。我很荣幸，成了第一批点赞人。

胡壮麟

北京大学外国语学院

2016 年 12 月 1 日

胡壮麟简介：教育部基础教育课程教材专家咨询委员会委员，北京大学资深教授、博士生导师。曾任教育部高等学校外语专业教学指导委员会委员、英语组副组长，中国英语教学研究会副会长，中国语言与符号学研究会会长，中国高校功能语法教学研究会会长。

# 序　二

一年多以前，当我接到广西教育出版社的邀请，让我主编一套外语教育理论研究丛书时，我欣然接受了。我担此重任的这份自信并非源于自己的学术水平，而是出自我对外语教育事业的责任和未竟的情结。

我这辈子从事外语教育，无非是跟书打交道：读书、教书、编书、写书。虽然教书认真，有良好的英语基础，但成绩平平。因为缺乏师范教育，并不懂得有效的教学方法。然而，17年的大、中、小学教学为我后来的编书和写书提供了宝贵的实践经验。改革开放后，我有幸参加了国家英语课程和教材的研制工作，零距离地与教育专家前辈共事，耳濡目染，有了长进；又有幸出国进修、考察，与海外同行交流切磋，合作编写教材、研究教法、培训师资，拓宽了视野。由于工作需要，我撰写了不少有关英语教育、教学的文章。文章虽多，但好的不多。为了提升自己的理论水平，我对语言教学理论书籍产生了浓厚的兴趣。退休后有了闲空，我反倒读了许多书，而这些书很给力，帮助我不断写文章、写书。2015年，我实现了一个心愿，就是利用我的亲身经历为我国的英语教育做些总结性的工作。我与同行好友合作，用英文撰写了《英语教育在中国：历史与现状》一书，又用中文写了《百年沧桑与辉煌——简述中国基础英语教育史》和《启智性英语教学之研究》等文章。

我已近耄耋之年，仍能头脑清楚，继续笔耕不辍，实感欣慰。

当我正想动笔写一本书来总结有关英语教材建设的经验时，我收到了广西教育出版社的邀请信。这正中我的下怀，不仅使我出书有门，还能乘此机会与外语界的学者们一起全面梳理改革开放以来，特别是这十几年的外语教育教学的研究成果。我计划在20世纪90年代出版的，由胡春洞、王才仁先生主编的外语学科教育理论丛书的基础上进行更新和补充。发出征稿信后，迅速得到了反馈，10所大学及教育研究机构的多位学者积极响应，确定了15个选题，包括外语教学论、教与学的心理过程研究、课程核心素养、教学资源开发、教学策略、教学艺术论、教师专业发展、信息技术的运用、教材的国际比较研究等。

作者们都尽心尽力，克服了种种困难，完成了写作任务。我对所有的作者深表谢意。同时，我还要感谢胡壮麟教授对此套丛书的关心、指导和支持。

综观全套丛书，不难发现此套丛书的特点主要反映在以下几个方面：

一、理论性。理论研究不仅基于语言学、教育学，还涉及社会学、心理学、哲学、美学、神经学等领域。语种不只限于英语，还有日语和俄语。因此，书中引用的理论文献既有西方国家的，也有东方国家的。

二、实践性。从实际问题出发，进行理论研究与分析，提供解决问题的策略和案例。

三、创新性。不只是引进外国的研究成果，还反映了我国改革开放以来的教育改革历程，具有鲜明的中国特色，而且还开创了基础教育教材国际比较的先例。

四、研究性。提供了外语教育科学研究的方法。通过案例展示了调查、实验和论证的过程，使科学研究具有可操作性和说服力。

五、可读性。内容精练，言简意赅，深入浅出，适合高等院校、基础教育教学与研究人员阅读。

此套丛书为展示我国近十几年的外语教育理论研究成果提供了很好的平台，为培养年轻的外语教育研究人才提供了很好的平台，为广大外语教研人员共享中外研究成果提供了很好的平台，也在高等教育机构的专家和一线教学人员之间建起了联通的桥梁。为此，我衷心感谢平台和桥梁的建造者——广西教育出版社！

我除组稿外，还作为首位读者通读了每一本书稿，尽了一点儿主编的职责。更重要的是，我从中了解到了我国外语教育近期的发展动态，汲取了大量信息，充实了自己，又一次体验了与时俱进的感觉。为此，我也很感谢广西教育出版社给了我这个学习的机会。

1998年，我曾经在我的文章《试论我国基础外语教学现代化》中预言过，到21世纪中叶中华人民共和国成立一百年时，我国的基础外语教学将基本实现现代化。今天，这套丛书增强了我的信心。我坚信，到那时，中国不仅会是世界上一个外语教育的大国，而且会成为一个外语教育的强国，将会有更多的中国成功经验走出国门，贡献给世界！

刘道义

2016年11月21日

刘道义简介：课程教材研究所研究员、人民教育出版社编审。曾任中国教育学会外语教学专业委员会理事长、课程教材研究所副所长、人民教育出版社副总编辑。曾参与教育部中学英语教学大纲的编订和教材审定工作。参加了小学、初中、高中12套英语教材和教学参考书的编写和修订工作。著有《刘道义英语教育自选集》《英语教育在中国：历史与现状》，主编“著名英语特级教师教学艺术丛书”、《基础外语教育发展报告（1978—2008）》、《新中国中小学教材建设史1949—2000研究丛书：英语卷》等，并撰写了有关英语教育与教学的文章100多篇。

# 前　言

21世纪初，伴随着国家第八次基础教育课程改革的大潮，英语课程开启了从语言知识转向以发展学生综合语言运用能力为导向的改革，其目的是全面提升学生的语言知识、语言技能、文化意识、情感态度和学习策略，力求在培养学生运用语言进行交流的同时，提高他们的综合人文素养（包括跨文化意识、良好的性格品质和终身学习的能力）。在这次改革中，教育部组织制定了《普通高中英语课程标准（实验）》，并编写了配套的实验教科书，希望教师在教学中能够将课程理念转化为教学实践和学生的学习体验，通过师生课堂互动等一系列活动的设计与实施，将改革的目标和要求转化为学生的综合语言运用能力。

一直以来，外语教科书作为课程内容的物化形式、政治文化的产物以及教育教学理念的载体，始终是连接课程理论与教学实践的纽带，在学校教育中有着无可替代的作用。特别是在我国基础教育的情境中，教学质量在很大程度上受到教科书质量的影响。然而，一套教科书的质量及其对教与学效果的影响，并不是编者所能决定的，而是由教科书的实际使用者，即学生、教师和教研员来共同决定的。在课程改革推进十多个年头之后，实验教科书对课程标准的理念体现得如何？实验教科书在课程改革实施中发挥了什么作用？它对教师的教学和学生的学习产生了什么影响？实验教科书的使用现状如何？受到了哪些因素的影响？这些问题都直接关系到课程标准实施的效果，也关系到基础外语教育的整体质量。因此，科学、客观、系统的教科书评价，以及针对教科书使用情况的调查既非常重要，也非常有必要。

本研究为教育部委托课题，重点调查2004年以来高中英语课程改革实验区的学生、教师和教研员对高中英语教科书的评价，了解教师在具体教学情境中是怎样使用教科书的。

本次调研综合了国内外教科书评价和使用的研究成果。在此基础上，开发了高中英语课程标准实验教科书使用情况调查问卷。该问卷包括调研对象的基本信息、对实验教科书的整体评价（涉及教科书与课程标准的一致性、内容选择、语言学习活动设计、外观设计、容量和难度、学习评价方式等）、教科书对学生学习能力和教师教学能力的促进作用、教科书的使用情况（涉及教科书的使用与调整、使用教科书策略的培训、教学评价方式、教师备课情况等）以及少量的开放性题目。教师卷和教研员卷还增加了实验教科书与旧版教科书的比较以及教科书使用效果的影响因素两个部分。

在教育部的组织协调下，英语学科的调查问卷在七个省、直辖市的不同类别的学校进行了调研，涉及三套高中英语教科书的主要使用者，包括学生、教师和教研员，共发放上万份问卷。本次调研中开发的评价量表在实际调查中整体表现出良好的信度和效度。

本次调研发现，大部分学生、教师和教研员从整体上肯定了高中英语课程实验教科书的编写质量。他们认为，实验教科书整体上反映了课程标准的教育理念，有助于学生形成积极主动的学习态度和正确的价值观。教科书包括内容选择、语言学习活动设计及外观设计等在内的整体质量得到了保障。所选择的文章题材多样，语言真实地道，有助于学生了解当今社会、科技发展及其他国家的文化风俗。小组活动和结对活动有助于合作学习的开展。图文搭配和谐美观。习题的数量和难度适中，采用了多样的学习评价方式。和大纲版教科书相比，课标版的实验教科书注重调动学生的参与意识，体现了体验式语言学习方式，对学生的学习、教师的教学和教研活动都发挥了积极的促进作用。然而，教科书的编写还存在有待改进的空间。例如，教科书内容的趣味性还有所欠缺。对语言水平较低的学生来说，实验教科书内容偏多、难度偏大。一些教师认为，教科书模块内容的梯度安排不够合理，话题内容需要更新，语法项目不够系统等。

从使用情况看，教师基本上是按照教科书编排的进度设计和实施教学的。但是，为了应对考试，教师还经常补充教科书以外的练习题或者其他学习材料。相对而言，删除、替换内容和调换顺序等策略的使用率很低，而以考试为导向的高中英语教学方式仍然盛行。这在一定程度上影响了实验教科书的使用效果，导致教科书中丰富的学习活动在课堂教学中只能仓促处理，很多需要学生参与的语言任务和活动没有时间在课堂上展开。此外，教科书内容的整合对教师提出了很高的要求，而大部分教师不具备教材二次开发的知识和能力，也不敢大胆取舍。因此，教师对教科书只能做到表层的理解和处理，深度、灵活驾驭教科书的能力还很薄弱。

总的来说，影响实验教科书使用效果的主观、客观因素都还存在。各级各类的教师培训和教研活动虽然在一定程度上促进了教师对教科书的理解和使用，但培训的内容和方式都有待改进，特别是帮助一线教师切实转变观念是提升教科书使用效果的关键。一些教师对教科书的编写理念、探究式学习和师生讨论互动的课堂教学方式尚不熟悉，从而影响教科书作用的发挥。还有一些地区的硬件配套设施匮乏，课时安排不合理，对教科书的使用也产生了不利影响。

本次调研既反映了课程改革以来高中英语教学取得的成绩，也凸显了制约改革取得成功的一些深刻问题，比如如何突破考试评价的束缚，切实转变重语言知识和技能、轻语言能力和价值观培养的高中英语课堂教学方式等。这将是我们继续全面深化课程改革、落实立德树人根本任务的最大挑战。本研究的成果将为广大英语教育研究者、教科书编者以及一线教师解决教科书的编写与使用中的问题，探讨高中英语教科书的使用方法，研究针对教科书的教师培训等问题提供重要依据，从而搭建良好的教学与研究平台。

全书共分七章。第一章为研究概述，主要介绍本次实验教科书调研的背景，阐述了教科书在基础教育课程中的地位，通过回顾我国基础教育英语课程与教科书的发展历程来介绍本研究的目的与意义。第二章阐述本研究的理论基础，主要论述了教科书的本质与功能，课堂教学中教师、学生与教科书的关系以及教科书评价研究的意义。第三章为研究思路与方法，该章依次阐述了研究问题、研究工具的设计、抽样的范围与数据收集的过程、数据分析的方法、问卷的信度与效度等。第四章聚焦于学生、教师和教研员对实验教科书的整体评价以及影响因素分析。第五章聚焦于实验教科书使用情况及其影响因素分析。第六章汇总本次调研的发现，为教科书的编写、使用和修订提供参考。第七章也是最后一章，阐释了全面深化课程改革，落实新时期英语学科核心素养目标的内涵和意义，并对下一阶段教科书的编写和修订提出建议。

在本书即将出版之际，我要感谢为完成本项课题研究和出版本研究成果做出贡献的每一个人！首先，感谢本书的所有作者！在大家的通力合作下，我们终于完成了这项具有重要意义的工作。第二，感谢参与调研的所有学生、教师及教研员！感谢他们在百忙中抽出时间认真填写问卷，为本研究提供真实的意见和诚恳的建议。第三，感谢参与数据整理工作的北京师范大学外文学院的研究生！另外，本次调研是在教育部基础教育二司的大力支持与协调下完成的，各地教育行政部门组织了调查问卷的分发和回收的具体工作。在此我们也向他们表示衷心的感谢！还要感谢广西教育出版社的领导和编辑的大力支持和帮助！最后，感谢本套丛书的主编刘道义老师为书稿的框架和初稿提出中肯的意见和建议！

本书在编写过程中如有不足之处，还请广大读者批评指正。

王蔷

**北京师范大学**

**2020 年 2 月于北京**

# 目 录

# 第一章 研究概述

20世纪末期，经济全球化日趋凸显，社会信息化不断扩大，社会结构面临转型，对公民教育和人才培养提出了新的挑战和要求。鉴于此，世界范围内的新一轮大规模教育改革在酝酿中广泛兴起（Fullan，2000），中国也不例外。大规模的课程改革始于教育宏观政策的制定。在政策先导下，由教育行政部门组织专家、学者，结合学科制定教学大纲和课程标准，以及相应的实施方案。出版机构则在此基础上，按照课程标准的理念和要求，组织编写团队，将理念和要求物化为教科书，并通过教科书将课程的理念和要求传递给教师和学生。但是教科书的编写完成和审查通过并不等于课程理念和要求就会自动得到落实。教科书还需要进入具体的教学情境，经过教师的解读，从而转化为教学设计，最后通过课堂活动和师生互动落实到学生的学习过程中。

我国基础教育的第八次课程改革，正是经历了这样一个改革的进程（王蔷，2009）。为了更好地迎接21世纪社会、经济和科技发展对人才培养提出的挑战，我国于20世纪末提出了实施素质教育的改革目标。在2001年和2003年，教育部组织各学科的专家，基于以学生发展为本的理念，以素质教育为目标，完成并颁布了义务教育阶段和普通高中各学科的课程标准。接着，一批出版机构获得教育部的审核批准，根据教育部颁布的课程标准编写了各学科的实验教科书，力求将课程理念和要求转化为教科书的内容和活动设计。之后，经过审定的实验教科书进入学校，教师在日常教学中以教科书为主要的依据与资源，将课程标准的理念和要求落实到学生的学习过程中。于是，课程改革在各个环节相互影响的教育系统中有序进行。

然而，实验教科书对课程标准的理念体现得如何？实验教科书在课程改革实施中发挥了什么作用？它对教师的教学和学生的学习产生了什么影响？这些问题都直接关系到课程标准实施的效果，也关系到基础外语教育的整体质量。显而易见，教科书的调查与评价工作是一项非常重要而且对科学性要求较高的工作，我们必须建构一个科学、客观、系统的调查与评价系统，才能更有效地开展针对新课程理念以及教科书落实情况的评价工作。

本研究是以高中英语课程标准实验教科书（以下简称“实验教科书”）为调研对象，由教育行政部门组织开展的一项科学、系统的调研与评价：一来可以用于检测和评价教科书对课程标准的落实情况；二来可以帮助教育行政部门和教师发现课程标准实施中的问题，了解教师、学生等影响教科书使用的因素，为解决问题提供依据，也为课程改革的推进提出切实可行的建议。此项调研聚焦于我国高中英语课程改革实验地区的学生、教师和教研员对高中英语实验教科书的评价，包括学生对教科书的整体感受和评价，以及教师是如何在具体的教学情境中使用教科书的，等等。本章将首先对我国基础教育课程与教科书的历史发展做一个简单的回顾，然后重点分析课程改革中教科书的更迭与变迁，最后阐述本研究的目的和意义。

## 第一节 教科书在基础教育课程中的地位

教科书是连接课程与教学的纽带，也是连接课程理念与课堂实践的桥梁。因此，教科书在学校教育中具有举足轻重的地位和作用，而且在我国基础教育阶段更为突出。这是因为，在基础教育中，各学科教科书的编写必须根据各学科课程标准提出的不同阶段的课程目标，最大限度地体现课程标准的理念和具体的学习内容要求。教科书选择的内容和设计的活动不仅要有利于教师落实课程目标、选择课程内容，同时还要有利于教师组织和实施好课堂教学，以确保学生能够按照课程标准的要求实现提升，达到课程规定的学习水平。

正是由于基础教育的教学质量在很大程度上受到教科书质量的影响，特别是教科书的选择通常以省、直辖市、自治区为单位进行，使基础教育的教科书对某一个省或直辖市的学生学习以及教师教学的影响程度都远远超过高等教育的教科书（何东，2014）。高等教育的教科书一般是以学校为单位选用或者是由教师个人选择的，所以，高等教育教科书对学生学习的影响不会像基础教育那样大。另一点与高等教育不同的是，基础教育不仅有国家制定的课程标准和内容要求，还有标准化的考试和评价，教师对教科书的依赖性也更强。高等教育则没有这么多统一的标准和要求，教师可以根据自己学科的前沿发展情况对教科书进行选择和开发。因此，基础教育教科书的编写要求应当说是相当高的，实施对教科书和教科书使用效果的系统评价就显得更加重要和有必要。

一套教科书的质量及其对学生学习所产生的效果如何，编者的理念、所选择的内容和所设计的教学活动在其中发挥着举足轻重的作用，但是教科书对学生学习的影响也并不是完全由编者说了算，而是由教科书的使用者，即学生、教师、教研员说了算（何东，2014）。也就是说，任何一套教科书，即使编写得再好，也需要通过教师对教科书的诠释和在教学中的具体使用来发挥作用。换句话说，教师与学生利用教科书所开展的教与学的活动，是把教科书所承载的课程理念转化为有效实践的必经途径。因此，对教科书的评价研究一方面需要根据课程标准，分析其对课程理念和课程内容的具体落实和体现的情况，另一方面需要通过学生、教师和教研员对教科书的评价和反馈，了解课程实施的情况、教科书发挥的作用以及实施中存在的问题等，从而为调整和完善教科书的内容、活动设计及呈现方式提供可靠的依据。

对英语学科而言，教科书作为传递语言、信息和文化知识的重要载体，是教学实施的核心工具。教师借助教科书来引导学生学习语言知识，发展语言技能，获取文化知识，形成文化意识，培养学习策略，促进多元思维。因此，教科书是实现教学目标、满足教学质量的重要保证。鉴于教科书在语言教学中不容忽视的作用，自20世纪后半期，对英语教科书的评价就开始进入国内外学者的研究视野。

教科书评价的实质是通过特定的方法和途径对其有效性、可靠性和使用效果进行分析，最终判断教科书的整体价值，发现存在的问题（何东，2014）。对教科书的科学评价，可以确保学校所选择的教科书是有质量保障的，从而使教科书切实成为教师落实课程目标和要求的有力帮手。基于对教科书的评价和反馈，教师和教研员可以及时发现其存在的问题，从而进行相应的调整和修改。评价和反馈还有利于教师了解教科书编者的外语教学观，为他们思考教学内容的编排方式提供参考，促使教科书更大限度地发挥作用，从而更好地服务于教师教学和学生学习。

## 第二节　我国基础教育英语课程与教科书的发展历程

20世纪中后期，中国基础教育英语课程的发展历程伴随着我国政治、经济、外交等综合国情的发展变化几经沉浮。新中国成立初期，百废待兴，中国的基础教育也面临着“改造旧教育、建设新教育的任务”（课程教材研究所，2010）[7]。由于中国和苏联之间密切友好的外交关系，中国基础教育外语课程在新中国成立初期出现了偏重俄语教育的现象。很多具备俄语师资的高中将英语课改为俄语课，英语课程的发展在这一阶段受到了很大的限制。20世纪50年代后期，由于我国社会主义建设对科学技术新的需求及国际形势的变化，英语作为探索西方先进科技知识的语言媒介再次获得重视，英语教学在基础教育中的地位逐渐恢复。

20世纪70年代，我国政治、外交局势发生了急剧变化：我国恢复了联合国的合法地位，和美国建立了正式的外交关系，确定了改革开放的方针，总结了新中国成立初期国家建设过程中的经验、教训，开辟了具有中国特色社会主义的建设之路。这一时期，我国的基础教育仍以恢复正常的教学秩序为首要任务，肯定了英语教学的重要性。20世纪80年代以后，改革开放不断深入，我国综合实力得到了长足的发展，在很多方面取得了举世瞩目的成就，在国际经济、政治舞台上发挥着越来越重要的作用。1978年，教育部颁布了《全日制十年制中小学英语教学大纲（试行草案）》，在教学目的、原则、方法和内容等方面都提出了要求；此后，教育部根据教学实施中的问题先后四次对英语教学大纲做出了调整与修改，以适应各地英语教学的不平衡（课程教材研究所，2001），直到2000年颁布了《全日制普通高级中学英语教学大纲（试验修订版）》。英语课程在这一时期得到了快速发展，为国家英语人才的培养做出了巨大贡献。

进入21世纪以来，外语课程研究呈现出新的发展趋势。我国的综合国力得到不断加强，经济建设和社会发展对英语教学提出了更高的要求。英语不再是单纯的语言工具，而是公民素质的重要组成部分（教育部，

2003)，其重要性日益凸显。首先，英语作为国际交际用语的地位毋庸置疑，语言应用观的倾向日渐突出，20 世纪末发展起来的交际型语言教学方法(communicative language teaching)备受关注。其次，在认知心理学的影响下，语言教学越来越重视学习者个人因素对语言学习效果的影响，以学习者为中心的语言教学理念受到青睐。此外，在社会建构主义的影响下，研究者开始关注社会文化因素对语言教学及教师发展的作用，探索适于独特的社会文化情境的英语课程及教学模式成为外语教育研究中的新生力量。

在此背景下，我国迎来了第八次基础教育课程改革。这是一次全国范围内开展的涉及各个学科的综合性的教育改革，是新中国成立以来“最深刻的一次教育变革”(王蔷，2009)。为了更好地迎接新世纪社会经济与科技信息发展所带来的任务与挑战，我国高中英语课程亟须突破过去单纯重视语言知识和语言技能的双基目标，努力实现发展学生综合语言运用能力的学科课程目标，推动以学生发展为本的基础教育。

2003 年，教育部组织编制的《普通高中英语课程标准(实验)》(以下简称为“实验课程标准”)明确指出，高中英语课程的总体目标是培养学生的综合语言运用能力，具体包括语言技能、语言知识、情感态度、学习策略和文化意识五个方面。它们相互融合，共同促进学生综合语言运用能力的发展。高中英语课程改革以学生的全面、和谐发展为基础。它明确指出，高中英语课程应在进一步发展学生基本语言运用能力的同时，着重增强学生用英语获取信息、处理信息、分析和解决问题的能力，逐步培养学生用英语进行思维和表达的能力；增进跨文化理解和跨文化交际的能力，树立正确的人生观、世界观和价值观，增强社会责任感，全面提高人文素养(教育部，2003)。

实验课程标准针对高中英语课程的教学目标、学习活动的组织形式，具体提出了五个基本理念(教育部，2003)。第一，重视共同基础，构建发展平台。高中英语课程要在义务教育课程的基础上，帮助学生打好语言基础，为学生升学、就业和终身学习创造条件。第二，提供多种选择，适应个性需求。为了促进学生个性和潜能的发展，要为高中学生提供多种可选择的课程，满足不同学生的发展需求。第三，优化学习方式，增强自主学习能力，使学生通过观察、体验、探究等积极主动的学习方法，充分发挥学习潜能，形成有效的学习策略，增强自主学习能力。第四，关注学生情感，提高人文素养，使学生在英语学习的过程中，增强独立思考和判断的能力，发展与人沟通、合作的能力，增进跨文化理解和交际能力，树立正确的人生观、世界观和价值观。第五，完善评价体系，促进学生不断发展。高中课程要建立旨在促进学生全面发展的多元化评价体系，采用形成性评价和终结性评价相结合的方式，注重评价学生的综合语言运用能力以及在学习过程中表现出来的情感、态度和价值观。评价要有助于学生了解掌握、调整学习目标和学习策略，增强学生学习英语的信心，促进学生全面发展。

在此基础上，多家出版社组织编写团队解读实验课程标准的基本原则，编写了不同版本的高中英语实验教科书，七个主要版本通过了教育部的审核，被批准为教育部可供选择的教科书，允许各地根据本地具体情况在所提供的教科书范围内，选择适合本地区使用的英语教科书，其中四套教科书在比较广的范围内投入使用。至此，我国基础教育结束了长期以来“一纲一本，统一编写”、全国统一派发的教科书使用状况，在一定意义上实现了“一标多本”的教科书多样化的局面。英语教科书的编写与使用从此进入了多样化、系列化、立体化的“群芳竞艳”的繁荣时代（课程教材研究所，2010；柳华妮，2011；平克虹 等，2008）。

## 第三节 课程改革中教科书的更迭

随着宏观课程政策的制定，外语课程改革逐渐进入微观的课堂教学体系，教师、学生与教科书始终是关键因素。这些因素密切联系，相互作用，共同决定课程的实施效果及教育改革的成败。其中，教师和学生是课程实施和教科书使用的主体。教科书是课程内容和教学方式的载体，是有形的课程因素，为教与学提供了核心资源。在外语课程中，课程标准规定了总体的学习目标和具体的语言内容，教学材料则为这个骨架添加了血肉（Nunan，1991）[208]，是课堂教学的物质工具。此外，教科书还反映了编写者对语言教学方法和学习原则的理解和假设（McDonough et al.，1993）[11]，蕴含着课程制定者的教育理念与愿景。在课程改革中，教科书承载着新的教学资源、教学方法和教育价值观（Fullan，1993；Markee，1997）等三重中介作用，为教师与学生了解和掌握完整的学科知识结构、先进的教学方法以及新的教育价值理念提供了重要的物质资源和前提保障（Hutchinson et al.，1994；Fullan，2000）。

课程改革往往伴随着教科书的更迭。新中国成立以来，高中英语教科书随着课程的不断变化几经调整，其建设过程可谓在曲折中向前发展。20 世纪中叶至改革开放前，我国基础教育教科书的编写基本坚持“一纲一本，统一编写”的原则。直到 20 世纪 80 年代，《中共中央关于教育体制改革的决定》颁布，中小学教科书开始探索实行“一纲多本”政策。

使用时间较长的高中英语教科书出现在改革开放之后，一版是改革开放初期使用的 32 开本的《高级中学课本：英语》，另一版是 20 世纪末期使用的 16 开本的《高级中学教科书：英语》（Senior English for China）。前者主要以课文阅读为主，注重语法、语音、词汇等语言技能的讲解与训练，主要用传统的语法翻译法作为课堂的教学方法。后者有一些突破，由人民教育出版社与英国专家合作编写，采用话题、结构与交际功能相结合的形式，主张听、说、读、写综合训练，侧重阅读，并且以教科书为主，除了教师用书、录音磁带、教学挂图，还有练习册、录像带等配套资源，是真正意义上的英语系列教材，力图发展学生的语言运用能力，推动了考试变革，增加了听力测试。由于高中教学受到高考压力的影响，教学改革的阻力很大。课堂实践的教学方法仍以语言技能操练为主，使课程目标难以达到。（课程教材研究所，2010）

新中国成立之后，我国高中英语教科书在教学理念、方法、内容上体现了时代特色，但其建设过程总体来说是曲折的。“一纲一本”的高中英语教科书受到20世纪课程权威观的影响，担负着教学的权威角色，为教师课堂教学内容、进度、方法等提供了不可协商的权威文本，教师和学生对课程实施成败的关键作用被忽略。另外，由于我国基础教育英语师资水平参差不齐，英语教学效果距离理想的目标相去甚远，公民的外语素质与我国在经济、科技等方面的发展需求严重不符，英语教育也因此受到各方的质疑，所以改革势在必行。

在新一轮基础教育课程改革中，教科书是高中英语课程资源的核心部分。随着实验课程标准的制定，出版社研发和投入使用的不同版本的实验教科书，在内容组织和结构编排方面呈现出新的特点。与以往的英语教科书相比，课程标准实验教科书的内容更加贴近学生的生活实际，设计的活动遵循学生的语言认知规律，体现了科学性和趣味性；更加突出强调听、说、读、写技能的操练和综合运用；改变了以语言结构为主线的编排模式，转而采取以话题为组织单元的基本单位、语言功能与结构相结合的教科书组织方式，减少过去常用的多项选择、词形变换填空、语法填空、完形填空、句型转换等语言练习题型，创设了很多有具体情境的语言任务。英语教科书呈现的新特点为教科书内容难度的评价提出了新的要求：教科书难易度的评价不应只是对语言内容各个部分的具体分析与评价，还应探索对综合的语言技能与知识进行整合评价的体系。

此外，在新型的课程关系中，学生是教科书的实际使用者和课程实施的受益者，教师也不再是被动的执行者，而是主动参与教科书开发、使用与调整的课程实施主体，是教科书与学生实际需求之间的桥梁。实验课程标准对教师与教科书的关系做出了新的诠释。教师在教学计划中既要尊重和深入理解实验教科书，又要根据教学情境的实际需求对教科书内容做出合理的调整或二次开发，创造性地使用教科书（俞红珍，

2005a），展现出个性化的教学风采。课程改革以来，随着实验教科书的使用，我国高中英语课堂教学发生了很多可喜的变化，但新的教学方式也给教师和学生带来了不小的冲击。他们对课程标准理念和课程关系还有很多困惑。当前，我国的基础教育课程改革正处于深化阶段，教师和学生如何在具体教学情境中使用、评价和调整教科书，是重要的研究主题，这样的研究将为科学修订课程标准和教科书提供真实、可靠的意见。

## 第四节 本研究的目的与意义

课程改革实施以来，比较广泛使用的四套高中英语课程改革实验教科书在我国东北、华北、华中、西北、西南、东南沿海地区的 20 多个省、直辖市试用，给英语教学的理念、方式、评价带来了很大的影响。

为了确保高中英语课程改革真正给我国的英语教育注入新鲜的血液，不论是课程的制定者还是实施者，都无不关注课程标准在教学实践中的实施效果，希望总结和推广改革经验，正视改革中存在的问题，评估教科书在教学理论与教学实践之间所架起的桥梁是否畅通。学生是学习的主体，教科书又是学生最重要的阅读材料，教科书评价研究理应关注学生的需求（Breen et al.，1987；Cunningsworth，2002）。同时，教师的需求也不应忽略（Masuhara，1998）。作为课程的实际实施者，教师应改变“教书匠”的被动角色，成为教科书的转译者和开发者（王世伟，2008b）。

尽管教科书是英语课程的关键因素之一，是促进学生与教师教学互动的重要媒介，但是，国内外语界对教科书的研究整体偏少，现有的研究大多局限在对教科书的介绍和评析方面，基于教学主体的实证研究十分缺乏（黄建滨 等，2009）。外语教科书研究自 20 世纪 80 年代逐渐兴起以来，始终受到以教学法为基础的课程观的制约，主要是对教科书文本的静态评价。研究者在需求分析及以学习者为中心的教学理念的影响下，努力编制教科书评价量表（Breen et al.，1987；McDonough et al.，1993），关注的中心从语言层面（Cunningsworth，2002）到交际任务（Littlejohn，1998；Ellis，1998），似乎保证了教科书质量就能够确保外语学习的成功。由此可见，与教科书相关的研究还远不能满足课程改革研究的需求。

近年来，教科书的相关研究呈现出新的发展趋势，教师与学生对教科书的需求及评价开始受到更多的关注（Masuhara，1998）。随着研究的深入，研究者逐渐认识到：没有一本教科书可以满足不同教学情境下个体教师和学习者的独特需求。教科书只有在具体的课堂教学实践中，在教师和学生的使用过程中，才可能对英语的教与学产生作用（Tomlinson，1998）。教科书在本质上是为课堂教学服务的，教师不能只满足于灌输和讲解教科书提供的现成的语言知识（夏纪梅，2008）[142]。

总的来说，由于外语教学研究视角及方法的多样化，外语教科书的研究与教科书在外语教育中的重要地位始终不匹配，存在研究理论和方法缺失、研究课题过于单一等问题。基于课程改革的背景，本研究融合多样本的问卷调查，尝试从高中英语教师、学生和教研员对实验教科书的评价、使用与调整及其影响因素等重要问题展开调查研究，从而在一定程度上勾画出高中英语课程改革的真实画面。本研究旨在从理论与方法上为外语教科书的研究做出一点贡献。同时，真实记录这一时期高中英语实验教科书的使用情况和所发挥的作用，为科学地修订实验教科书，深化我国基础教育高中英语课程改革提出切实、有效的建议。

# 第二章 相关理论与研究

教科书是教学的基本工具，是课程理念的载体，在外语教学中起着至关重要的作用。20 世纪 90 年代以来，国外外语教育研究者针对教科书的编写、评价、使用原则及调整策略开展了不少颇有价值的研究。近年来，由于外语学科教育研究的蓬勃发展，如何开发、评价并选择能够满足广大学习者需求的教科书开始受到国内外语教育研究者、出版机构和教师的重视。本章将从教科书的定义、课程本质、与师生的教学关系及教科书的评价研究等几个方面综述本项调查研究的理论基础。

# 第一节 教科书的本质与功能

教科书的定义有狭义和广义两种。前者专指教科书（textbook），后者则包含所有用于语言教学的材料，包括教科书、练习册、录音带、CD、视频、复印资料、报纸、黑板上写的一段话等（Tomlinson，1998）。我们从语言教学的角度出发，将不局限于教科书的狭义定义，而是采用广义的教科书定义，即把一切用于语言教学的材料都称为教科书。本研究以高中英语课程标准实验教科书为主要调查对象，兼顾教学中可能涉及和使用的其他相关教学材料。

外语课程是由教师、学生、教学材料、家长、学校、教育行政部门等多种因素共同组成的整体，课程的制定与实施是教育的中心内容。教育始终贯穿各种课程改革。由于教科书在课程中有着举足轻重的作用，因此教科书在课程改革中的本质与功能始终是课程研究领域中备受关注的研究课题之一。

## 一、课程内容的物化形式

教科书首先是课程内容的物质化形式，是课程大纲主要内容的具象化体现（任丹凤，2002；俞红珍，2005b）。因此，很多关于语言课程大纲设计的专著都设有专门章节讲述教科书的编写、评价和使用（Brown，2001；Nunan，1991；Richards，2008；Ur，1996）。Richards 和 Rodgers（2001）讨论外语教师、学生、教科书等重要因素在课程中的关系时指出：“课程大纲通过结构、主题、概念、功能等语言成分或学习任务的组织形式，规定了语言学习内容。教学材料进一步将学科内容具体化，定义大纲项目涉及的范围、强度，并提出实施建议，按照特定的大纲条目或任务的具体要求分配时间、精力及细节内容。教学材料还为每天的学习目标给出定义或提示，而日常学习目标联合起来将构成大纲的整体目标。”（Richards et al.，2001）[25]

就外语学科而言，教科书是学生语言学习最主要的工具，是他们接触英语语言系统知识与规则最主要的来源（Dudley-Evans et al., 1998；金立鑫，2009）。外语教科书为学生的语言学习提供了基本的知识、与语言紧密联系的文化背景，以及必要的学习策略，还通过文本和图片等多种方式反映情感态度、价值观等意识形态方面的内容。

## 二、政治文化的产物

教科书在很多国家的教育体系中具有政策性地位，体现出社会政治属性（Apple，1991；Apple et al.，1991；刘岩，2008）。大范围使用的教科书不仅包括课程教学大纲规定的学科知识，还“渗透着关于性别、阶级、国家以及社会等方面的价值观”（王世伟，2008b）[15]，反映出社会的主流文化（曹开秋，2010；靳玉乐 等，2012；李福新 等，2009；王立忠，2010；曾天山，1995）。不少研究主张批判性地审视教科书中隐含的性别、阶级、社会权力等内容（Hartman et al., 1978；McGrath，2004；Porreca，1984；Söylemez，2010；van Dijk et al., 2011）。无可否认，教科书中传递的国家意志和法定文化为学生形成社会意识奠定了基础。

由于语言与文化的紧密联系，外语教科书可谓是“文化大使”（Gray, 2000）[274]，其中的文化内涵倍受研究者的关注（Auerbach et al., 1985；Gray，2010；McKay，2003）。很多外语课程大纲中都明确指出，语言习得有利于学生培养跨文化意识。在我国的课程改革中，实验课程标准就设定了接触和了解英语国家文化的课程目标，“语言有丰富的文化内涵。在英语教学中，文化主要指英语国家的历史、地理、风土人情、传统习俗、生活方式、文学艺术、行为规范和价值观念等”。

近年来，交际型外语教学不断发展，很多研究专门探讨教科书选材的真实性及其重要作用（Feng et al., 2002；Mishan，2005；Peacock, 1997）。英语作为世界文化交流工具的功能不断凸显，教科书中英语作为母语国家的文化占据主导地位的现状开始受到质疑。研究者提倡教科书中增加英语作为外语国家的文化比重，增加本土文化内容，增强学习者作为世界公民的意识（Chapelle，2009；Matsuda，2003；Nguyen，2011；Risager，2007；Tomlinson，2005；Wandel，2001；

Yakhontova，2001；Yuen，2011；任平，2009）。

## 三、教学理念的载体

教科书既是教学的基本物质工具，又是教育课程理念的载体。教科书的编写及内容活动的组织形式体现了课程中关于知识、学习的核心观念，“教材作为特殊文化，核心是教育价值观”（黄甫全，2006）[10]。

外语教科书体现了研究者对语言和学习本质的认识（夏纪梅 等，1999）[5]，反映语言学及应用语言学领域的研究成果（Canniveng et al.，2003），教育价值观及语言学习观的变化，对改善教师的教学观和塑造学生的学习观有一定的影响（Nunan，1991）[210]。20世纪不同时期，人们对语言本质的理解经历了由符号、知识到习惯、习俗的转变，外语课程由结构型大纲（structural syllabus）为主导，逐渐演变为功能－概念型大纲（functional-notional syllabus）等多种类型共存的状态（Richards，2008）。课程理念的变化影响到教科书的编写与设计，外语教科书从文选型、语法型、会话型发展为交际型教科书（王进军 等，2009）。

外语教科书中关于语言教学本质的内容既可能直接出现在前言中，也可能间接地渗透于主体部分。大部分教科书的前言都明确指出参考的语言学习理论，这些陈述“并不只是让教科书更具吸引力的简单标注，它们更像一扇门，引导我们探索其背后一片广阔的领域，即关于语言教学理论和实践的讨论”（McDonough et al.，1993）[21]。教科书主体部分的组织和呈现形式、所选内容及活动的类型也都突出了某种语言学习方式，或者是语言结构的学习，或者是交际功能系统的学习（Wright，1987）。

检验教科书的实际编写思路与其主张的教学原则是否保持内在的一致性是早期外语教科书研究的一个重要主题，一些研究（Basturkman，1999；Ellis，1998；Littlejohn，1998；McDonough et al.，1993）专门通过话语分析或任务活动分析的方法，验证教科书中的语言内容与活动设计是否与其所主张的教学理论相匹配。

## 四、教科书本质与功能的发展变化

随着课程改革的发展，课程理念也发生了诸多变化。研究界对学习、知识本质的理解不断深入，对教科书的本质与功能也是“众说纷纭，莫衷一是”（陈月茹，2009）[100]。20世纪中期以前，传统的教育课程尊崇“知识本位”理念（张恰，2005）[154]，教师教“课本”，即教科书内容，学生学“课本”，成为教育领域最为普遍的现象（黄甫全，2006）。从教育发展史来看，无论是远古时代赋予教科书法典或经典的神圣地位，还是近现代将教科书视为范例的观念，都反映了教科书无可置疑的权威地位。在这种观念的影响下，“教材是掌握的对象，它本身就是目的”（杨启亮，2002）[11]，教科书是推动课程实施的主要手段（Ornstein，1994），是课程的“代言人”，它承载了课程愿景、教育目的及教学目标，是外显的、“微观”的文本课程（王世伟，2008a）[27]。在语言课堂教学中，教科书实际上等同于潜在的课程（the hidden curriculum）（Richards et al.，2000）。

20世纪中后期，教育课程领域逐渐生成了“学习为本”的教育观（黄甫全，2006）[10]，强调学习者主动参与学习过程，在与其他课程成员的交流互动中建构学习的意义。这也驱动着教科书结构从以往的“教程式”向“学程式”转变，前者突出的是学科内容和逻辑结构，后者将学科逻辑结构与学习的心理规律有机地结合起来，格外重视有效教学策略及各种学习资源的开发（高凌飚，2007a；黄甫全，2006）。

研究界对教科书功能的界定随之发生了质的变化：教科书转化为实现教育目的的手段和材料（杨启亮，2002；钟启泉，2007），为教师与学生的教与学提供丰富的信息资源，为学习意义的建构创设交流的平台。“现代外语教材本身已成为交际的依托或工具，而不再是传统意义的‘语言范本’或‘语言知识课本’”（夏纪梅，2001）[37]。实验课程标准设定了多元化的学习目标，培养学生包括语言知识、语言技能、文化意识、学习策略、情感态度的综合语言运用能力，体现了新的教育价值观（龚亚夫，2010）。

# 第二节 教师、学生与教科书

教科书是课堂教学中使用和影响最广泛的教学材料，长期以来一直是实现学生学习和教师教学的重要媒介。在课堂教学情境下，教师、学生与教科书相互联系，相互影响，共同交织成核心的关系体。

## 一、教师与学生是教科书的使用主体

在学校教育中，教师和学生接触最多的就是教科书，是教科书的实际使用主体。教科书的编写应该努力满足教师和学生的需求，教师和学生使用教科书的反馈信息，又将成为修订和完善教科书的重要依据。然而，在长期的教育体制和传统的教材观的影响下，教师和学生只是被动的课程实施者，他们把教科书的“权威”内容作为教学中心。教学组织过程就是“教教材”的过程，导致很多师生把教科书奉为“圣经”，不敢对其内容和结构做出任何修改（郭晓明，2001）[17]。新课程改革打破了传统的教科书观念，倡导教师主动参与开发课程资源，形成“用教科书教”的新型教材观（钟启泉，2007），鼓励课堂教学的创造性和个性，“教师要善于结合实际教学需要，灵活地和有创造性地使用教材”（教育部，2003）。

无论教学资源如何，教师都是课程改革在课堂中的实际操作者和代言人（吴宗杰，2005），是真正站在“前线”的人（McDonough et al.，1993）。他们基于自身的专业知识，理解教科书内容并将其转化为学生可以吸收的课堂教学内容，是教科书内容的转译者和转化者。教师在组织课堂教学的过程中综合各种课程因素，整合不同的观点和理念，对教科书与学生的适切性做出判断与决策，因此，他们也是教科书的评价者。此外，教师通过了解学生的学习目的与风格，做出是否及如何改编和调整教科书内容或教学活动的决策，从而在教学实施过程中努力实现课程目标（Grant，1987；McGrath，2002），所以，他们同时又是教科书内容的调适者。

不同的教师在教科书使用过程中会逐渐凸显出个性化的风格特征。Schmidt 等（1987）从教师取舍教科书内容的影响因素出发，指出了四种教科书使用的风格：忠实地遵循教科书；遵循教科书，但会根据学生需求做必要调整；遵循学区的教学目标对教科书做出调整；遵循教师自身的信念和以往的经验对教科书做出必要调整。Apple 和 Christian-Smith（1991）基于批判主义理论，选取教师与教科书文本的互动关系作为研究视角，根据教师阅读教科书的潜在价值挖掘出教师使用教科书的深层取向，即受支配型（dominated）、协商型（negotiated）和对抗型（oppositional）。受支配型教师忠实地接受教科书的文本内容；协商型教师整体上接受教科书内容，但就具体问题做出相互调适（mutual adaptation）；对抗型教师拒绝教科书的主流趋势，重新审视自己与教科书的关系，主动缔造教学内容。

王世伟（2008a）综合以上研究结果，对来自不同学科的 17 位小学教师开展了质性研究，归纳出三种教科书的使用风格：依赖型、调适型和灵活型。这三种风格之间没有清晰的界限，更像是一个连续体，“没有一个教师完全依赖教科书……也没有一个教师可以完全超越教科书”，教科书使用的风格因内容、学生等因素的影响而显示出不同情境中教师自身及教师之间的差异。

结合中国的现实国情，他还提出有效使用教科书的两个基本原则：基于教科书和超越教科书（王世伟，2008a）。教师要想用好教科书，首先要基于教科书，全面、深入地理解教科书。教科书整体的、系统的编写体例为教学提供了完整的内容和结构体系（Hutchinson et al.，1994），教师只有全面了解教科书，才能把握学科知识的完整性，在教学设计中体现内容的衔接性。当然，要想用好教科书，教师不仅要掌握教科书的表层知识，还要深入解读教科书文本，把握其深层含义，从能力、情感、文化等方面综合挖掘教科书的潜能。教师为了真正参与到课程的开发和实施中，应该超越教科书的内容，关注并反思学生、学校、考试等多种因素的、复杂的课程系统，对教科书的内容进行评估和调整，开发出适合具体情境的教学内容。

## 二、教科书是教与学的媒介

教科书长期以来一直是一线教学中使用范围和影响力最广泛的部分，既是学生获取某学科知识、技能、学习策略的最主要来源（钱瑗，1995）[17]，也是教师教学思想的主要来源和教学组织的重要资源。教科书的选材、任务及活动设置都是教学计划与决策的具体表现（Azizifar et al.，2010；Kirkgöz，2009；Richards，2008），为教师的日常教学目标及整体的课程目标提供了蓝图（Richards et al.，2000）。教科书往往是教学的基础，是“达成教学目标的重要资源”，被视为“大纲的载体”“教学的框架”（Cunningsworth，2002），是教师在教学过程中协助学生实现学习目标的主要信息来源（Amiryousefia et al.，2011；马卫东 等，2003），可谓是教与学的中介。然而，理论界对教科书的地位评价并非从一而终，而是随着课程改革的发展经历了曲折的变化。

早期的课程改革受到理性主义的极大影响，主要是单向的、自上而下的运动：由外部因素的刺激掀开序幕，教育行政部门或学校组织专家制定新的课程大纲，编写相应的教科书，通过培训使教师接受新的教学理念，教师在课堂中利用统一的教学方法，执行新的课程大纲，保证教学质量。在这种改革模式中，教科书作为课程理念载体的作用无可替代，甚至被“神化”。教科书是课程物质化的产物，承载着课程的愿景、教育目的及教学目标，是外显的、“微观”的文本课程（王世伟，2008a）[27]，为教师实施课程提供了可以遵循的教学大纲，具有“政策性”的本质。将教科书等同于课程的观点赋予教科书无限的权威，作为课堂教学主体的教师与学生的主观能动性却被忽视。他们无权挑战教科书，而要严格执行教科书规定的教学进度和教学内容。在这种课程观中，培训的目的不是“赋权”给教师，而是“控制”教师，尽量减少他们对课程材料的改动以及对课程实施的影响（Clandinin et al.，1988）[139]。

“防备教师”的课程观指导了20世纪50～60年代北美地区大范围的教育改革，支持者想当然地认为，只要保证了教科书的质量，削弱教师的影响，统一编制的课程计划就可以顺利进入并影响课堂教学实践。他们忽视了课程实施的多重环节及环境因素，完全没有预料到在课堂教学实践中成功实施课程理念是一个极为复杂的过程，这样的变革注定会走向失败（Fullan，2000）。在总结改革失败的教训时，教科书作为教育政治的文本权威被批判（Aronowitz et al.，1991），教科书对教学实践及教师发展的消极作用被扩大：教科书削弱了教师的教学技能，禁锢了教学实践知识的发展。

20世纪末，课程理论受到认知心理学及社会建构主义等多重影响，得到了长足的发展。研究者意识到教育改革在教学实践层面会遇到很大阻力，尽管新的教科书给教学内容和计划带来了一定的影响，但理想的课程大纲仅能影响教学实践的表层。课程实施的成败关键取决于教师和学生是否在教学实践中深度参与，教师才是改革中课程计划进入课堂的“钥匙”（Fullan et al.，1992）。课程实施不是在真空中进行的。它不仅受到教师教学实践、知识及信念的影响，也受到教育行政部门、学校、学生、家长等外在因素的干预。课程改革应该是一个多维的、各种因素互动的动态过程，教科书、教师与学生在课程变革中的关系网络也因此被重新审视。

在课程改革中，教科书为教师提供了清晰的课程结构、便于使用的内容以及可供参考的教学方法，但它不是课程权威的代言人，而是一种支持性的课程资源，只有教师使用得当，才能成为改革的有效媒介（Fullan，2000）。教师与学生不再是被动的执行者，而是开发课程和教科书的合作者。他们应该在教学实践中主动开发课程的潜能，在具体的教学环境中对包括教科书在内的课程材料进行评价、取舍与调整（Clandinin et al.，1988）。

“教师参与”的课程观念引导了21世纪初全世界范围内的又一次大规模教育改革，统一的教学大纲和教科书的编写与教师在具体教学环境中的课程实施都受到了关注。高质量的教科书依然是传达课程理念的媒介和教学内容的重要来源，不仅要为师生体验新课程提供必要的支持，还要为教师在不同的教学情境中尝试不同的教学方法提供无限的空间。然而，单纯地提高教科书文本质量并非课程改革的唯一目的，如果没有教师与学生针对教科书文本的互动，没有他们结合已有的知识和信念对教科书文本进行解读、调整、转述和反思的动态过程，教科书的潜力也就无从实现。

纵观起来，早期的课程变革将教科书与教学主体割裂开来，而新的课程改革填平了教科书与教师、学生之间的鸿沟，将他们融合在互动的教学情境中，指导思想的变化为新世纪大范围的教育改革注入了新鲜的思路与活力。然而，受到传统的自上而下的推理式范式的主导，课程改革的相关研究仍主要停留在理论探讨层面，基于教育实践场域开展的实证研究仍处于萌芽状态。21 世纪以来，我国基础教育课程改革的研究更是如此。国内学者更多关注新课程目标的确立，却相对忽视了具体教学环境下教师与学生对课程实施的态度和实施过程中的实际做法及面临的问题。大规模的调查研究及深入的个案研究还十分罕见，针对课程改革实施取得的具体成绩及值得改进的问题等课题开展的实证研究亟待推广。

## 三、影响教科书使用的因素

教科书的使用受到多种因素的影响。一方面，教师使用教科书是一个有意识的行为过程，教师的认知能力势必对教师使用教科书的程度及风格产生重要的内在影响。另一方面，教师使用教科书并不是在真空中进行的，而是在包括学生、学校、行政等多种因素的课程环境中进行的。因此，外在的客观因素对教师使用教科书也或多或少会产生影响。

影响教科书使用的主观因素是指教师的认知能力对教科书使用的影响，具体包括教师信念、个人实践性知识、情感态度，以及教师自身对教学实践的反思等四个方面。首先，教学信念是基于教师自身的体验和经验而不断建构起来的。教师对自身、对教科书、对学生、对英语教与学等方面的信念决定着他们对课程的具体实施。在课程改革中，教师信念的改变尤为困难。只有深层的教学信念发生变化，教师的教学行为才会发生根本性变化。（Fullan，2001）值得关注的是，教师表达的信念不一定与他们的实际教学行为保持一致。例如，多数新手教师由于受到职前教育的影响，更容易接受“以学习者为中心”等信念。但不少研究发现，与经验型教师相比，新手教师在教学设计中往往更依赖教科书，教学计划并不是以学生为中心做出的。

教师的知识对教学具有重要影响，主要包括学科知识（content

knowledge)、学科教学知识(pedagogical content knowledge/ PCK)以及个人实践性知识(personal practical knowledge/ PPK)(Shulman，1987；Borg，2003)。结合学科及教学的具体特点来说，英语教师要具有扎实的语言基础，掌握英语语言的结构、语法知识及文化知识；要了解英语学习的规律和先进的教学方法；要综合对教育目的、课程、情境、学习者等方面的实践性知识，通过反思，建构具有个性特点的教师知识系统，以此指导教科书使用及课程实施的整个过程。

此外，教师对现实社会、自身职业、教育改革、学生等可能持有不同的态度，积聚不同的情绪，这些对教学决策的影响也是不容忽视的。如果教师持有积极向上的正面态度，他们在教学实践中就很可能充满激情和创造力，自主地面对改革带来的挑战。相反，生活和工作中的种种压力则可能使教师产生职业倦怠等负面情绪，使他们失去接受挑战的勇气，甚至故步自封。其实，教师信念、知识及情绪发展变化的过程往往伴随着教师主动对教学实践进行反思的自省过程。因此，反思对教科书的使用有很大的影响。要想成功使用教科书，不仅要求教师不断学习和完善专业技能，更要求他们发扬科研探索精神，反思教科书的使用过程及效果，科学地探索个性化的使用教科书的方法。

教师对教科书的使用还受到外部客观因素的影响。在我国的教育体制中，影响高中英语教师使用教科书的因素主要来自学生、学校、评价体制和教师培训四个层面。学生是教学的另一个主体，是课程实施的对象。为了确保教科书的使用能够有效地提高学生的英语学习效果，教师必须充分了解学生的语言水平、学习动机、认知风格等具体情况，对教科书做出灵活、合理的调整。

学校层面对教科书使用的影响因素包括学校的组织文化(organizational culture)、学校质量(quality indicators)和教学环境(teaching context)(Richards，2008)。学校组织文化主要有机械化和有机化两种模式。前者具有典型的官僚主义作风，强调权威与阶层之间的差异；后者则具有灵活性和可调适性，注重成员之间的合作。这样的文化氛围显然有助于教师灵活和创造性地使用教科书，有助于校本教科书的开发。学校的办学质量与教育教学环境对教科书的使用有直接的影响，其办学质量和教育教学环境体现在软件和硬件两个方面。开放的组织文化、良好的沟通、对教师专业性的认同、持续的教师发展机会，以及现代的硬件设施、强有力的技术支持和宽松的工作环境、合理的班级容量等，都会为教师使用教科书提供无限的空间和强有力的支持。然而，现实中基本上不存在如此完美的学校，教师往往需要根据学校的实际情况做出妥协或让步。

我国是人口大国，升学竞争非常激烈，学校教育长期以来采用考试这种终结性的评价方式。考试无疑给教师的教学带来了压力，特别是高考，给高中英语教学带来了一定的影响。虽然课程改革对教学评价给出了建议，建议对学生的考核应结合形成性评价与终结性评价两种方式。但是，在具体实施上，基于我国现有的国情，很多教师需要面对大班额课堂，如何让不同层次的学生都能参与教学活动，如何贯彻课程和教科书所提倡的学习方式，对教师来说是巨大的挑战。

实行课程改革以来，国家着手改善现有的教育环境，教育部及地方教育行政部门自上而下地开展了丰富多样的教师培训：专家讲授形式的通识培训帮助教师了解新课程的基本理念和实验教科书的编写体例及指导思想；教研部门组织开展各级教学公开课，展示专家型骨干教师的积极尝试与探索，为新手教师和刚刚进入课程改革地区的教师提供优秀的教学范例。当然，培训还存在数量和质量上的不足，教育部门还应广泛征求一线教师的意见，根据教师的实际需求改进培训方式，确保培训效果，为教师的课程实施提供切实的帮助。

## 第三节　教科书评价研究

教科书的评价研究对选择教科书和了解使用中的教科书的作用都很有必要。首先，如何从多种版本的教科书市场上选择合适的教科书是一项艰巨的任务。各级教育机构和教师在挑选教科书的时候，除了要考虑价格等现实问题，还要全面考虑和评价该教科书对学习者的学习体验和最终语言水平的提高可能带来的效果。其次，在选定教科书之后，其在实际使用过程中所发挥的作用，特别是教师与学生对使用的教科书的评价，面临的困惑与问题，对改进教科书的质量都有重要的作用。教科书评价不仅对保障学生英语学习效果极为重要，对教师发展也极为有益。教科书评价有助于教师更多地了解教科书的本质，了解教科书的结构和教科书所提倡的教学方法，对教育行政部门了解课程实施现状，以及对出版社提高教科书编写质量都具有关键的作用。由此可见，教科书的评价研究具有理论和实践的双重意义。

### 一、教科书评价研究的兴起

20 世纪 60 年代以来，特别是 20 世纪 80 年代以后，对外语学科教科书的研究逐渐兴起，早期的研究受到以教学法为基础的课程观念的制约，着重于静态教科书文本的编写与评价。研究者汲取需求分析的研究成果，努力编制以学习者为中心的评价量表（Hutchinson et al.，1987；Breen et al.，1987；McDonough et al.，1993），关注的重点从语言结构（Cunningsworth，2002）转向交际任务（Littlejohn，1998；Ellis，1998）。

教科书评价有两种途径，一种是凭直观的感觉印象对教科书进行评价，主要是评价其表面特征，如插图质量、版面清晰度、配套资源及编排体例等。这种评价无法满足研究的科学性要求。因此，Cunningsworth（2002）号召对教科书进行系统的深度评价，旨在深入挖掘教科书的内容特征。系统的评价是指根据教科书的目的以及教科书的使用者的需求对其进行全面的、综合的内部评价和外部评价，包括使用前、使用中和使用后三个阶段的评价。使用前的评价主要是对教科书的内部特点进行预测，使用中的评价关注学习者在使用教科书时产生的语言学习行为，而使用后的评价则将重点放在对使用教科书后产生的效果进行分析上（Tomlinson，1998）。

Cunningsworth（2002）认为，一套能够被公平地应用于评价各种不同教科书程序和普遍性的标准对客观的评价过程和可靠的评价结果至关重要。传统的教科书的评价体系大多是基于某种语言学理论给出的对照表，Cunningsworth 则提供了涉及更广范围的评价视角，供教师根据自身情况选择使用。他给出的参考对照表涉及教科书选择和评价的诸多方面，内容具体包括教科书的目标和方法、设计和组织、语言内容、技巧话题、教学法、教师参考书等。

Cunningsworth 还提出了一些适用于评价任何教科书的通用标准：（1）教科书应与语言学习大纲的目标一致，满足学习者在语言内容和交际能力方面的需求。（2）教科书应反映学习者目前及未来生活中语言的用途，通过真实语料创造环境，鼓励学习者积极参与课堂活动，帮助他们发展交际技巧和策略，促进他们自主有效地使用语言。（3）教科书的设计应该考虑"可学性"，从相对熟悉的语言项目逐渐过渡到较难的语言项目。教科书不应强加给学习者某种特定的学习方法，而要充分考虑学习者的需求，提供多种学习方法和策略，供学习者根据自身情况加以选择，逐步形成适合自己的学习风格和策略。（4）教科书只是辅助学习者学习目标语言的媒介。编写者通过设计各种练习和活动参与教学过程，辅助学习者实现语言的流利性。

Cunningsworth 把语言看作一个体系，针对每个语言层面（如语言形式和用法、词汇、语音、篇章分析等）都给出了详细的对照评价表。他提倡对教科书中的语言技巧及听、说、读、写四种技巧的平衡进行评价，引导评价者关注教科书和学习者、学习者和教师、学习者之间，以及学习者和外界之间潜在的交际关系，在一定程度上突破了静态看待语言的研究视角。但总体来说，Cunningsworth 的评价标准实质上还是从语言学角度分析教科书的微观框架，试图通过分析语言的各个细小层面揭示教科书中关于语言及语言习得的假设。因此，他的评价准则大而全，对每一个层面都提出了详细的问题。但这并不意味着所有问题都适用于任何环境，而是要求评价者根据特定的教学情境及学习者的具体需求对这些准则进行修订使用。这项任务复杂繁重，在实际情况下很难完成。

为了辅助教师"为各种教学环境下各种水平的学习者挑选最合适的教科书"（Breen et al.，1987），Breen 和 Candlin 将教科书的评价分为两个阶段。第一阶段针对教科书的用途提出一些初步的问题，如教科书的目标和内容、学习者要求、教师要求、教科书作为课堂资源的功能等。他们强烈建议在回答这些问题时要"时刻把学习者放在心中"。第二阶段针对具体问题审视教科书，主要集中在学习者的需求和兴趣、学习者的语言学习方法和课堂教学过程。当然，在强调学习者喜欢和认可的学习方法的同时，Breen 和 Candlin 也建议编者通过筛选和组织教科书内容以及设计学习任务时把对学习者有益的东西施加到教学过程中，使学习者自主地使用适当的学习方法。

Breen 和 Candlin（1987）的评价指南反映了很强的以学习者为中心的教学倾向。学习者是教科书的实际消费者，他们的需求和兴趣理应决定教科书的内容。教师只是课堂的辅助者。教科书则不仅是语言资源，还是任务式课堂活动的提供者。他们倡导"过程大纲"（process syllabus），强调使用任务而不是词汇、词形、功能等作为组织教学单元的基础，这与 Cunningsworth 的评价理论明显不同。他们鼓励学习者参与教科书评价，以便确定学习者心目中好教科书的标准。这不仅是选择教科书时的需求分析，也将为教科书的修订提供有效的反馈，使教师意识到学习者的需求并在教学中及时调整。

Breen 和 Candlin（1987）的评价指南更多关注的是一种教学方法，而不是教科书内容本身，这种以学习者为中心的语言学习更加先进。从理论上来说，允许学习者参与教科书评价是一大进步。自主评价有助于激发学习兴趣，但学习者至上的倾向也会产生很多实际问题。一套教科书提供的学习方法很难满足不同学习者的需求，学生自身知识的局限性使他们很难做出客观的判断。他们的兴趣爱好、语言水平，甚至对教师的印象好坏都可能影响对教科书评价的结果。尤其在没有同类教科书做参考对比的情况下，要谨慎看待学生对教科书的评价。这套评价指南参照标准错综复杂，涉及教科书、学习者和教师的方方面面，使用者在实际操作中很难遵从。

与前面的评价指南有所不同，McDonough 和 Shaw（1993）从教师的需求出发，认为细致的标准虽然有必要，但对教师来说，从头到尾的全面评价太费时费力。他们提出，教科书评价可以分为两个方面：对封面、简介、目录的简单、整体的外部评价和对语言技能、语言材料的深层次、全方位的内部评价。外部评价主要核对教科书的"宣传广告"，即教师和学生用书封面上的介绍和目录等，了解目标使用者及其语言水平、使用环境、教学单元的组织原则，了解编写者对语言、教学法的看法等。内部评价主要是核对外部评价中的诸多因素是否如教科书编者或出版商声明的那样，与其内容编排的情况一致。这个方面的评价详细考虑的是语言技能部分，教科书的分级和排序，听、说、读、写各种材料的类型，真实语言要素的融入，测试和练习与学习者的关系，以及教科书与不同师生教学风格的适切性等。最后，在外部评价和内部评价的基础上进行综合评价，考虑教科书的可用性、通用性、可改编性以及使用的弹性，对教科书是否适用于某类特定群体做出总体判断。

McDonough 和 Shaw 根据教科书评价的目的，将内部评价又分为选择型评价（evaluation for adoption）和改编型评价（evaluation for adaptation）。顾名思义，前者旨在帮助教师快速选择合适的教科书，后者则鼓励教师通过改编教科书来适应自己的实际教学需要，洞察教科书的组织原则，关注该领域的发展。可以说，后者的评价细则是以教师为中心来看待教科书的，关注教科书实际上能产生的语言输入和输出，教师相当于整个过程的调控者。选择型评价则比较简单，与教学内容没有直接联系，细则的可操作性较强，可以为教师选择教科书节省大量的时间和精力，但它并不适用于针对某种特定教科书的严肃评价。内部评价是从教师或者评价者的角度来看待教科书的，对来自学习者的评价和反馈关注不够，忽略学习者自身的感受可能会挫伤学习者的热情。此外，内部评价的参照表相对冗长，操作起来相当困难，对评价者的专业判断力和技能要求很高，丰富的经验和良好的语言直觉是评价的重要保证，但依赖于直觉的评价结果容易引起争议，很难达成共识。

Hutchinson 和 Waters（1987）曾提出，教科书评价基本上就是将教科书与准则表对照的过程，通常是把专家意见和问卷调查收集的教师和学生的反馈结合起来进行判定。因此，这种方式始终是国内外教科书评价的主要手段和途径。Ellis（1997）总结道：传统的教科书评价都是通过对照表或者问卷来断定该教科书在特定教学环境下的适合程度的。这种评价方法既有可取之处，又存在一些问题。

相对而言，我国英语教科书评价研究起步较晚，初期主要是一些专家学者引入国外的研究成果。比如，北京师范大学的王蔷教授在《英语教学法教程》一书中专门介绍了 Tomlinson（1998）的教科书评价标准；华南师范大学的何安平教授在《外语教学大纲·教材·课堂教学设计与评价》一书中详细介绍了 Sheldon（1988）的英语教科书评价方法；北京师范大学的程晓堂教授在《英语教材分析与设计》一书中介绍了 Grant（1987）等国外研究者提出的教科书选择评价表。这些介绍对我们了解国外的教科书评价研究起到了很好的传播作用，促进了国内英语教科书评价研究的发展（鲁红霞，2007）。

近年来，我国英语教科书的研究也拓展了研究选题及研究方法的范围，并取得了一定的发展。课程改革鼓励教师将对教科书全面接受或“逆来顺受”的态度，转为积极主动地对教科书做出专业的、批判性的评价与分析（鲁红霞，2007）[20]。教科书评价是课程评价的一个重要组成部分（高凌飚，2002a），包括对教科书设计与编制的评价和对教科书使用与学生行为模式及学业成绩的评价。国内学者结合我国国情（束定芳 等，2009），制定了课程改革教科书的评价标准（刘道义，2004；孙平华，2006；庄智象，2006），提议建立常设性、专业性教科书评价体系（高凌飚，2002a，2007b），突出过程性评价特征（邝丽湛，2002）。

庄智象（2006）、孙平华（2006）等开始关注适合我国国情的教科书评价原则的确立和评价量表的开发，何安平（2002）给出的一份结合新课程标准设计的、可以量化的英语教科书评价表是国内较早出现并被使用的量表，何安平（2008）还从语料库研究视角对高中英语教科书开发评价研究提出了新的建议。单卫平（2005）、江淑玲和郑志恋（2009）

对不同省、直辖市高中英语教师和学生对实验教科书的看法和使用情况进行了问卷调查。教学一线的师生认为，实验教科书具有选材内容涵盖面广、信息量大、时代气息强的特点，活动设计注重听、说、读、写四项技能的锤炼，但个别版块内容重复多，利用率低。王文琴（2008）调查了190名教师，肯定了他们参与教科书评价的强烈愿望和实际需求，并在分析课程标准的基础上构建了基于语境的教科书评价模式。

外语教科书评价虽然一直受到研究者的青睐，但早期的教科书评价研究仅停留在教科书本身的介绍和评价者自身的主观审视上，大多数研究是对静态的教科书文本的评价，反映在教科书使用前的选择过程中。相较于使用前评价，教师在教学过程中对教科书的评价更为复杂，但相关的实证研究数量相对较少（Ellis，1997）。现实原因主要是教师认为系统地评价教科书没有必要或教学任务过于繁重等（Ellis，1998）。现有的实证研究大多以定量的问卷调查为主（Grant，1987；van Els，1984）。

## 二、教科书评价研究的发展

20世纪末期以来，随着以学生为中心的教学方法得到更多人的认可，教科书评价越来越强调以学生需求为本。研究者逐渐认识到，统一的，即便是评价结果非常好的教科书也很难满足多样化的学生需求。解决这一矛盾的有效途径就是教师在尊重教科书的前提下，对教科书进行二次开发，使之切合学生的具体需求。教科书只有在具体的教学情境中，通过教师和学生的互动，生成独特的运作机制，才能对英语教学产生效果，在这个过程中教师起着关键的决策作用（Tomlinson，1998）。

大范围课程改革的推进及外语教学观念的发展引发了研究界对教科书功能及教师角色的再认识：教科书是为课堂教学服务的资源，教师不能只满足于灌输和讲解教科书提供的现成知识（夏纪梅，2008）[142]。国内外学者开始关注教科书评价过程中教师的实际需求及重要地位（Masuhara，1998；俞红珍，2006）。研究者倡导教师参与到教科书的评价过程中去，不要过分依赖教科书，要从学生的实际需求和兴趣出发，对教科书进行创造性开发，通过教科书这个中介更好地满足学生的学习、情感等多方面的需求，提高课堂实效。此外，教科书二次开发也是教师专业发展的一种表现。教师认真领会教科书反映的大纲理念，对教科书进行创新性的使用，参与课程开发，这一系列举动都是教师专业化的表现。因此，对教科书的二次开发受到教科书评价研究者的关注。

教科书开发主要针对其编写过程，起初被认为是编者与出版机构的任务，是根据课程标准编制出具有科学性、系统性的教科书的过程。但是学者们越来越认识到，没有哪套教科书能够满足不同情境中所有教师及学习者的需求，于是教科书的“二次开发”逐步受到关注。早期的教科书研究中通常出现“教科书改编”（materials adaptation）这一术语，与教科书的取舍、调整和二次开发意义相近（程晓堂，2002）。二次开发的主要任务是研究如何灵活地、创造性地对既定教科书做出取舍和调整，提高教科书在实际教学环境中的适切性，使之更好地适应具体的教学情境和学生需求（俞红珍，2006）[29]。

Grant（1987）提出，教科书取舍和调整的原则是使对话更加交际化，让学习的活动更有目的性且互相之间关联，满足学生的认知与情感需求，利用真实语言给学生示范。教师对教科书进行二次开发时还应遵循几项“不要”原则（Richards，2008）：不要随意进行二次开发；进行二次开发时不要打破教科书本身的完整性和系统性；增删教科书内容时应该有适当的比例，不宜过高，如果比例太高就要考虑更换教科书而不是二次开发；二次开发不应只是为了迎合考试需求。

根据语言、情境、课堂管理等因素的具体情况，教师对教科书的调整主要涉及以下几个方面（Maley，1998）[281]：（1）删除。删除不适合学生或不具有教学作用的材料，也称为“省略”。（2）增加。添加一些教科书中缺乏而教学又需要的材料，材料可以从其他书上获得或自己编写，可以是文章或练习。（3）缩减。缩短某项活动的时间，降低该活动的教学比重。（4）扩展。延长某项活动时间，从不同角度展开活动内容。（5）重写/改编。重写或改编材料、习题，以便适应学生的特殊需求。（6）替换。用更贴切的内容来代替原来的内容。（7）调整顺序。根据教学需要调整内容顺序，可以是单元间的大调整，也可以是单元内或课时内小的调整。（8）提供多种教学方案供学生选择。

教科书的二次开发以及教师的使用评价，在一定程度上打破了静态评价教科书的研究传统，弥补了以往研究过分强调使用前评价的不足，为推动教科书评价研究的发展和新型教学关系模式的建立创造了有利条件。教科书是教学中必不可少的组成部分，但它不是教学的出发点，而是教学手段，可以在一定程度上被替代。因此，教师应避免过度依赖教科书，削弱原有的教学技能，而要结合学生和教学情境的实际需求对正在使用的教科书进行科学的评价研究和二次开发。

## 三、教科书评价研究的意义

从以上对教科书评价和二次开发研究的述评不难看出，以往的教科书研究多为静态的分析与评价。探讨评价标准固然重要，但教科书只有通过教师在教学过程中的有效使用，才能真正发挥作用（Tomlinson, 1998）。教科书的教学本质是它的使用过程，而非材料本身。教科书的使用是教学材料与教学发生联系的唯一途径，是实现其教学功能和价值的唯一途径。教学视角下的教科书研究本质上不是研究教科书本体，而是注重将教科书与教学其他方面联系在一起，注重研究教科书在复杂教学系统中的作用与功能，注重研究教科书的使用过程与影响因素，其最终目的是促进教学整体效果的提高（徐浩，2010）。

教科书是教师实施课程理念、保证学生学习效果的重要媒介，所以研究教师与学生对教科书的评价和使用过程至关重要。教学是一个动态、复杂的过程，突破对教科书本身的静态分析评价，研究其对教学的作用以及如何发挥其对学习者语言学习和教师发展的促进作用非常有意义。学生、教师、教科书是教学的三个重要因素。从语言课堂教学的视角对英语教科书进行全面的评价研究，即整合这三个因素，整体看待各因素的相互关系，这是今后教科书研究深入发展的方向。教科书评价研究对外语教学具有实际意义。它不仅有利于教育行政部门在选择教科书时做出正确的选择，有利于教师在实际教学中有效地使用教科书，有利于教科书的编写者和开发者科学地优化教科书（程晓堂 等，2011），还有利于教科书开发、编写、使用的良性循环，对促进教科书在课程实施中更好地发挥承上启下的作用、促进教学效果具有十分重要的作用。

在研究方法方面，从教学视角进行教科书的研究应该注意定量与定性方法有机结合，力求获得客观、真实、全面的评价数据。定量研究可以基于理论框架的建构，编制教科书使用评价量表，再通过大规模样本的施测来收集效度指标。定性研究一般更注重深入了解和考察英语教师在使用教科书过程中的具体行为。例如，教师是如何对教材进行二次开发的？如何优化教学设计？如何促进学生外语学习进步？如何通过教科书的使用促进自身的专业发展？定性研究可以收集更加具体的行为事例和观点看法，以事实说明问题，但是收集量不宜过大。收集这类数据可以采用访谈、有声思维、课堂观察、日志等方式收集数据，进行深入的个案研究。深入的实证研究不仅具有理论和方法上的贡献，还具有重要的现实意义，有利于课程成员交流改革中遇到的苦恼与困惑，为提高教科书的质量和合理改进当前的教师培训提出切实的建议。

从目前教科书的研究现状看，外语教科书的评价研究还存在很大的发展空间。不少理论层面的探讨脱离教科书使用的社会文化环境，仅仅依靠对教科书文本的静态评价也不利于问题的解决。为此，本研究力求从教师和学生等课程实施主体的视角评价教科书的编写并描述他们使用教科书的实践体验，挖掘教科书中的潜在影响因素，顺应课程改革研究动态化、复杂化和情境化发展的趋势，对外语教科书的评价研究具有理论意义。

此外，本研究对我国高中英语课程改革具有重要的现实意义。为了确保改革为我国基础教育英语教学注入新鲜的血液，外语教育研究者必须关注教学实践中课程实施的现实状态，开展深入的调查研究。不仅要肯定改革中取得的成绩，还要正视改革中存在的问题，结合翔实的实证数据对改革的实施状况和教师培训等保障措施进行深刻的反省，提出客观、可行的改进建议，在教学实践与理论研究之间搭建沟通的桥梁。

# 第三章 研究思路与方法

针对当前外语教科书的实证研究还相对匮乏的现状，本研究突破对语言文本的静态分析，重点关注教师、学生等重要课程参与方对教科书的评价及使用情况。本研究采用面对高中新课程实验区的英语教师、教研员和学生的大范围抽样问卷调查的方式，选择使用比较广泛的四个版本的高中英语实验教材进行调研，旨在了解高中实验区英语课程改革的进展情况，评价教科书的编写质量，特别是实验教科书在推动课程改革中的作用以及使用中存在的问题，包括实验教科书对课程标准理念的体现程度、教师对课程改革和实验教科书的适应性，教科书对教师和学生产生的影响，以及在推动教师专业发展方面发挥的作用等，为教科书的改进和完善提供科学可靠的依据，为解决英语教科书在使用过程中发现的问题提供建设性的改进建议。

# 第一节 研究问题

教科书是教学中使用范围和影响力最为广泛的教学材料。它既是学生获取学科知识与技能的最主要来源，也是教师组织教学的重要资源，始终是教育系统的核心部分。在课程改革中，高质量的教科书不仅为教师体验新课程提供了必要的、结构上的支持，还为不同教学情境中运用新的教学方法、体会新的教育价值创设了实践场域。在新一轮基础教育英语课程改革中，随着实验课程标准的制定，不同版本的高中英语实验教科书投入使用。与以往的英语教科书相比，课程标准实验教科书在内容组织、结构编排、活动设计等方面都呈现了新的特点，旨在促进课堂教学方式的改革和教学效果的提升。然而，如果没有教师、学生、教研员等一线教学中教科书实际使用者的解读、评价及调整过程，教科书有效链接宏观教育政策与微观课堂教学的中介功能也就无从实现。由此可见，教师、学生、教研员结合具体的教学情境如何使用、评价和调整教科书，这一过程中有哪些重要的影响因素等问题，对课程标准实验教科书的使用效果、改进以及课程改革的深化具有重要的意义。

本次调查研究梳理了相关研究的发展状况，结合课程改革的背景和研究目的，主要围绕以下研究问题展开：

1. 教师、学生、教研员对高中英语课程改革实验教科书的总体评价如何？教科书是否体现了与实验课程标准的一致性？与以往使用的大纲版教科书相比，实验教科书是否带来了教学效果的变化？教科书对教师的教学和学生的学习发挥了什么样的作用？

2. 教师、学生是如何使用实验教科书的？在使用中遇到了哪些具体问题和困难？影响教科书有效发挥其功能的主要因素有哪些（教科书本身、教师对教科书的使用、环境等主客观因素）？

## 第二节 研究的总框架及工具的设计与开发

本项高中英语实验教科书的评价研究主要采用问卷调查的方法，以较早进入高中英语课程改革的七个省、直辖市的学生、英语教师及教研员为主要调查对象，收集他们对课程改革实验教科书的整体看法、教科书的实际使用情况以及影响教科书使用因素相关的多方面数据，以全面呈现课程实施的主体对英语教科书的评价及使用中的情况。

从 2010 年起，教育部基础教育二司组织并委托北京师范大学等多个师范类高校不同学科课程的研究专家，对普通高中课程标准实验教科书使用情况进行大范围调查研究。课题组以此为契机，在综合国内外关于教科书编写、使用和评价的文献的基础上，结合对高中英语实验教科书使用人群（包括教师和学生）的小样本调研，研究开发了调研工具“高中英语课程标准实验教科书使用情况调查问卷”，包括学生卷、教师卷和教研员卷三份子问卷（详见附录）。整体设计框架如下图所示：

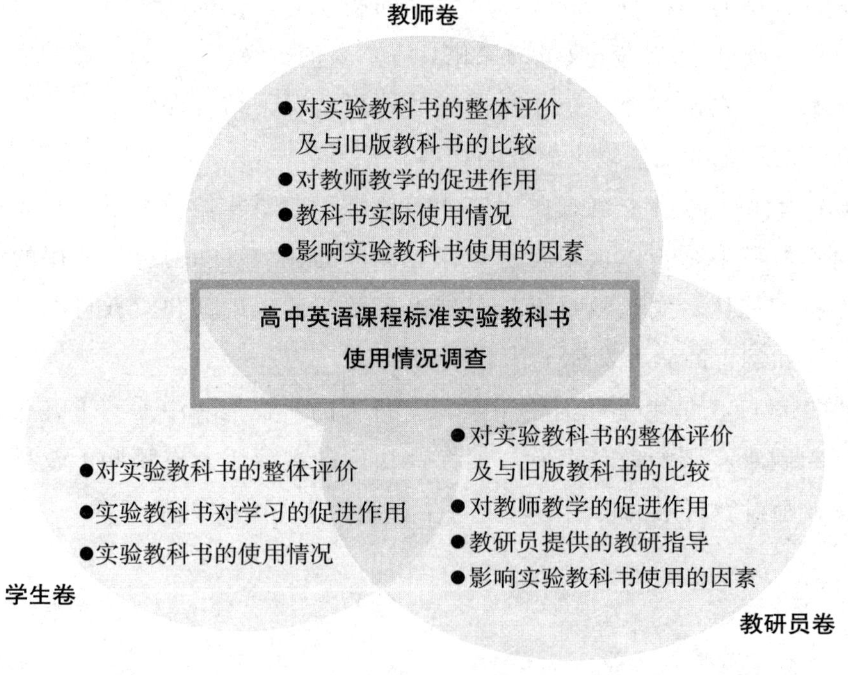


图 3-1 调研工具设计总框架

根据以上调研框架，问卷基本由五个部分组成，即基本信息、对英语课程改革实验教科书的整体看法（包括实验教科书与课程标准的适切性、内容、外观、容量、难度等多个方面）、教科书对教师教学/学生学习的促进作用、教科书的实际使用情况以及开放性题目。教师卷和教研员卷则增加了实验教科书与大纲版教科书的对比及影响教科书使用的因素两个部分（维度设计解析见表3.1）。

**表3.1 调研工具维度设计解析**

| 主题 | 一级指标 | 二级指标所包含的维度 | 题目类型 |
|---|---|---|---|
| 基本信息 | 课程标准实验教科书及其使用者的基本信息 | 性别、所在地区情况、所在学校类别、使用教科书版本 | 客观选择题 |
| 对实验教科书的整体看法 | 与课标的一致性 | 教科书与课标设置的学习目标及学生能力水平的适切性等 | 五项量表选择题：完全同意、同意、中立、不同意、完全不同意 |
| | 内容选择 | 所选内容的体裁、选材、语言真实性、文化多元性、编排梯度等 | |
| | 语言学习活动设计 | 活动的情境化、语言能力均衡性、学习习惯、思维发展、学习策略、合作学习等 | |
| | 外观设计 | 目录、插图、大小形状、价格等 | |
| | 容量和难度 | 容量、难度、习题数量、阅读及听力材料长度等 | |
| | 对学习的促进作用（学生卷） | 对学生学习兴趣与能力、思维文化意识、评价思路的促进作用等 | |
| | 对教学的促进作用（教师卷） | 对教师语言水平、教学理念、评价方式、教研能力的促进作用等 | |
| | 对教研活动的促进作用（教研员卷） | 对教师教研参与程度、教研质量、教研水平的促进作用等 | |
| | 与旧版教科书的比较 | 学生学习过程、参与方式、学习习惯，教师备课和课堂教学实施及总体感受等 | |

续表

| 主题 | 一级指标 | 二级指标所包含的维度 | 题目类型 |
|---|---|---|---|
| 实验教科书的使用情况 | 教科书的使用与实验调整 | 备课中的参考程度、教学中补充课外材料、教学顺序调整等 | 五项量表选择题：总是、经常、有时、很少、从不。主客观题相结合，内容分析 |
| | 实验教科书的使用策略 | 课前、课中及课后使用策略的指导等 | |
| | 学习效果评价 | 多元评价方式、考试测评使用情况等 | |
| | 教师备课情况 | 课时量、备课时间和方式、备课负担等 | |
| 影响因素 | 课程标准的实施及培训 | 实验课程标准的实施情况及教研活动等 | 五项量表选择题：完全同意、同意、中立、不同意、完全不同意 |
| | 教师自身因素 | 教学观念、教学能力、对实验课程标准及教科书编写理念的熟悉程度等 | |
| | 客观因素 | 课时安排、评价方式、配套硬件设施等 | |
| 总体反馈 | | 对教科书使用中存在问题的解析 | 主观题，内容分析 |

本次调研中学生、教师和教研员的问卷分别设计了 74 道题、109 道题和 106 道题，主体部分融合了客观选择题和李克特五级量表选择题等客观题型，还有主观问答题及主客观相结合的题目。

## 第三节　抽样的范围与数据的收集过程

在教育部的组织协调下，课题组在华北、华东、西北、西南等四个区域大范围发放了问卷。截至2011年12月，课题组共回收问卷11778份，分别来自安徽、北京、甘肃、湖北、河南、云南、浙江等七个省、直辖市，其中学生卷10818份，教师卷917份，教研员卷43份。

为了确保后期数据分析的信度和效度，课题组首先对回收的问卷进行了细致的整理，确定了4项无效问卷的标准：(1)缺失大部分基本信息的问卷。(2)调查量表答案均相同(如全部是3或4)或呈现明显规律(如12345或54321)的问卷。(3)问卷主体部分选项缺失2/3的问卷。(4)明显雷同的问卷。课题组根据这个标准对所收集的全部问卷进行了分拣。结果显示(如表3.2所示)，本次调查共回收有效学生问卷10359份(占95.76%)，无效问卷459份(占4.24%)；有效教师问卷903份(占98.47%)，无效问卷14份(占1.53%)；有效教研员问卷43份(占100%)。

**表3.2　问卷回收情况统计表**

| 地区 | 学生卷 | | 教师卷 | | 教研员卷 | |
|---|---|---|---|---|---|---|
| | 有效卷 | 无效卷 | 有效卷 | 无效卷 | 有效卷 | 无效卷 |
| 安徽 | 863 | 23 | 99 | 7 | 15 | / |
| 北京 | 1726 | 144 | 151 | 1 | 5 | / |
| 甘肃 | 575 | 8 | 90 | 2 | 5 | / |
| 湖北 | 3286 | 168 | 211 | 2 | 7 | / |
| 河南 | 1332 | 35 | 137 | / | / | / |
| 云南 | 1754 | 56 | 93 | 2 | / | / |
| 浙江 | 823 | 25 | 122 | / | 11 | / |
| 比率 | 95.76% | 4.24% | 98.47% | 1.53% | 100% | / |
| 共计 | 10359 | 459 | 903 | 14 | 43 | 0 |
| 回收总数 | 10818 | | 917 | | 43 | |

课题组进而整理了问卷录入的编码手册，确定数据录入的基本原则：多选录入 8；量表选项漏填录入 9，数值漏填录入 99，文字信息漏填录入 9999，将其定义为缺失变量。接下来，课题组对六位研究助理（英语教学专业研究生）进行了细致的问卷录入方法培训，请他们将问卷数据录入 EXCEL 表格中。数据录入完成后，课题组进行了人工抽检，抽检比率为学生卷每 50 份抽检 2 份，教师卷和教研员卷每 10 份抽检 1 份，数据输入的错误率很低。最后，课题组将数据导入 SPSS 分析软件，通过计算各题频率信息的方式进一步检验数据，基于错误信息、遗失信息等发现细微错误，并在查核原问卷的基础上将它们全部排除。

当数据整理工作结束后，课题组结合本次调研的目的与研究问题，主要对问卷数据进行了以下几个方面的分析：

（1）对各子问卷进行信度检验，确保调研工具的稳定性；利用因子分析确认各子问卷调查量表的维度，进行各维度之间的相关分析，结合问卷设计的专家效度对调研工具进行整体的结构效度检验。

（2）对学生卷、教师卷和教研员卷的基本信息进行频度分析，总结本次调研对象所在地区、学校及教科书版本等方面的基本情况。

（3）利用平均值检验、频度分析、单样本 T 检验等，归纳和分析学生卷、教师卷和教研员卷的主体部分，结合平均值比较、方差分析及相关分析等具体方法，对可能影响调研结果的因素（如性别、所在省或直辖市、所在地区经济水平、学校类别及教科书版本等）进行检验和分析，关注调研结果的差异性。

对问卷中关于教科书使用的总体反馈部分，课题组依据主题复现方法，根据出现频率判断主题意义的显著性并进行了归纳。具体做法如下：首先对数据进行整体性阅读，用笔记形式记录整体印象，根据主题获得初步编码分类；在第二次阅读时，根据新的（第一次忽略的）主题，对初步编码类别进行修正，直到意义实现饱和，即没有新的主题类别出现。此部分分析中没有区分教科书的版本和地区差异，分析结果是对实验教科书的一般性评价。

（4）就调研工具的主体进行子问卷间的横向比较分析，对本次高中英语实验教科书跟踪调查做出总结。

# 第四节　调研数据的信度与效度检验

## 一、问卷的基本信息

本次调研共回收有效学生问卷 10359 份，分别来自安徽、北京、甘肃、湖北、河南、云南和浙江七个省或直辖市（详见图 3-2），其中湖北省回收的有效问卷最多，占本次调查问卷总数的 31.7%；甘肃省回收的问卷最少，占 5.6%。问卷抽样的地理分布不是非常均匀。

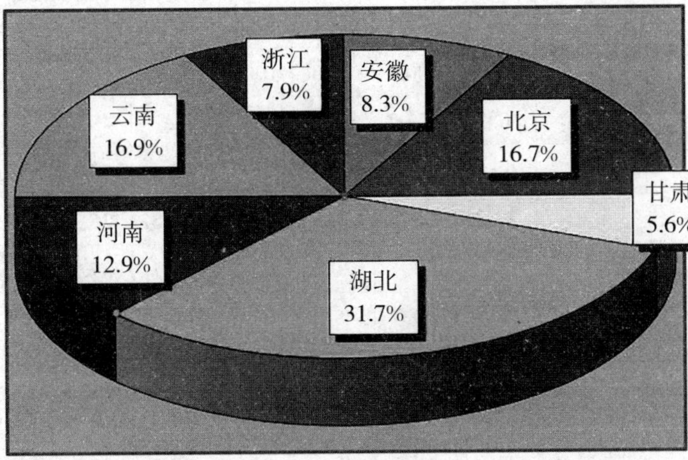


图 3-2　各地回收有效学生问卷情况

根据学生问卷基本信息的统计情况（缺失变量不计，见表 3.3），学生的性别比例差异不大，男生占 47.8%，女生占 52.2%。汉族学生占 90.1%，少数民族学生占 9.9%，这与学生民族背景的实际情况是基本相符的。29.9% 的学生选择文科，62.8% 的学生选择理科，7.2% 的学生还没想好。

表3.3　学生问卷的基本信息统计

| | | 安徽 | 北京 | 甘肃 | 湖北 | 河南 | 云南 | 浙江 | 合计 |
|---|---|---|---|---|---|---|---|---|---|
| 性别（%） | 男 | 43.5 | 43.2 | 52.6 | 54.1 | 44.6 | 44.0 | 46.4 | 47.8 |
| | 女 | 56.5 | 56.8 | 47.4 | 45.9 | 55.4 | 56.0 | 53.6 | 52.2 |

续表

| | | 安徽 | 北京 | 甘肃 | 湖北 | 河南 | 云南 | 浙江 | 合计 |
|---|---|---|---|---|---|---|---|---|---|
| 学校所处行政区域（%） | 省会/直辖市 | 0.0 | 100 | 43.7 | 18.8 | 19.9 | 10.1 | 28.2 | 31.6 |
| | 地级市 | 76.7 | 0.0 | 29.2 | 51.2 | 56.2 | 24.6 | 55.0 | 40.0 |
| | 县级市或县 | 14.5 | 0.0 | 15.7 | 28.2 | 23.9 | 65.2 | 0.0 | 25.2 |
| | 乡镇 | 8.8 | 0.0 | 11.5 | 1.7 | 0.0 | 0.0 | 16.8 | 3.2 |
| 区域经济情况（%） | 经济发达 | 0.0 | 57.0 | 0.0 | 5.1 | 0.0 | 0.0 | 39.2 | 14.2 |
| | 经济中等 | 76.7 | 42.8 | 43.7 | 48.5 | 40.4 | 14.8 | 37.8 | 42.0 |
| | 经济欠发达 | 0.0 | 0.2 | 29.2 | 33.3 | 59.6 | 76.4 | 16.8 | 34.2 |
| | 经济落后 | 23.3 | 0.0 | 27.1 | 13.1 | 0.0 | 8.8 | 6.2 | 9.6 |
| 区域民族情况（%） | 汉族 | 100.0 | 100.0 | 73.6 | 100.0 | 100.0 | 50.4 | 100.0 | 90.1 |
| | 少数民族 | 0.0 | 0.0 | 26.4 | 0.0 | 0.0 | 49.6 | 0.0 | 9.9 |
| 学校类型（%） | 示范校 | 65.8 | 67.5 | 91.8 | 85.0 | 84.5 | 74.7 | 79.0 | 78.6 |
| | 非示范校 | 34.2 | 32.5 | 8.2 | 15.0 | 15.5 | 25.3 | 20.9 | 21.4 |
| 文理分科（%） | 文科 | 52.9 | 23.8 | 20.7 | 25.2 | 33.7 | 37.5 | 21.4 | 29.9 |
| | 理科 | 38.6 | 69.0 | 47.5 | 70.6 | 60.7 | 59.4 | 65.8 | 62.8 |
| | 还没想好 | 8.5 | 7.2 | 31.8 | 4.2 | 5.6 | 3.1 | 12.7 | 7.2 |
| 中考英语成绩（%） | 优秀 | 25.2 | 40.2 | 12.1 | 28.6 | 29.3 | 26.5 | 59.6 | 31.5 |
| | 良好 | 41.2 | 40.7 | 49.7 | 41.3 | 40.4 | 36.7 | 29.8 | 39.8 |
| | 及格 | 16.9 | 14.3 | 22.0 | 19.5 | 19.5 | 19.7 | 7.5 | 17.6 |
| | 不及格 | 16.7 | 4.7 | 16.2 | 10.6 | 10.7 | 17.2 | 3.1 | 11.0 |
| 高中英语学科平时成绩（%） | 优秀 | 6.4 | 16.9 | 4.1 | 10.4 | 9.2 | 5.7 | 15.6 | 10.2 |
| | 良好 | 32.6 | 47.3 | 35.3 | 41.3 | 46.3 | 28.9 | 52.4 | 40.5 |
| | 及格 | 34.0 | 25.6 | 34.5 | 30.5 | 27.7 | 26.0 | 25.1 | 28.5 |
| | 不及格 | 26.9 | 10.2 | 26.1 | 17.9 | 16.9 | 39.4 | 6.8 | 20.7 |
| 份数 | | 863 | 1726 | 575 | 3286 | 1332 | 1754 | 823 | 10359 |

城市学生远远多于乡镇地区的学生，参与调研的学生 71.6% 来自省会（或直辖市）和地级市（如图 3-3 所示），28.4% 来自县级市或乡镇地区（其中 3.2% 的学生来自乡镇）。来自经济发达或中等地区的学生占 56.2%，其余 43.8% 则来自经济欠发达或落后地区（如图 3-4 所示）。

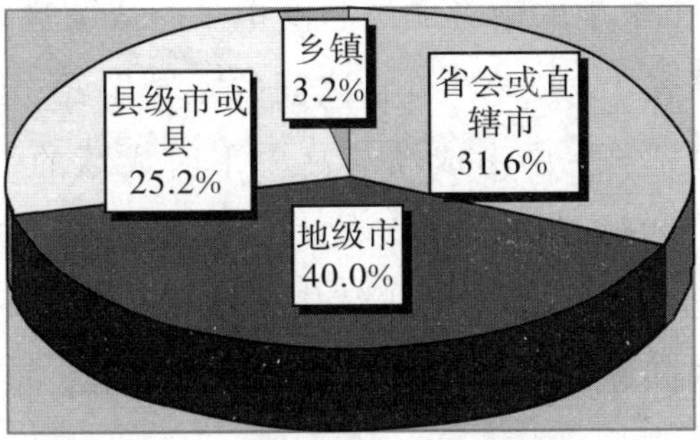


图 3-3 学生问卷行政区域分布

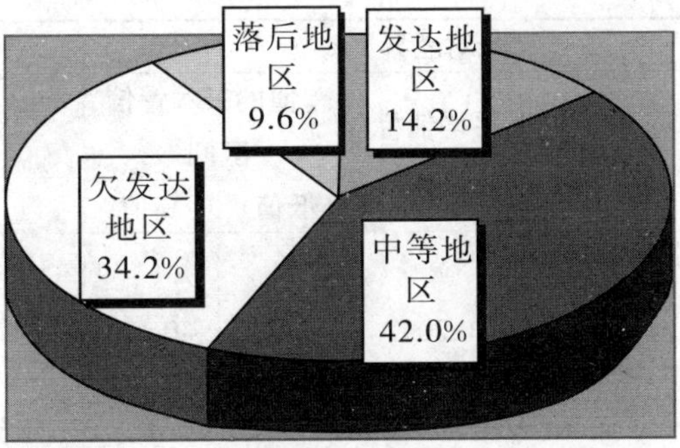


图 3-4 学生问卷经济区域分布

普通高级中学包括各级示范校和非示范校。在本次调研中，来自各级示范校的学生占 78.6%，非示范校的学生仅占 21.4%。开始高中学习后，学生的平时成绩较中考成绩发生了一定的变化（见表 3.4），中考成绩优秀的学生占 31.5%，而平时成绩优秀的仅有 10.2%；与之相对，不及格的学生比例却在上升，中考成绩不及格的占 11.0%，平时成绩不及格的学生占 20.7%。

表3.4 学生中考及平时英语成绩状况

| 成绩等级 | | 中考成绩 | 平时成绩 |
|---|---|---|---|
| 优秀 | 人数 | 3234 | 909 |
| | 比例 | 31.5% | 10.2% |
| 良好 | 人数 | 4087 | 3604 |
| | 比例 | 39.8% | 40.5% |
| 及格 | 人数 | 1810 | 2536 |
| | 比例 | 17.6% | 28.5% |
| 不及格 | 人数 | 1127 | 1841 |
| | 比例 | 11.0% | 20.7% |
| 有效样本 | 人数 | 10258 | 8890 |

我们对 8839 个学生的中考成绩与高中平时成绩进行了配对样本 T 检验。结果显示（见表 3.5），两个变量之间的差异显著，差异值为 -53.753，显著水平为 0.000。学生中考成绩与高中平时成绩的平均值分别是接近“良好”和介于“良好”与“及格”之间。从英语学习梯度的角度看，高中英语课程难于初中英语，学生成绩较大的差异在某种程度上则反映了初高中英语衔接的问题。面对难度增加的英语学科，很多高中生不适应，平时成绩也就有所下滑。

表3.5 学生中考成绩与高中平时成绩配对样本T检验结果

| | 配对差异 | | | | | t | 差异 | 显著系数（双尾） |
|---|---|---|---|---|---|---|---|---|
| | 平均值 | 标准差 | 平均值标准误差 | 差值的95%置信区间 | | | | |
| | | | | 低值 | 高值 | | | |
| 中考成绩–高中平时成绩 | –0.495 | 0.866 | 0.009 | –0.513 | –0.477 | –53.753 | 8839 | 0.000 |

本次调研共回收有效教师问卷 903 份，分别来自安徽、北京、甘肃、湖北、河南、云南和浙江七个省或直辖市（如图 3-5 所示），其中湖北省回收有效教师问卷最多，占 23.4%，其他各省（或直辖市）相对均衡。

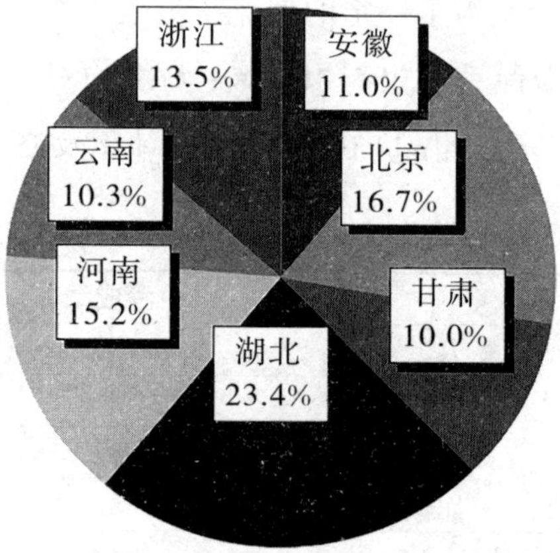


图 3-5 各地回收有效教师问卷情况

根据教师问卷基本信息（缺失变量不计）的统计结果（见表 3.6）显示，参与本次调研的高中英语教师在比例上存在性别差异，男性教师占

26.3%，女性教师占73.7%。英语教师的学历背景有所不同，其中，拥有本科学历的教师最多，占90.2%；拥有研究生学历的教师占8.7%；拥有博士或中专学历的教师占极少数。

表3.6　教师问卷的基本信息统计

| | | 安徽 | 北京 | 甘肃 | 湖北 | 河南 | 云南 | 浙江 | 合计 |
|---|---|---|---|---|---|---|---|---|---|
| 性别（%） | 男 | 28.3 | 11.3 | 33.3 | 33.7 | 32.6 | 23.1 | 21.2 | 26.3 |
| | 女 | 71.7 | 88.7 | 66.7 | 66.3 | 67.4 | 76.9 | 78.8 | 73.7 |
| 学校所处行政区域（%） | 省会/直辖市 | 0.0 | 100 | 43.3 | 15.6 | 21.2 | 25.8 | 5.7 | 31.3 |
| | 地级市 | 78.8 | 0.0 | 24.4 | 51.2 | 59.1 | 16.1 | 31.1 | 37.9 |
| | 县级市或县城 | 8.1 | 0.0 | 28.9 | 30.8 | 19.7 | 45.2 | 44.3 | 24.6 |
| | 乡镇 | 13.1 | 0.0 | 3.3 | 2.4 | 0.0 | 12.9 | 18.9 | 6.2 |
| 区域经济情况（%） | 经济发达 | 0.0 | 53.6 | 0.0 | 0.0 | 0.0 | 0.0 | 5.7 | 9.7 |
| | 经济中等 | 50.5 | 45.7 | 50.0 | 64.9 | 51.8 | 39.8 | 50.0 | 52.0 |
| | 经济欠发达 | 36.4 | 0.7 | 15.6 | 28.4 | 48.2 | 50.5 | 41.8 | 30.5 |
| | 经济落后 | 13.1 | 0.0 | 34.4 | 6.6 | 0.0 | 9.7 | 2.5 | 7.8 |
| 区域民族情况（%） | 汉族 | 100.0 | 100.0 | 68.9 | 100.0 | 100.0 | 52.7 | 100.0 | 92.0 |
| | 少数民族 | 0.0 | 0.0 | 31.1 | 0.0 | 0.0 | 47.3 | 0.0 | 8.0 |
| 学校类型（%） | 示范校 | 82.8 | 17.0 | 87.8 | 82.9 | 83.8 | 51.6 | 64.8 | 73.5 |
| | 非示范校 | 17.2 | 83.0 | 12.2 | 17.1 | 16.2 | 48.4 | 35.2 | 26.5 |
| 学历（%） | 中专 | 0.0 | 0.0 | 0.0 | 0.0 | 0.7 | 0.0 | 0.0 | 0.1 |
| | 大专 | 1.0 | 0.0 | 1.1 | 1.4 | 0.7 | 1.1 | 0.0 | 0.8 |
| | 本科 | 92.9 | 82.1 | 88.6 | 91.9 | 90.4 | 91.4 | 95.1 | 90.2 |
| | 硕士 | 6.1 | 17.2 | 9.1 | 6.7 | 8.1 | 7.5 | 4.9 | 8.7 |
| | 博士 | 0.0 | 0.7 | 1.1 | 0.0 | 0.0 | 0.0 | 0.0 | 0.2 |
| 教龄（%） | 1～3年 | 5.1 | 11.4 | 8.9 | 9.5 | 7.4 | 32.3 | 8.3 | 11.2 |
| | 4～8年 | 37.8 | 32.9 | 25.6 | 30.0 | 40.7 | 20.4 | 34.2 | 32.1 |
| | 9～12年 | 15.3 | 16.1 | 13.3 | 21.0 | 13.3 | 7.5 | 16.7 | 15.6 |
| | 13年及以上 | 41.8 | 39.6 | 52.2 | 39.5 | 38.5 | 39.8 | 40.8 | 41.1 |
| 高中英语教龄（%） | 1～3年 | 8.2 | 18.1 | 18.9 | 11.0 | 10.4 | 37.6 | 10.0 | 15.2 |
| | 4～8年 | 48.0 | 34.2 | 27.8 | 37.1 | 45.9 | 24.7 | 40.0 | 37.3 |
| | 9～12年 | 23.5 | 17.4 | 12.2 | 22.9 | 14.1 | 11.8 | 20.8 | 18.2 |
| | 12年以上 | 20.4 | 30.2 | 41.1 | 29.0 | 29.6 | 25.8 | 29.2 | 29.3 |

续表

| | | 安徽 | 北京 | 甘肃 | 湖北 | 河南 | 云南 | 浙江 | 合计 |
|---|---|---|---|---|---|---|---|---|---|
| 职称（%） | 处于试用期 | 0.0 | 4.7 | 6.7 | 4.8 | 2.9 | 12.9 | 2.5 | 4.7 |
| | 中教二级 | 29.2 | 36.5 | 25.8 | 30.8 | 42.6 | 34.4 | 30.6 | 33.2 |
| | 中教一级 | 50.0 | 37.8 | 32.6 | 37.0 | 35.3 | 25.8 | 40.5 | 37.1 |
| | 中教高级 | 20.8 | 20.9 | 34.8 | 27.4 | 18.4 | 26.9 | 26.4 | 24.8 |
| | 中教特级 | 0.0 | 0.0 | 0.0 | 0.0 | 0.7 | 0.0 | 0.0 | 0.1 |
| 所教年级（可多选）（%） | 高一 | 44.4 | 29.8 | 94.4 | 48.3 | 38.7 | 46.2 | 25.4 | 44.6 |
| | 高二 | 39.4 | 61.6 | 4.4 | 52.6 | 38.7 | 49.5 | 41.8 | 44.0 |
| | 高三 | 18.2 | 12.6 | 6.7 | 1.4 | 24.8 | 3.2 | 34.4 | 13.8 |
| 合计（份） | | 99 | 151 | 90 | 211 | 137 | 93 | 122 | 903 |

教师填写的教龄及高中英语教龄差异很大（如图 3-6 和 3-7 所示），我们根据教师的教龄情况进行了分组。具有 12 年以上教龄情况的教师最多，占 41.1%；其次是教龄在 4 ～ 8 年的青年骨干教师，占 32.1%。教师参加工作以来，并非始终教授高中英语学科，因此，教师的高中英语教龄与他们的实际教龄有出入。高中英语教龄在 4 ～ 8 年的教师最多，占 37.3%；其次是有 12 年以上高中英语教龄的教师，占 29.3%。

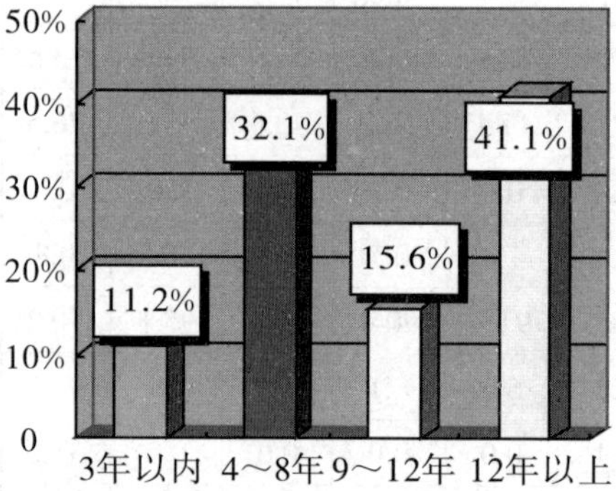


图 3-6 教师问卷教龄分布情况

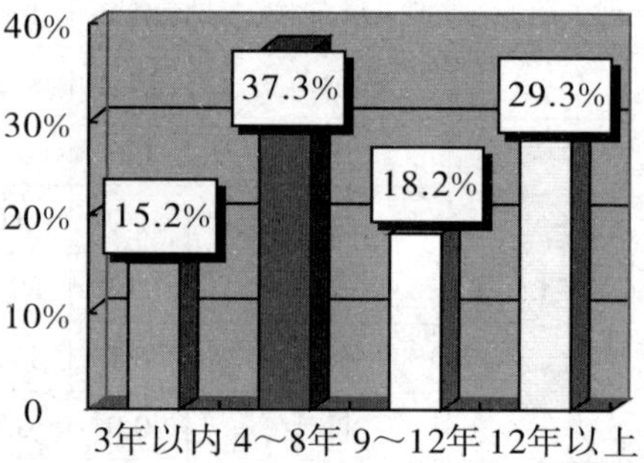


图 3-7 教师问卷高中英语教龄分布情况

参与调研的教师在职称分布上有差异（如图 3-8 所示），中教一级、中教二级的教师最多，分别占 37.1% 和 33.2%；其次是高级教师，占 24.8%；处于试用期和特级教师则比较少，分别占 4.7% 和 0.1%。

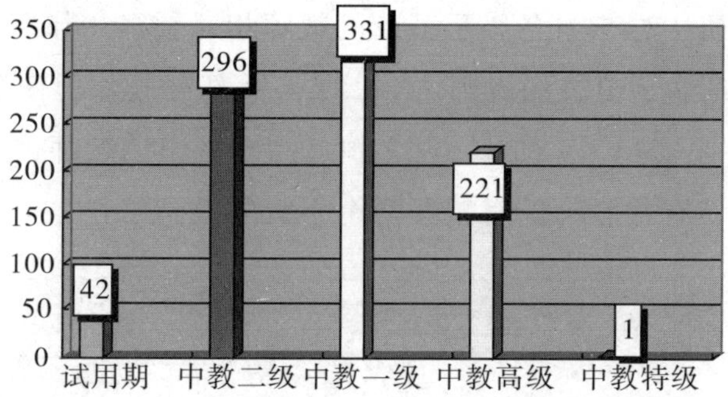


图 3-8 教师问卷教师职称分布情况

就所在地区而言，来自地级市的教师最多（如图 3-9 所示），占 37.9%；其次是来自省会 / 直辖市和县级市 / 县城的教师，分别占 31.3% 和 24.6%；来自乡镇地区的教师占 6.2%。参与调研的教师所处地区的经济状况也不尽相同（如图 3-10 所示），经济中等和欠发达地区的教师最多，分别占 52.0% 和 30.5%；经济发达地区和落后地区的教师分别占 9.7% 和 7.8%。另外，汉族地区的教师占 92.0%，少数民族地区的教师占 8.0%。

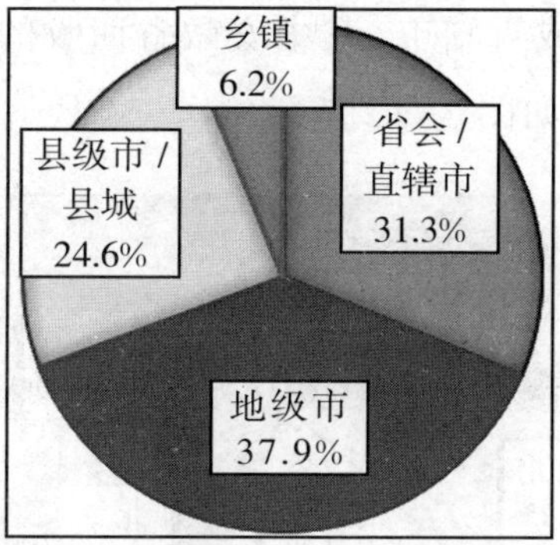


图 3-9 教师问卷行政区域分布

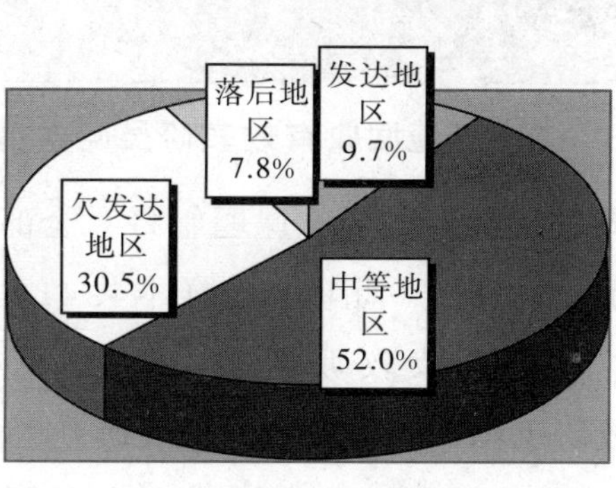


图 3-10 教师问卷经济区域分布

在本次调研中，来自各级示范校的教师相对较多（如图 3-11 所示），占 73.5%；来自非示范校的教师占 26.5%。大部分教师担任高一、高二的教学工作，分别占 44.6% 和 44.0%；担任高三教学的教师占 13.8%。此项为多项选择题，有些教师同时担任两个年级的教学工作。

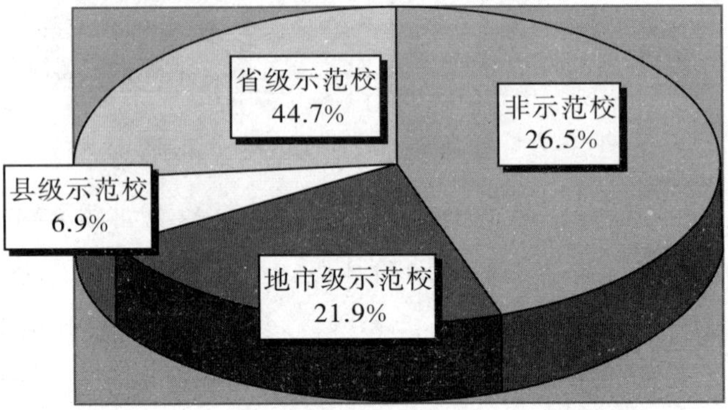


**图 3-11　教师问卷学校类别分布情况**

本次调研回收的有效教研员问卷共 43 份，分别来自安徽、北京、甘肃、湖北和浙江五个省或直辖市，其中安徽省回收的有效教研员问卷最多，占有效总数的 34.9%（如图 3-12 所示）。

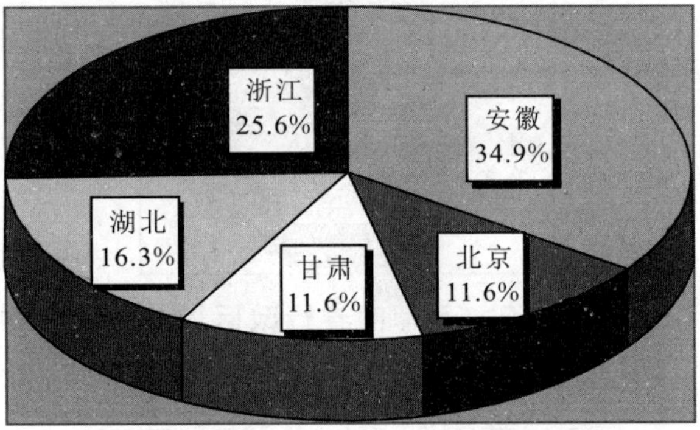


**图 3-12　各地回收有效教研员问卷情况**

由于回收的有效教研员卷较少，课题组将对全部有效样本做出总体描述。教研员的性别比例相当（此项有效样本共 41 份，2 人漏填此项），男教研员 21 位，占 51.2%；女教研员 20 位，占 48.8%。教研员负责所在地区各类中学的教研工作，全部拥有本科或研究生学历（如图 3-13），本科学历的教研员 35 位，占 81.4%；硕士学历的教研员 8 位，占 18.6%。

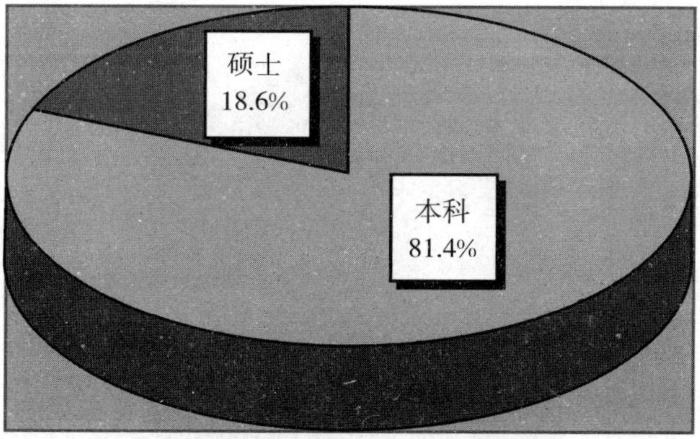


图 3-13 教研员问卷学历背景情况

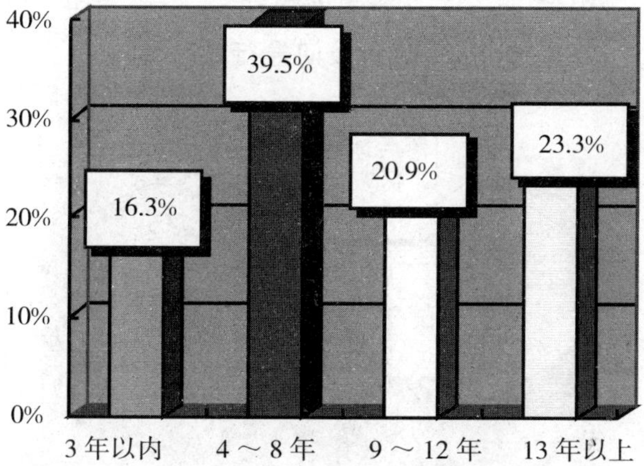


图 3-14 教研员问卷任职年限分布情况

教研员的任职年限从半年到 30 年不等（如图 3-14 所示）。课题组对其进行分组讨论发现，任职 3 年以内的新手教研员 7 位，占 16.3%；4 ～ 8 年的教研员 17 位，占 39.5%；9 ～ 12 年的教研员 9 位，占 20.9%；13 年以上的教研员 10 位，占 23.3%。

教研员所在地区的行政区域分布情况、经济状况有所不同（如图 3-15 和图 3-16 所示），来自省会 / 直辖市的教研员占 23.3%，地级市教研员占 67.4%，县级市 / 县城的教研员占 7.0%，乡镇地区教研员占 2.3%。与之相对，经济发达地区的教研员占 7.0%，中等和欠发达地区的教研员各占 51.2% 和 32.6%，落后地区的教研员占 9.3%。此外，汉族地区的教研员占 97.7%，少数民族地区的教研员占 2.3%。

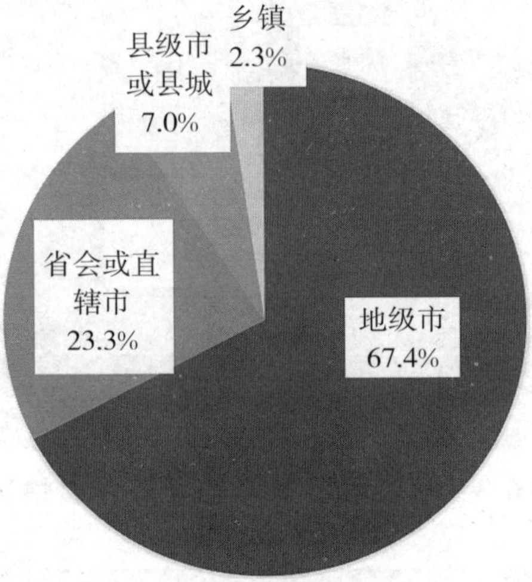


图 3-15 教研员问卷行政区域分布

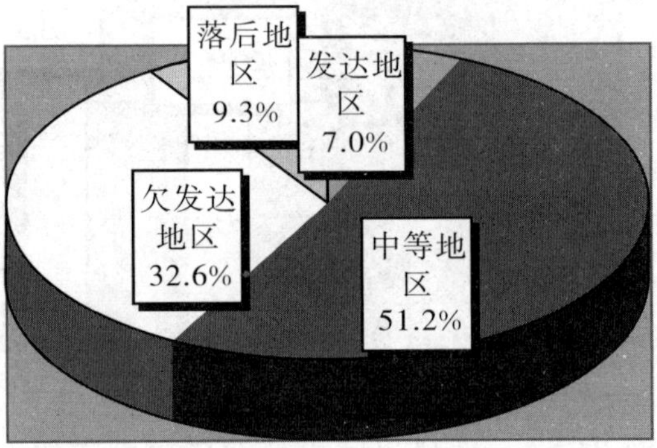


图 3-16 教研员问卷经济区域分布

## 二、教科书的基本信息

课程改革以来，各地区使用的高中英语实验教科书版本有所不同，主要以人教版、北师大版、外研版、译林版四套教科书使用范围相对较大，另外三套教材属于其他版本，使用范围相对较小。在此次调研中，学生问卷数据统计结果情况显示（如图 3-17 所示），人教版教科书占 80.4%，北师大版教科书占 14.0%，译林版教科书占 5.6%。也就是说，参与本次调研的教科书只包括三套，这三套版本的使用比例相差很大。

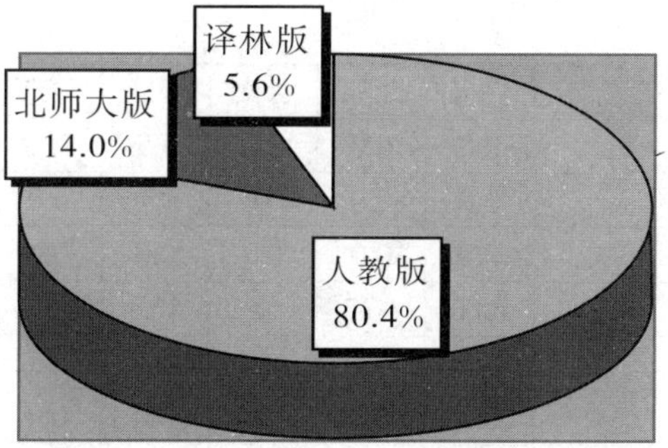


图 3–17　学生问卷教科书版本情况

由于课程改革的时间不同，各地区开始使用实验教科书的年份也不同。在本次调研涉及的省、直辖市中，安徽省和浙江省于 2006 年最早使用实验教科书，北京市 2007 年开始使用，河南省 2008 年开始使用，湖北省和云南省 2009 年开始使用，甘肃省 2010 年开始使用（详见表 3.7）。其中，北京市和河南省实际使用两种版本的英语实验教科书，安徽省不同地区选用了三个版本的实验教科书，其他各省市仅使用人教版教科书。由于样本抽取的局限性，在此次调研回收的数据中，安徽省仅提供了两个版本教科书的数据。

表3.7　教科书版本的分布情况

| | 安徽 | 北京 | 甘肃 | 湖北 | 河南 | 云南 | 浙江 | 合计 |
|---|---|---|---|---|---|---|---|---|
| 开始使用年份 | 2006 | 2007 | 2010 | 2009 | 2008 | 2009 | 2006 | |
| 人教版 | 32.6 | 44.9 | 100.0 | 100.0 | 62.9 | 100.0 | 100.0 | 80.4 |
| 北师大版 | 0.0 | 55.1 | 0.0 | 0.0 | 37.1 | 0.0 | 0.0 | 14.0 |
| 译林版 | 67.4 | 0.0 | 0.0 | 0.0 | 0.0 | 0.0 | 0.0 | 5.6 |
| 备注：以上均为所占百分比 | | | | | | | | |

高中英语课程标准实验教科书共设有 5 个必修模块和 6 个选修模块（见表 3.8），本次调研主要抽取了高一、高二年级的学生，所使用的教科书模块涉及必修模块 2 ～ 5 和选修模块 6 ～ 8。

表3.8　学生问卷的教科书模块使用情况（可多选）

| | 安徽 | 北京 | 甘肃 | 湖北 | 河南 | 云南 | 浙江 | 合计 |
|---|---|---|---|---|---|---|---|---|
| 必修模块1 | 0.0 | 0.0 | 0.0 | 0.0 | 0.0 | 0.0 | 0.0 | 0.0 |
| 必修模块2 | 29.0 | 29.7 | 100.0 | 29.4 | 0.0 | 0.0 | 34.8 | 25.0 |

续表

| | 安徽 | 北京 | 甘肃 | 湖北 | 河南 | 云南 | 浙江 | 合计 |
|---|---|---|---|---|---|---|---|---|
| 必修模块3 | 0.0 | 0.0 | 0.0 | 4.5 | 21.2 | 10.9 | 0.0 | 6.0 |
| 必修模块4 | 0.0 | 0.0 | 0.0 | 0.0 | 5.0 | 25.3 | 0.0 | 4.9 |
| 必修模块5 | 0.0 | 0.0 | 0.0 | 0.0 | 0.0 | 0.0 | 65.2 | 5.2 |
| 选修模块6 | 60.0 | 66.3 | 0.0 | 52.4 | 45.9 | 8.2 | 0.0 | 40.0 |
| 选修模块7 | 11.0 | 4.0 | 0.0 | 13.7 | 27.8 | 28.1 | 0.0 | 14.2 |
| 选修模块8 | 0.0 | 0.0 | 0.0 | 0.0 | 0.0 | 27.6 | 0.0 | 4.7 |
| 选修模块9 | 0.0 | 0.0 | 0.0 | 0.0 | 0.0 | 0.0 | 0.0 | 0.0 |
| 选修模块10 | 0.0 | 0.0 | 0.0 | 0.0 | 0.0 | 0.0 | 0.0 | 0.0 |
| 选修模块11 | 0.0 | 0.0 | 0.0 | 0.0 | 0.0 | 0.0 | 0.0 | 0.0 |
| 备注：以上均为所占百分比 | | | | | | | | |

教师问卷调查结果显示，参与本次调研的各地区使用的高中英语实验教科书版本不同（如图 3-18 所示），人教版教科书的覆盖率最大，占 75.9%，北师大版和译林版教科书分别占 16.6% 和 7.5%。

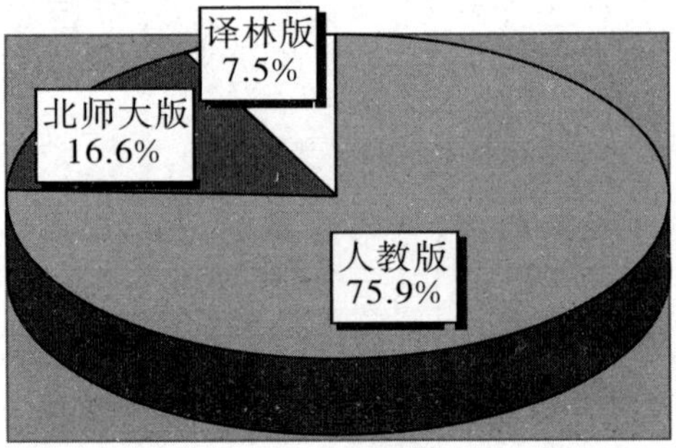


**图 3-18 教师问卷教科书版本情况**

不同的省、直辖市开始使用实验教科书的年份不同（见表 3.9），因此，教师使用实验教科书的年限也有差异，大多在 1 ～ 3 年之间，占 46.2%，使用实验教科书超过三年的教师占 24.1%。

**表3.9 教师使用实验教科书版本的分布情况**

| | | 安徽 | 北京 | 甘肃 | 湖北 | 河南 | 云南 | 浙江 | 合计 |
|---|---|---|---|---|---|---|---|---|---|
| 开始使用年份 | | 2006 | 2007 | 2010 | 2009 | 2008 | 2009 | 2006 | |
| 使用年限 | 1年以内（含1年） | 4.5 | 18.2 | 94.1 | 43.9 | 17.7 | 42.1 | 3.1 | 29.6 |
| | 1～3年（含3年） | 29.2 | 45.5 | 5.9 | 50.9 | 72.6 | 53.9 | 43.3 | 46.2 |
| | 3年以上 | 66.3 | 36.4 | 0.0 | 5.2 | 9.7 | 3.9 | 53.6 | 24.1 |

续表

| | 安徽 | 北京 | 甘肃 | 湖北 | 河南 | 云南 | 浙江 | 合计 |
|---|---|---|---|---|---|---|---|---|
| 人教版 | 31.3 | 31.8 | 100.0 | 100.0 | 65.7 | 100.0 | 100.0 | 75.9 |
| 北师大版 | 0.0 | 68.2 | 0.0 | 0.0 | 34.3 | 0.0 | 0.0 | 16.6 |
| 译林版 | 68.7 | 0.0 | 0.0 | 0.0 | 0.0 | 0.0 | 0.0 | 7.5 |
| 备注：以上均为所占百分比 | | | | | | | | |

在课程标准实验教科书涉及的 11 个模块中（见表 3.10），7 个省、直辖市超过半数教师使用过前 6 个模块；使用过选修模块 7 和模块 8 的教师分别占 45.2% 和 34.6%；使用过模块 9、模块 10 和模块 11 的教师相对较少，分别为 13.8%、5.6% 和 2.1%。

**表3.10　教师问卷的教科书模块使用情况（可多选）**

| | 安徽 | 北京 | 甘肃 | 湖北 | 河南 | 云南 | 浙江 | 合计 |
|---|---|---|---|---|---|---|---|---|
| 必修模块1 | 92.9 | 89.4 | 95.6 | 88.6 | 90.5 | 91.4 | 99.2 | 91.9 |
| 必修模块2 | 92.9 | 87.4 | 90.0 | 87.7 | 87.6 | 90.3 | 95.9 | 89.8 |
| 必修模块3 | 89.9 | 80.8 | 1.1 | 53.6 | 85.4 | 91.4 | 92.6 | 70.9 |
| 必修模块4 | 87.9 | 82.1 | 1.1 | 51.7 | 73.7 | 76.3 | 93.4 | 67.2 |
| 必修模块5 | 87.9 | 87.4 | 0.0 | 51.7 | 68.6 | 51.6 | 96.7 | 65.1 |
| 选修模块6 | 85.9 | 87.4 | 0.0 | 48.8 | 70.1 | 51.6 | 90.2 | 63.6 |
| 选修模块7 | 76.8 | 51.7 | 0.0 | 13.7 | 55.5 | 46.2 | 86.9 | 45.2 |
| 选修模块8 | 68.7 | 49.0 | 0.0 | 2.4 | 38.7 | 34.4 | 65.6 | 34.6 |
| 选修模块9 | 43.4 | 15.2 | 0.0 | 1.4 | 9.5 | 2.2 | 33.6 | 13.8 |
| 选修模块10 | 30.3 | 6.0 | 0.0 | 0.9 | 5.6 | 0.0 | 4.1 | 5.6 |
| 选修模块11 | 6.1 | 3.3 | 0.0 | 0.5 | 2.9 | 0.0 | 2.5 | 2.1 |
| 备注：以上均为所占百分比 | | | | | | | | |

在教研员卷中，所在地区也涉及人教版、北师大版和译林版高中英语实验教科书，分别占 76.7%、11.7% 和 11.6%（如图 3-19 所示）。

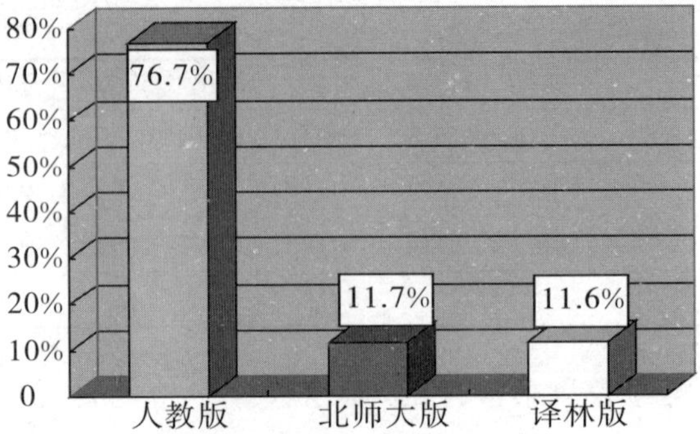


图 3-19 教研员问卷教材版本覆盖情况

总体数据显示，由于样本的选取按照总课题组的安排进行，受本次调研选取样本的限制，所涉及的高中英语课程标准实验教科书的版本比例不均衡，没有包括使用外研版教科书的地区，使用人教版教科书的比例也远远高于北师大版和译林版教科书，所以，在一定程度上，这些数据未能全面反映全国教材使用分布和范围情况。

## 三、问卷的信度与效度

在本次调研工具中，学生卷共设有 52 道李克特五级量表选择题，信度检验结果显示（见表 3.11），克隆巴赫系数为 0.951，基于标准化项的克隆巴赫系数为 0.948。问卷信度很高，量表的一致性和稳定性也很好。

表3.11 学生问卷量表信度检验结果

| 克隆巴赫系数 | 基于标准化项的克隆巴赫系数 | 项目数量 |
| --- | --- | --- |
| 0.951 | 0.948 | 52 |

学生问卷主要采用专家效度，包括三个子量表："对实验教科书的整体看法"（1 ～ 29 题）、"教科书对学习的促进作用"（30 ～ 40 题）、"教科书的使用情况"（41 ～ 52 题）。为了确保分析维度的合理性，我们对问卷进行了因子分析。结果显示（见表 3.12），KMO 测度值为 0.970，巴利特球体检验显著系数为 0.000（<0.01）。这表明量表各项目间的共同因子很多，而且原始变量之间很可能存在有意义的关系。由此可见，学生问卷量表的结构效度很高，各项目间的内在一致性很好。

**表3.12 学生问卷总量表因子分析KMO测度和巴利特球体检验结果**

<table>
<tr><td>KMO测度值</td><td colspan="2">0.970</td></tr>
<tr><td rowspan="3">巴利特球体检验</td><td>卡方值</td><td>199184.944</td></tr>
<tr><td>差异值</td><td>1770</td></tr>
<tr><td>显著系数</td><td>0.000</td></tr>
</table>

一级标题的因子分析结果显示（见表 3.13），问卷构建效度非常好。“对实验教科书的整体看法”“教科书对学习的促进作用”和“教科书的使用情况”三个标题的 KMO 测度值分别为 0.961、0.952 和 0.885，巴利特球体检验的显著系数均为 0.000。“对实验教科书的整体看法”包含的项目较多，存在多个二级标题，因此它的内部差异性较大，卡方值为 131997.578，差异值为 406。综上所述，本次调研使用的学生问卷的结构一致性很好，在数据分析中可以按照预先设置的一级主题分类展开。

**表3.13 学生问卷一级标题因子分析KMO测度和巴利特球体检验结果**

<table>
<tr><th>问卷一级标题</th><th colspan="3">KMO测度和巴利特球体检验结果</th></tr>
<tr><td rowspan="4">对实验教科书的整体看法（1～29题）</td><td colspan="2">KMO测度值</td><td>0.961</td></tr>
<tr><td rowspan="3">巴利特球体检验</td><td>卡方值</td><td>131997.578</td></tr>
<tr><td>差异值</td><td>406</td></tr>
<tr><td>显著系数</td><td>0.000</td></tr>
<tr><td rowspan="4">教科书对学习的促进作用（30～40题）</td><td colspan="2">KMO测度值</td><td>0.952</td></tr>
<tr><td rowspan="3">巴利特球体检验</td><td>卡方值</td><td>65100.082</td></tr>
<tr><td>差异值</td><td>55</td></tr>
<tr><td>显著系数</td><td>0.000</td></tr>
<tr><td rowspan="4">教科书的使用情况（41～52题）</td><td colspan="2">KMO测度值</td><td>0.885</td></tr>
<tr><td rowspan="3">巴利特球体检验</td><td>卡方值</td><td>30184.791</td></tr>
<tr><td>差异值</td><td>66</td></tr>
<tr><td>显著系数</td><td>0.000</td></tr>
</table>

教师问卷共设有 88 道李克特五级量表选择题，信度检验结果显示（见表 3.14），克隆巴赫系数为 0.972，基于标准化项的克隆巴赫系数为 0.972。问卷的信度非常高，量表的一致性和稳定性非常好。

表3.14 教师问卷量表信度检验结果

| 克隆巴赫系数 | 基于标准化项的克隆巴赫系数 | 项目数量 |
|---|---|---|
| 0.972 | 0.972 | 88 |

教师问卷主要采用专家效度，包括以下几个子量表："对实验教科书的整体看法"（1 ～ 45 题）、"与旧版教科书的比较"（46 ～ 53 题）、"教科书对教学的促进作用"（54 ～ 59 题）、"教科书的使用情况"（60 ～ 76 题）、"影响教科书使用的因素"（77 ～ 88 题）。因子分析结果显示（见表 3.15），KMO 测度值为 0.954，巴利特球体检验显著系数为 0.000（<0.01）。维度的共同因子很多，原始变量之间很可能存在有意义的关系。量表的结构效度很高，内在一致性很好。

表3.15 教师问卷总量表因子分析KMO测度和巴利特球体检验结果

| | | |
|---|---|---|
| KMO测度值 | | 0.954 |
| 巴利特球体检验 | 卡方值 | 32728.905 |
| | 差异值 | 3828 |
| | 显著系数 | 0.000 |

教师问卷一级标题的因子分析显示（见表 3.16），问卷的结构效度非常好。"对实验教科书的整体看法""与旧教科书的比较""教科书对教学的促进作用""教科书使用情况调查"和"影响教科书使用的因素"的 KMO 测度值分别为 0.965、0.903、0.888、0.840 和 0.864，巴利特球体检验显著系数均为 0.000。"实验教科书的整体看法"包含 45 题，项目较多，内部差异性较大，卡方值为 19654.411，差异值为 990。

表3.16 教师问卷一级标题因子分析KMO测度和巴利特球体检验结果

| 问卷标题 | KMO测度和巴利特球体检验结果 | | |
|---|---|---|---|
| 对实验教科书的整体看法（1～45题） | KMO测度值 | | 0.965 |
| | 巴利特球体检验 | 卡方值 | 19654.411 |
| | | 差异值 | 990 |
| | | 显著系数 | 0.000 |
| 与旧教科书的比较（46～53题） | KMO测度值 | | 0.903 |
| | 巴利特球体检验 | 卡方值 | 4431.483 |
| | | 差异值 | 28 |
| | | 显著系数 | 0.000 |

续表

| 问卷标题 | KMO测度和巴利特球体检验结果 | | |
|---|---|---|---|
| 教科书对教学的促进作用（54～59题） | KMO测度值 | | 0.888 |
| | 巴利特球体检验 | 卡方值 | 2665.187 |
| | | 差异值 | 15 |
| | | 显著系数 | 0.000 |
| 教科书使用情况调查（60～76题） | KMO测度值 | | 0.840 |
| | 巴利特球体检验 | 卡方值 | 4313.406 |
| | | 差异值 | 136 |
| | | 显著系数 | 0.000 |
| 影响教科书使用的因素（77～88题） | KMO测度值 | | 0.864 |
| | 巴利特球体检验 | 卡方值 | 5173.222 |
| | | 差异值 | 66 |
| | | 显著系数 | 0.000 |

教研员问卷共设有92道李克特五级量表选择题。信度检验结果（见表3.17）显示，克隆巴赫系数为0.963，基于标准化项的克隆巴赫系数为0.964。问卷的信度非常高，量表的一致性和稳定性非常好。

表3.17　教研员问卷量表信度检验结果

| 克隆巴赫系数 | 基于标准化项的克隆巴赫系数 | 项目数量 |
|---|---|---|
| 0.963 | 0.964 | 92 |

本次回收的教研员问卷相对较少，主要采用专家效度，并未对子量表进行因子分析。

# 第四章　高中英语实验教科书整体评价及分析

课程改革以来，学生、教师及教研员如何评价所使用的课程标准实验教科书？不同版本的教科书是否反映了实验课程标准提倡的基本理念？在内容选择、学习活动设计、外观特征、容量和难度、对教与学的促进作用、评价方式、与旧版教科书的比较、对教研活动的影响等方面，实验教科书是否符合课程标准实施主体的期待，还存在哪些值得改进的地方？本研究围绕外语教科书涉及的方方面面，对高中学生、教师及教研员做出了广泛的调查。本章第一节主要报告不同调查对象群体对所使用的实验教科书的整体评价，数据的呈现不针对具体区域或某一套教材。第二节主要呈现不同地区、学校类别及教科书版本等因素影响下的学生、教师和教研员对所使用教科书的具体评价以及差异分析。

# 第一节　学生、教师、教研员对实验教科书的整体评价

高中英语实验课程标准提出，教学的设计和实施应有利于学生优化英语学习方式，使他们通过观察、体验、探究等积极主动的学习方法，充分发挥自己的学习潜能，形成有效的学习策略，增强自主学习的能力，使学生在英语学习的过程中，增强独立思考和判断的能力，发展与人沟通和合作的能力，增进跨文化理解和跨文化交际的能力，树立正确的人生观、世界观和价值观，增强社会责任感，全面提高人文素养。课程标准实验教科书的编写需要与课程标准保持内在的一致性，在内容选择、学习活动设计、学习评价方式等方面体现促进学生发展综合语言运用能力的特点，在外观设计及容量和难度方面适应高中学生的兴趣及认知特点，以便满足高中英语教学的实际需求，更好地发挥课程改革媒介的重要作用，推动课程改革的深化发展。

在理想状态下，教科书渗透出课程标准倡导的先进的教学理念和教学方式，成为教师组织课堂教学过程中重要的媒介和资源库，学生通过必修课程和选修课程的学习，培养课程标准提出的语言技能、语言知识、情感态度、学习策略和文化意识五个方面的英语语言综合运用能力，实现全面发展，并在学习体验中不断增强学习的兴趣和信心，逐步养成自主学习的习惯和能力，为长远的、终身的发展奠定坚实的基础；同样，教师在使用实验教科书的过程中，通过积极参与课程资源的开发，改进原有的教学理念，尝试新的教学方式和评价方式，在保障课程标准实施效果的同时，实现自身的专业发展。然而，课程改革以来，投入使用的实验教科书是否满足了师生的实际需求？为此，本次调研开发了问卷，从教科书与课程标准的一致性、语言内容的选择、学习活动的设计、外观特征、容量和难度、对学生学习的促进作用，以及对学生学习的评价方式等多个维度，邀请实验区的高中学生、英语教师及教研员对所使用的实验教科书做出整体评价，以下将综合呈现调研对象对教科书的整体评价结果。

## 一、与课标的一致性

与课标的一致性是对实验教科书评价的核心指标之一，直接反映了教科书的设计理念和出发点。学生卷统计结果显示（见表 4.1），本维度的平均值[1]为 3.55，明显高于中间值 3。由此可以看出，超过半数的学生选择了“同意”或“完全同意”（如图 4-1 所示）。多数参与调研的高中学生都认为，高中英语实验教科书有助于他们形成积极主动的学习态度和树立正确的价值观，有助于他们掌握有效的学习方法和提高自主学习能力。

**表4.1 学生对实验教科书“与课标的一致性”的看法**

| 二级标题 | 平均值 | 具体项目 | 总数 | 平均值 | 标准差 | 与中间值3的T检验 | | | |
|---|---|---|---|---|---|---|---|---|---|
| | | | | | | T值 | 显著性（双尾） | 95%置信区间 | |
| | | | | | | | | 低值 | 高值 |
| 与课标的一致性 | 3.55 | 有助于我形成积极主动的学习态度和正确的价值观 | 10319 | 3.60 | 0.982 | 62.362 | 0.000 | 0.58 | 0.62 |
| | | 有培养学习方法及自学能力的内容 | 10301 | 3.50 | 0.997 | 51.060 | 0.000 | 0.48 | 0.52 |

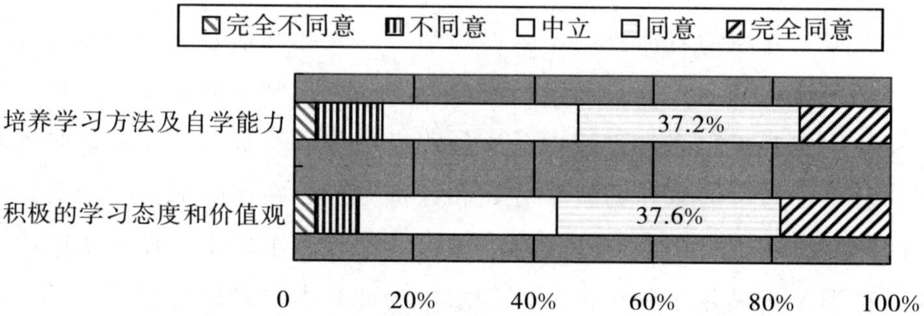


**图 4-1 学生卷实验教科书“与课标的一致性”的选项分布**

教师卷统计结果也显示出较为相似的情况（见表 4.2），大部分教师

[1] 此处的维度平均值并非各项目平均值相加后计算的平均数，而是首先在SPSS中依据二级标题各项目相加后的平均值计算出每位受访者的维度值，并单独列为新的变量（通过SPSS中的计算变量，即Compute Variable完成），然后再计算出平均值，后同。

对实验教科书与课标的一致性都持“同意”或“完全同意”的态度（如图 4-2 所示），该维度的平均值是 3.509，均超过中间值 3。因此，教师总体认同实验教科书注重引导学生形成正确的价值观，教科书整体上有利于学生综合语言运用能力的发展，有助于引导学生形成积极主动的学习态度。相对而言，教师卷对教科书与本校学生适切性项目的平均值是最低的，仅有 3.18。也就是说，有将近四分之一（23.7%）的教师认为实验教科书不适合他们的学生。

表4.2　教师对实验教科书“与课标的一致性”的看法

| 二级标题 | 平均值 | 具体项目 | 总数 | 平均值 | 标准差 | 与中间值3的T检验 | | | |
|---|---|---|---|---|---|---|---|---|---|
| | | | | | | T值 | 显著性（双尾） | 95%置信区间 | |
| | | | | | | | | 低值 | 高值 |
| 与课标的一致性 | 3.509 | 适合我所在学校的学生 | 898 | 3.18 | 0.921 | 5.795 | 0.000 | 0.12 | 0.24 |
| | | 整体上有利于学生综合语言运用能力的发展 | 894 | 3.60 | 0.852 | 21.162 | 0.000 | 0.55 | 0.66 |
| | | 注重引导学生形成积极主动的学习态度 | 894 | 3.49 | 0.894 | 16.278 | 0.000 | 0.43 | 0.55 |
| | | 注重引导学生形成正确的价值观 | 887 | 3.79 | 0.806 | 29.217 | 0.000 | 0.74 | 0.84 |

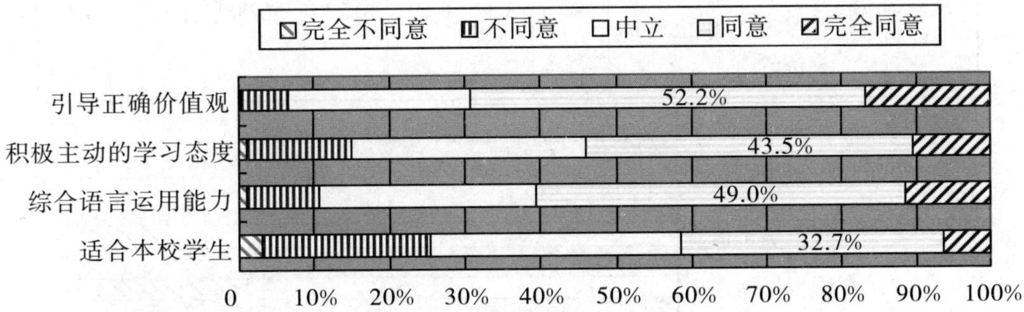


图 4-2　教师卷实验教科书“与课标的一致性”的选项分布

对实验教科书与课标一致性的问题，绝大多数教研员也选择了“同意”或“完全同意”（如图 4-3 所示），平均值为 4.023，明显高于中间值 3（如表 4.3）。由此可见，绝大部分教研员对教科书与课标一致性的认同度很高。他们认为实验教科书整体上反映了课标的总体目标，覆盖了课标规定的语言知识和技能，有利于学生综合语言运用能力的发展，注重引导学生形成积极主动的学习态度和正确的价值观。其中，与教师卷结果相似，获得相对较低平均值（约 3.51）的也是教科书与所在地区学生的适合程度。

表4.3 教研员对实验教科书“与课标的一致性”的看法

| 二级标题 | 平均值 | 具体项目 | 总数 | 平均值 | 标准差 | 与中间值3的T检验 | | | |
|---|---|---|---|---|---|---|---|---|---|
| | | | | | | T值 | 显著性（双尾） | 95%置信区间 | |
| | | | | | | | | 低值 | 高值 |
| 与课标的一致性 | 4.023 | 适合我所在地区的学生 | 43 | 3.51 | 0.798 | 4.204 | 0.000 | 0.27 | 0.76 |
| | | 整体上反映了英语课程标准所设定的总体目标 | 43 | 4.26 | 0.581 | 14.169 | 0.000 | 1.08 | 1.43 |
| | | 覆盖了英语课程标准规定的语言知识和语言技能 | 43 | 4.23 | 0.527 | 15.330 | 0.000 | 1.07 | 1.39 |
| | | 整体上促进了学生综合语言运用能力的发展 | 43 | 4.14 | 0.639 | 11.689 | 0.000 | 0.94 | 1.34 |
| | | 注重引导学生形成积极主动的学习态度和正确的价值观 | 43 | 3.98 | 0.597 | 10.726 | 0.000 | 0.79 | 1.16 |

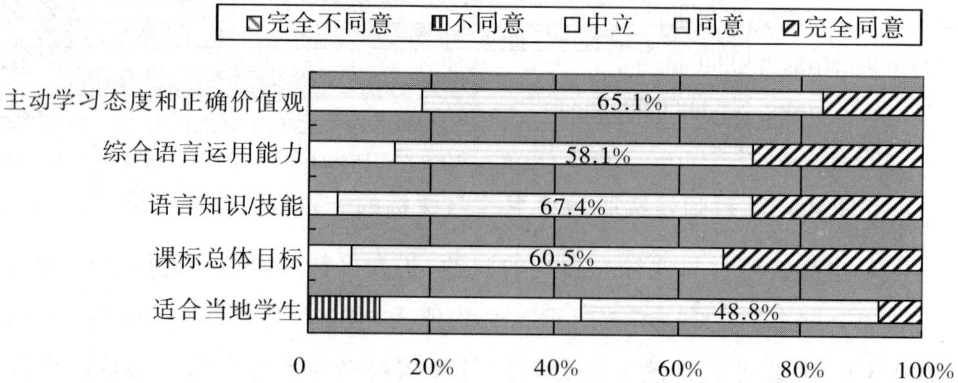


图 4-3 教研员卷实验教科书“与课标的一致性”的选项分布

从前面内容可以看出，参与调研的高中学生、英语教师及教研员对实验教科书“与课标的一致性”的看法相对一致。其中，教研员的认同度最高。大部分学生、教师和教研员都认为实验教科书确实是符合课标理念的，整体上促进了学生综合语言运用能力的发展，包含了课程标准规定的语言知识与技能，有助于培养学生主动的学习态度和树立正确的价值观。多数教师和教研员认为，实验教科书适合自己的学生，但由于调研对象所在的地区情况及学校类别存在很大差异，有 23.7% 的教师及 11.6% 的教研员认为他们所使用的教科书不适合自己的学生。这就要求教师在使用中因地制宜，对教科书做出一定的调整。

## 二、内容选择

高中英语教科书的内容选择至关重要，教科书的语言、课文体裁、话题及文化风俗等方面的选择，都是学生习得英语语言知识与技能、养成学习策略和情感兴趣的影响因素。对课程改革实验教科书的内容选择，学生问卷统计结果显示，大部分高中生肯定了教科书的语言内容选择，选择“同意”或“完全同意”的学生所占比例较高（如图 4-4 所示）。该维度平均值为 3.565（见表 4.4），均高于中间值 3。其中，绝大多数学生认为实验教科书选择的语言内容有助于他们了解其他国家的文化和风俗。该项目的平均值最高，达到 3.99。也就是说，实验教科书突出了“语言是文化的载体”这一特点，比较注意对其他国家文化风俗的介绍，也得到了学生的认可。此外，教科书选择的课文难度适中，语言真实地道，所选话题和生活联系紧密，文章体裁多种多样，有助于学生了解其他学科知识。然而，在相关内容中，教科书内容的趣味性获得的平均值最低，为 3.25。也就是说，学生认为实验教科书的趣味性还有待加强。

表4.4 学生对实验教科书“内容选择”的看法

| 二级标题 | 平均值 | 具体项目 | 总数 | 平均值 | 标准差 | 与中间值3的T检验 | | | |
|---|---|---|---|---|---|---|---|---|---|
| | | | | | | T值 | 显著性（双尾） | 95%置信区间 | |
| | | | | | | | | 低值 | 高值 |
| 内容选择 | 3.565 | 选择的课文难度适中 | 10284 | 3.65 | 0.947 | 69.561 | 0.000 | 0.63 | 0.67 |
| | | 语法术语和概念容易理解 | 10246 | 3.43 | 1.034 | 42.100 | 0.000 | 0.41 | 0.45 |
| | | 可以了解或学习到其他学科知识 | 10261 | 3.60 | 1.038 | 58.678 | 0.000 | 0.58 | 0.62 |
| | | 内容趣味性强 | 10278 | 3.25 | 1.092 | 23.437 | 0.000 | 0.23 | 0.27 |
| | | 文章体裁（如小说故事、新闻报道等）多种多样 | 10275 | 3.55 | 1.041 | 53.253 | 0.000 | 0.53 | 0.57 |
| | | 话题和生活联系紧密 | 10287 | 3.56 | 1.008 | 56.771 | 0.000 | 0.54 | 0.58 |
| | | 可以帮助我了解当今社会和科技的发展 | 10261 | 3.45 | 1.042 | 43.715 | 0.000 | 0.43 | 0.47 |
| | | 语言真实地道 | 10283 | 3.60 | 0.967 | 63.339 | 0.000 | 0.59 | 0.62 |
| | | 可以了解到其他国家的文化和风俗 | 10278 | 3.99 | 0.867 | 115.957 | 0.000 | 0.97 | 1.01 |

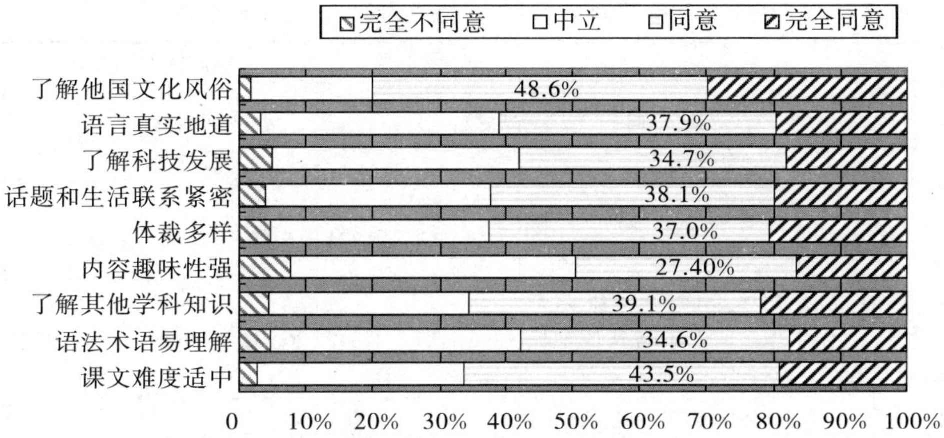


**图 4-4　学生卷实验教科书“内容选择”的选项分布**

对教科书的内容选择，教师卷统计结果显示（见表 4.5），大部分教师肯定了教科书的内容选择。从表 4.5 可以看出，该部分平均值为 3.569，均高于中间值 3。也就是说，多数教师选择了“同意”或“完全同意”。他们认为，课程改革实验教科书中的文章体裁多种多样，包括故事类、应用文、新闻报道等，有利于拓展学生的知识面，所选材料具有时代性。这两项平均值最高，达到 3.93。此外，教科书关注文化的多元性和差异性，有助于扩展学生的国际视野，体现了跨学科知识整合，加强了与其他学科的关联性；教科书涉及的词汇量符合课程标准的要求，呈现的语言真实地道，选材注意联系学生的生活实际。这些方面都获得了教师的肯定。然而，实验教科书对不同学生的学习风格还需加强考虑，该项目平均值只有 3.14。当然，大范围使用的教科书往往很难满足学生的多样化需求。这就要求教师要根据所教学生的个性化特点，在教学实施过程中对教科书做出适当的调整。

表4.5 教师对实验教科书“内容选择”的看法

| 二级标题 | 平均值 | 具体项目 | 总数 | 平均值 | 标准差 | 与中间值3的T检验 | | | |
|---|---|---|---|---|---|---|---|---|---|
| | | | | | | T值 | 显著性（双尾） | 95%置信区间 | |
| | | | | | | | | 低值 | 高值 |
| 内容选择 | 3.569 | 重要概念（如语法概念）能够被学生所理解 | 893 | 3.47 | 0.934 | 15.045 | 0.000 | 0.41 | 0.53 |
| | | 体现了跨学科知识整合，加强了与其他学科的关联性 | 896 | 3.75 | 0.842 | 26.732 | 0.000 | 0.70 | 0.81 |
| | | 充分考虑了学生的学习兴趣 | 894 | 3.48 | 0.938 | 15.302 | 0.000 | 0.42 | 0.54 |
| | | 充分考虑了不同学生的学习风格 | 895 | 3.14 | 0.956 | 4.474 | 0.000 | 0.08 | 0.21 |
| | | 充分考虑了学生已有的知识与经验 | 887 | 3.31 | 0.919 | 10.085 | 0.000 | 0.25 | 0.37 |
| | | 文章体裁（包括故事类、应用文、新闻报道等）多种多样，有利于拓展学生的知识面 | 886 | 3.93 | 0.823 | 33.704 | 0.000 | 0.88 | 0.99 |
| | | 选材注意联系现代社会及科技发展 | 898 | 3.93 | 0.788 | 35.304 | 0.000 | 0.88 | 0.98 |
| | | 选材注意联系学生生活实际 | 893 | 3.62 | 0.879 | 21.241 | 0.000 | 0.57 | 0.68 |
| | | 指示语符合学生的英语水平 | 887 | 3.30 | 0.936 | 9.688 | 0.000 | 0.24 | 0.37 |
| | | 词汇量符合英语课程标准的要求 | 891 | 3.69 | 0.850 | 24.202 | 0.000 | 0.63 | 0.74 |
| | | 呈现的语言真实地道 | 885 | 3.65 | 0.875 | 21.940 | 0.000 | 0.59 | 0.70 |
| | | 内容的编排梯度合理 | 888 | 3.34 | 0.937 | 10.678 | 0.000 | 0.27 | 0.40 |
| | | 内容关注文化的多元性和差异性，有助于扩展学生的国际视野 | 887 | 3.79 | 0.844 | 27.838 | 0.000 | 0.73 | 0.84 |

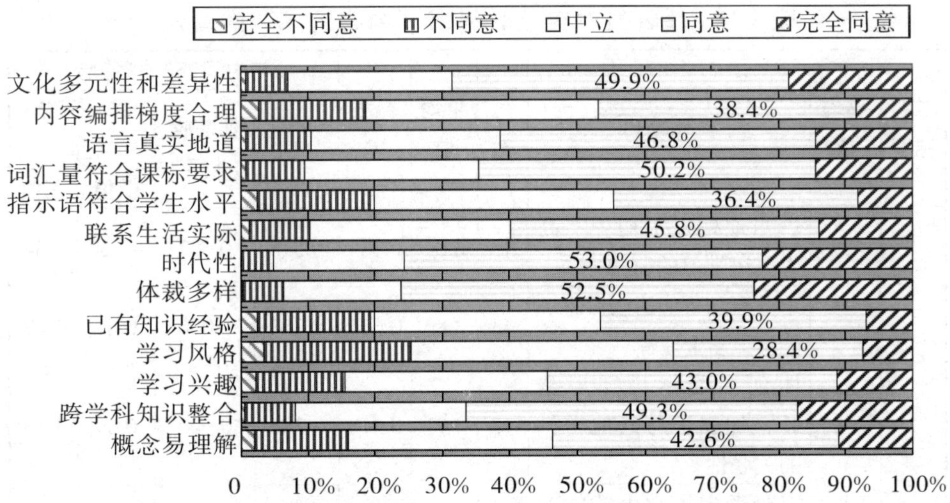


**图 4-5 教师卷实验教科书“内容选择”的选项分布**

教研员问卷对教科书内容选择的评价结果显示（见表 4.6），多数教研员肯定了实验教科书的内容选择，选择“同意”或“完全同意”（如图 4-6 所示）。整体平均值为 3.699，均高于中间值 3。教研员认为，教科书的选材注意与现代社会和科技发展的联系，而且该项目平均值最高，达到 4.00；教科书所选的文章体裁多种多样，体现了跨学科知识的整合；教科书关注文化的多元性和差异性，词汇量符合课程标准的要求，重要的语法概念能够被学生所理解，呈现的语言真实地道。然而，教科书在初、高中目标衔接方面获得的平均值很低，仅为 3.07。有 32.6% 的教研员认为教科书没能恰当地处理初、高中学生英语学习衔接的问题。此外，对不同学生学习风格的兼顾及内容的编排梯度方面的平均值也较低，均为 3.51。这说明实验教科书还需要在这几个方面做出改进。

表4.6 教研员对实验教科书“内容选择”的看法

| 二级标题 | 平均值 | 具体项目 | 总数 | 平均值 | 标准差 | 与中间值3的T检验 | | | |
|---|---|---|---|---|---|---|---|---|---|
| | | | | | | T值 | 显著性(双尾) | 95% 置信区间 | |
| | | | | | | | | 低值 | 高值 |
| 内容选择 | 3.699 | 恰当地处理了初中、高中英语学习的衔接 | 43 | 3.07 | 0.884 | 0.518 | 0.607 | –0.20 | 0.34 |
| | | 重要概念（如语法概念）能够被学生理解 | 43 | 3.86 | 0.675 | 8.353 | 0.000 | 0.65 | 1.07 |
| | | 体现了跨学科知识整合，加强了与其他学科的关联性 | 43 | 3.91 | 0.718 | 8.288 | 0.000 | 0.69 | 1.13 |
| | | 充分考虑了学生的学习兴趣 | 43 | 3.65 | 0.813 | 5.251 | 0.000 | 0.40 | 0.90 |
| | | 充分考虑了不同学生的学习风格 | 43 | 3.51 | 0.856 | 3.921 | 0.000 | 0.25 | 0.77 |
| | | 充分考虑了学生的身心发展水平 | 43 | 3.58 | 0.763 | 4.995 | 0.000 | 0.35 | 0.82 |
| | | 充分考虑了学生已有的知识与经验 | 43 | 3.63 | 0.787 | 5.229 | 0.000 | 0.39 | 0.87 |
| | | 文章体裁（包括故事类、应用文、新闻报道等）多种多样，有利于拓展学生的知识面 | 43 | 3.93 | 0.737 | 8.281 | 0.000 | 0.70 | 1.16 |
| | | 选材注意联系现代社会与科技发展 | 43 | 4.00 | 0.617 | 10.624 | 0.000 | 0.81 | 1.19 |
| | | 选材注意联系学生生活实际 | 43 | 3.65 | 0.783 | 5.451 | 0.000 | 0.41 | 0.89 |
| | | 教学活动的指示语符合学生的英语水平 | 43 | 3.58 | 0.852 | 4.476 | 0.000 | 0.32 | 0.84 |
| | | 词汇量符合英语课程标准的要求 | 43 | 3.88 | 0.956 | 6.059 | 0.000 | 0.59 | 1.18 |
| | | 呈现的语言真实地道 | 43 | 3.84 | 0.721 | 7.610 | 0.000 | 0.62 | 1.06 |
| | | 语言学习内容的编排梯度合理 | 43 | 3.51 | 0.798 | 4.204 | 0.000 | 0.27 | 0.76 |
| | | 内容关注不同文化的多元性和差异性，有助于扩展学生的国际视野 | 43 | 3.88 | 0.731 | 7.932 | 0.000 | 0.66 | 1.11 |

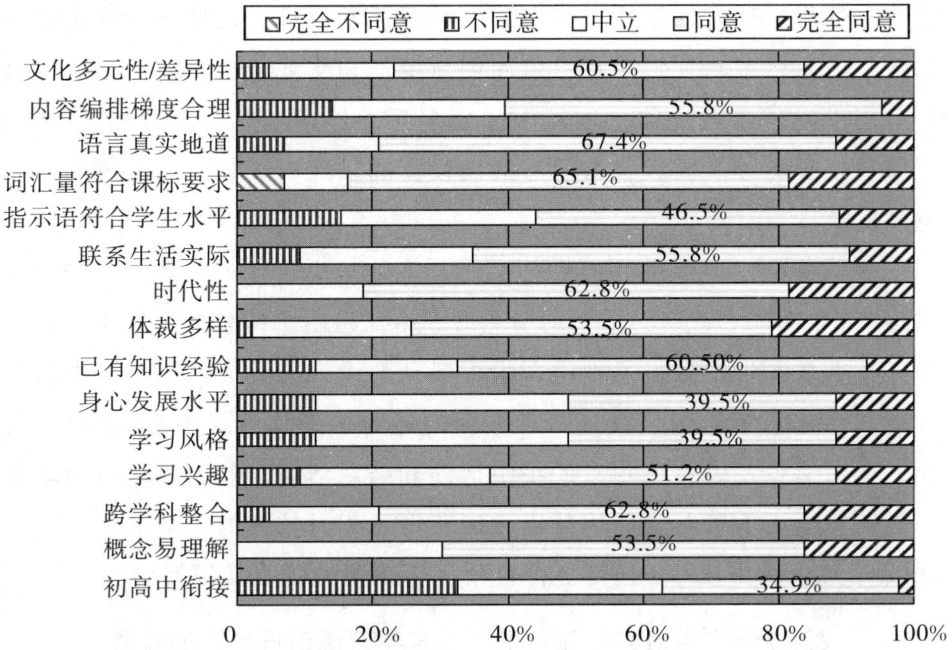


图 4-6 教研员卷实验教科书“内容选择”的选项分布

综合以上分析结果，高中学生、教师、教研员整体上肯定了课程改革实验教科书的内容选择，尤其认同教科书选文体裁多样，内容体现了跨学科知识整合，语言真实地道，选材联系学生生活实际，词汇量与课程标准的要求保持一致等方面的优势。然而，实验教科书的内容选择还存在一些值得改进的地方。例如，内容的趣味性、对初中和高中学习的承接性、对不同学习风格的兼容性等方面都还有待进一步加强。值得注意的是，学生认为实验教科书的趣味性有待加强，但教师和教研员似乎都认为这不是个大问题。从用户的角度来看，教科书的编写者和教师还要多从学生的角度考虑，了解学生的年龄特点和兴趣爱好，为他们提供更有趣的学习内容。

## 三、语言学习活动设计

语言学习活动的设计是教科书的精髓，直接影响教师教学活动的设计。为了更好地保障课堂教学的实效性，英语教科书的语言活动设计应涉及听、说、读、写等各个方面，还应简洁明了。此外，教科书的语言活动应尽可能通过探究式、发现式的学习活动设计，促使学生优化学习方式，拓展思维，开阔视野，培养创新精神和实践能力，鼓励他们在语言运用中发现学习规律，以利于学生全面、长远地发展。因此，学生、教师和教研员对实验教科书学习活动设计的反馈对了解课程改革的进展至关重要。

学生卷统计结果显示（见表 4.7），多数学生选择“同意”或“完全同意”（如图 4-7 所示），平均值为 3.556，超出中间值 3。由此可以看出，学生基本肯定教科书中语言学习活动的设计方式，认同教科书的学习活动涵盖了听、说、读、写各方面的能力（平均值最高）；教科书设计了鼓励学生发表自己观点的小组活动和结对活动。然而，语言活动促使学生在生活中思考和使用英语方面获得了相对较低的平均值（3.38）。这说明实验教科书还要创设更符合学生生活情境的真实语言活动。

**表4.7 学生对实验教科书“语言学习活动设计”的看法**

| 二级标题 | 平均值 | 具体项目 | 总数 | 平均值 | 标准差 | 与中间值3的T检验 | | | |
|---|---|---|---|---|---|---|---|---|---|
| | | | | | | T值 | 显著性（双尾） | 95% 置信区间 | |
| | | | | | | | | 低值 | 高值 |
| 语言学习活动设计 | 3.556 | 语言活动的题目要求简洁明晰 | 10280 | 3.59 | 0 .967 | 61.699 | 0.000 | 0.57 | 0.61 |
| | | 语言活动包括听、说、读、写各方面能力 | 10281 | 3.88 | 0 .959 | 93.476 | 0.000 | 0.87 | 0.90 |
| | | 语言活动促使我在生活中思考和使用英语 | 10282 | 3.38 | 1.063 | 36.204 | 0.000 | 0.36 | 0.40 |
| | | 有让我发表自己观点的活动 | 10300 | 3.49 | 1.045 | 47.817 | 0.000 | 0.47 | 0.51 |
| | | 有很多小组活动和结对活动 | 10248 | 3.44 | 1.063 | 41.699 | 0.000 | 0.42 | 0.46 |

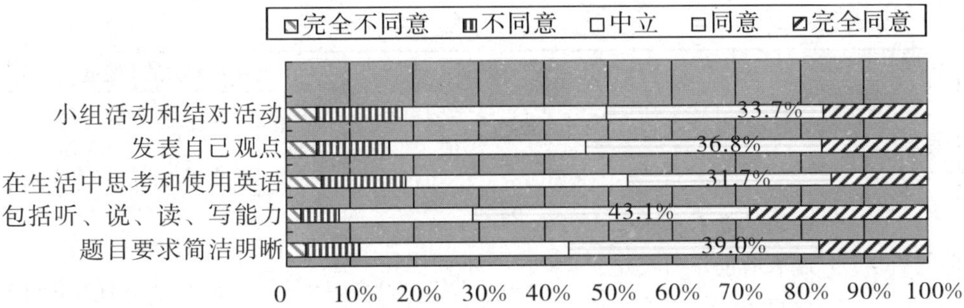


图 4-7　学生卷实验教科书“语言学习活动设计”的选项分布

对实验教科书的学习活动设计，教师表达了基本认同的态度（见表4.8），选择“同意”或“完全同意”的教师占多数（如图 4-8 所示），该维度综合平均值为 3.476，每个项目平均值都高于中间值 3。由此可以看出，教师整体上肯定了实验教科书的语言学习活动设计。他们认为，教科书里的学习活动设计有助于学生开展合作学习（平均值最高，为 3.65），有助于学生听、说、读、写能力的均衡发展，活动设计能够做到情境化。但活动的可操作性与教科书为学生创造体验成功的机会，增强学习信心这两个方面获得的平均值相对较低（均为 3.37）。16.3% 的教师认为学习活动不便于操作。教科书编写者要考虑不同地区的实际教学环境，为教师提供更丰富的参考资源和恰当的指示，以加强学习活动的实用性。

表4.8　教师对实验教科书“语言学习活动设计”的看法

| 二级标题 | 平均值 | 具体项目 | 总数 | 平均值 | 标准差 | 与中间值3的T检验 | | | |
|---|---|---|---|---|---|---|---|---|---|
| | | | | | | T值 | 显著性（双尾） | 95% 置信区间 | |
| | | | | | | | | 低值 | 高值 |
| 语言学习活动设计 | 3.476 | 学习活动的设计能够做到情境化 | 889 | 3.53 | 0.880 | 17.915 | 0.000 | 0.47 | 0.59 |
| | | 学习活动有助于学生听、说、读、写能力均衡发展 | 886 | 3.57 | 0.906 | 18.834 | 0.000 | 0.51 | 0.63 |
| | | 学习活动有助于学生养成在生活中观察和使用英语的习惯 | 886 | 3.40 | 0.922 | 12.828 | 0.000 | 0.34 | 0.46 |
| | | 学习活动有助于培养学生的创造性和批判性思维 | 886 | 3.45 | 0.890 | 14.985 | 0.000 | 0.39 | 0.51 |

续表

| 二级标题 | 平均值 | 具体项目 | 总数 | 平均值 | 标准差 | 与中间值3的T检验 | | | |
|---|---|---|---|---|---|---|---|---|---|
| | | | | | | T值 | 显著性（双尾） | 95% 置信区间 低值 | 95% 置信区间 高值 |
| 语言学习活动设计 | 3.476 | 学习活动有助于学生发展有效的学习策略，形成自主学习的意识与能力 | 891 | 3.47 | 0.907 | 15.333 | 0.000 | 0.41 | 0.53 |
| | | 活动设计有助于学生开展合作学习 | 881 | 3.65 | 0.884 | 21.914 | 0.000 | 0.59 | 0.71 |
| | | 活动设计注意为学生创造体验成功的机会，增强学习的信心 | 880 | 3.37 | 0.901 | 12.306 | 0.000 | 0.31 | 0.43 |
| | | 设计的学习活动具有可操作性 | 888 | 3.37 | 0.918 | 12.030 | 0.000 | 0.31 | 0.43 |

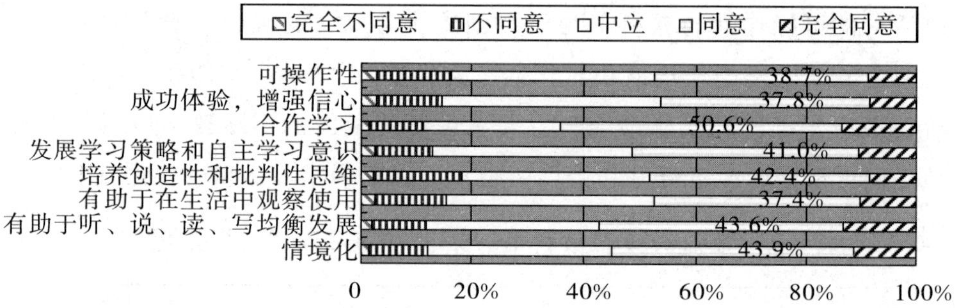


**图 4-8　教师卷实验教科书“语言学习活动设计”的选项分布**

教研员对实验教科书的“语言学习活动设计”持肯定态度（见表 4.9），选择“同意”或“完全同意”的占绝大多数（如图 4-9 所示），维度平均值达到 3.659，明显高于中间值 3。由此可以看出，教研员整体上认同实验教科书的语言学习活动设计。他们认为，教科书的活动设计有助于学生发展语言技能（平均值最高），能够做到情境化，给学生留有一定的自主选择权和个性发挥余地，有助于学生巩固所学知识，有助于开展合作学习。然而，与教师的观点一致的是，不少教研员指出，实验教科书学习活动的可操作性（平均值 3.30）欠佳，在为学生提供体验成功的机会，增强学习的信心（平均值 3.43）方面还有待改进。

表4.9　教研员对实验教科书“语言学习活动设计”的看法

| 二级标题 | 平均值 | 具体项目 | 总数 | 平均值 | 标准差 | 与中间值3的T检验 | | | |
|---|---|---|---|---|---|---|---|---|---|
| | | | | | | T值 | 显著性（双尾） | 95% 置信区间 | |
| | | | | | | | | 低值 | 高值 |
| 学习活动设计 | 3.659 | 设计能够做到情境化 | 42 | 3.86 | 0.683 | 8.130 | 0.000 | 0.64 | 1.07 |
| | | 有助于学生听、说、读、写能力均衡发展 | 43 | 3.67 | 0.944 | 4.684 | 0.000 | 0.38 | 0.96 |
| | | 有助于学生养成在生活中观察和使用英语的习惯 | 43 | 3.60 | 0.728 | 5.444 | 0.000 | 0.38 | 0.83 |
| | | 有助于培养学生的创造性和批判性思维 | 42 | 3.52 | 0.773 | 4.394 | 0.000 | 0.28 | 0.76 |
| | | 有助于学生发展有效的学习策略，形成自主学习的意识 | 43 | 3.58 | 0.763 | 4.995 | 0.000 | 0.35 | 0.82 |
| | | 有助于学生开展合作学习 | 43 | 3.77 | 0.718 | 7.005 | 0.000 | 0.55 | 0.99 |
| | | 能够给学生留有一定的自主选择权和个性发挥余地 | 43 | 3.81 | 0.852 | 6.262 | 0.000 | 0.55 | 1.08 |
| | | 能够让学生获得学习的成功体验，增强学习的信心 | 42 | 3.43 | 0.770 | 3.609 | 0.001 | 0.19 | 0.67 |
| | | 易于操作 | 43 | 3.30 | 0.887 | 2.234 | 0.031 | 0.03 | 0.58 |
| | | 练习有助于学生巩固所学知识 | 43 | 3.79 | 0.742 | 6.989 | 0.000 | 0.56 | 1.02 |
| | | 练习有助于学生发展语言技能 | 43 | 3.91 | 0.684 | 8.700 | 0.000 | 0.70 | 1.12 |

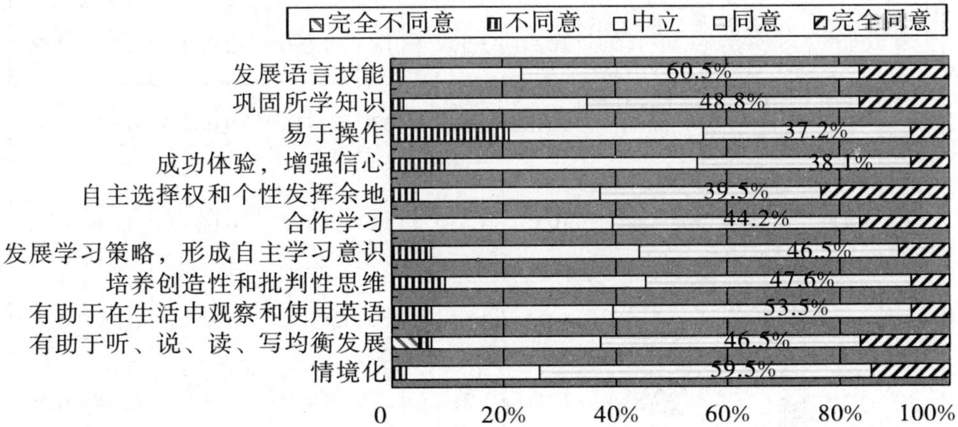


图 4-9　教研员卷实验教科书“语言学习活动设计”的选项分布

从上述内容可见，高中学生、教师及教研员基本上认同课程标准实验教科书的语言学习活动设计，尤其肯定了小组活动和结对活动等促进学生树立自主、合作学习的新型语言学习理念。然而，教科书中设计的活动在为学生创设成功体验机会，增强学生学习信心，便于教师操作等方面还需进一步加强。

## 四、外观设计

外观设计往往会影响学生对教科书，甚至对英语学习的直观感受，因此，有必要了解学生、教师、教研员对教科书外观设计的评价。学生卷统计结果显示（见表 4.10），该部分平均值为 3.471，各项目平均值均稍高于中间值 3，选择“同意”或“完全同意”的学生占多数（如图 4–10 所示）。由此可见，学生对实验教科书的外观设计基本满意。他们认为，实验教科书的图文搭配和谐、美观（平均值最高），插图对他们学习英语有帮助，目录清晰，便于整体把握教科书内容。但是，25.4% 的学生认为教科书的大小、形状不方便携带（平均值 3.21）；24.5% 的学生指出，教科书的字距、行距等不合适，没有为他们留出足够书写的空间（平均值 3.33）。这些方面有待改进。

**表4.10　学生对实验教科书“外观设计”的看法**

| 二级标题 | 平均值 | 具体项目 | 总数 | 平均值 | 标准差 | 与中间值3的T检验 | | | |
|---|---|---|---|---|---|---|---|---|---|
| | | | | | | T值 | 显著性（双尾） | 95% 置信区间 | |
| | | | | | | | | 低值 | 高值 |
| 外观设计 | 3.471 | 目录清晰，便于整体把握教科书内容 | 10291 | 3.54 | 1.018 | 54.190 | 0.000 | 0.52 | 0.56 |
| | | 插图对我们学习英语有帮助 | 10188 | 3.59 | 1.033 | 57.716 | 0.000 | 0.57 | 0.61 |
| | | 字距、行距、段距合适，留有足够书写的空间 | 10214 | 3.33 | 1.153 | 28.691 | 0.000 | 0.30 | 0.35 |
| | | 图文搭配和谐、美观 | 10214 | 3.67 | 0.988 | 68.856 | 0.000 | 0.65 | 0.69 |
| | | 大小、形状便于携带 | 10212 | 3.21 | 1.144 | 18.919 | 0.000 | 0.19 | 0.24 |

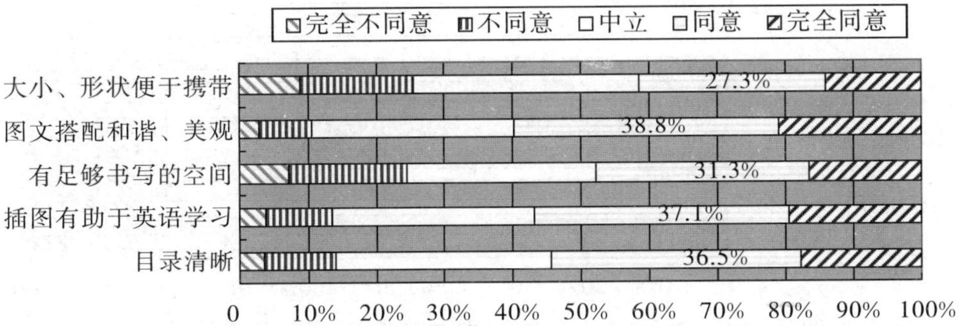


**图 4-10 学生卷实验教科书“外观设计”的选项分布**

教师问卷统计结果显示，教师对实验教科书外观设计的评价平均值为 3.644（见表 4.11），各项目平均值均高于中间值 3，选择“同意”或“完全同意”的教师超过了半数（如图 4-11 所示）。由此可以看出，教师对实验教科书的外观设计比较满意。他们认为教科书图文搭配和谐、美观（平均值最高），插图有助于英语学习；字距、行距、段距合适，为圈点、勾画、批注留有足够空间；教科书目录清晰，便于整体把握教材。其中，与学生问卷结果相似，平均值最低的项目也是教科书的便携性（平均值 3.45）。实验教科书目前采用 16 开长方形的开本，或许这对一部分高中学生来说，在一定程度上不方便携带。

**表4.11 教师对实验教科书“外观设计”的看法**

| 二级标题 | 平均值 | 具体项目 | 总数 | 平均值 | 标准差 | 与中间值3的T检验 | | | |
|---|---|---|---|---|---|---|---|---|---|
| | | | | | | T值 | 显著性（双尾） | 95% 置信区间 低值 | 95% 置信区间 高值 |
| 外观设计 | 3.644 | 目录清晰，便于学生整体把握 | 884 | 3.64 | 0.886 | 21.649 | 0.000 | 0.59 | 0.70 |
| | | 插图对学生学习英语有帮助 | 888 | 3.74 | 0.833 | 26.379 | 0.000 | 0.68 | 0.79 |
| | | 字距、行距、段距合适，为学生圈点、勾画、批注留有足够空间 | 892 | 3.68 | 0.935 | 21.669 | 0.000 | 0.62 | 0.74 |
| | | 图文搭配和谐、美观 | 891 | 3.78 | 0.820 | 28.438 | 0.000 | 0.73 | 0.84 |
| | | 大小、形状便于学生携带 | 888 | 3.45 | 0.940 | 14.140 | 0.000 | 0.38 | 0.51 |
| | | 价格在大多数学生可接受的范围之内 | 881 | 3.58 | 0.921 | 18.768 | 0.000 | 0.52 | 0.64 |

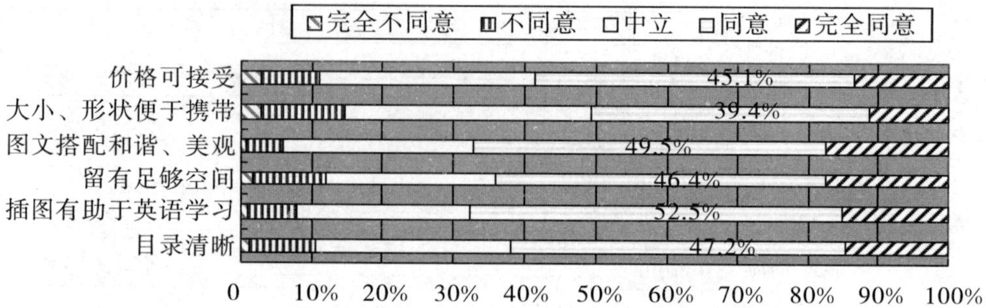


图 4-11 教师卷实验教科书“外观设计”的选项分布

相比之下，教研员对实验教科书的外观设计更为认同，问卷统计结果显示（见表 4.12），该部分的平均值为 3.818，明显高于中间值 3，选择“同意”或“完全同意”的教研员占绝大多数（如图 4-12 所示）。教研员认为，实验教科书的目录清晰（平均值最高），便于整体把握；图文搭配和谐、美观；插图有助于学生学习英语；间距合适，为学生圈点、勾画、批注留有足够空间。与学生问卷、教师问卷的结果相似，教科书便携性方面的平均值（3.49）较低。

表4.12 教研员对实验教科书“外观设计”的看法

| 二级标题 | 平均值 | 具体项目 | 总数 | 平均值 | 标准差 | 与中间值3的T检验 | | | |
|---|---|---|---|---|---|---|---|---|---|
| | | | | | | T值 | 显著性（双尾） | 95% 置信区间 | |
| | | | | | | | | 低值 | 高值 |
| 外观设计 | 3.818 | 目录清晰，便于学生整体把握 | 43 | 4.00 | 0.787 | 8.334 | 0.000 | 0.76 | 1.24 |
| | | 插图对学生学习英语有帮助 | 43 | 3.91 | 0.648 | 9.180 | 0.000 | 0.71 | 1.11 |
| | | 字距、行距、段距合适，为学生圈点、勾画、批注留有足够空间 | 43 | 3.88 | 0.879 | 6.596 | 0.000 | 0.61 | 1.15 |
| | | 图文搭配和谐、美观 | 43 | 3.91 | 0.750 | 7.929 | 0.000 | 0.68 | 1.14 |
| | | 大小、形状便于学生携带 | 43 | 3.49 | 1.055 | 3.036 | 0.004 | 0.16 | 0.81 |
| | | 价格在大多数学生可接受的范围之内 | 43 | 3.72 | 0.882 | 5.362 | 0.000 | 0.45 | 0.99 |

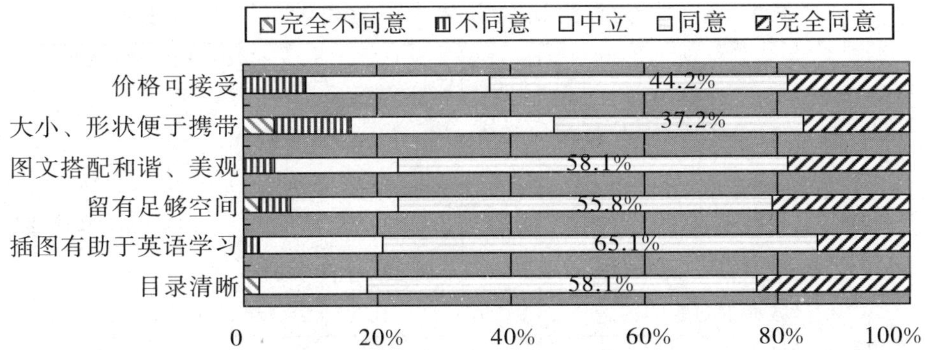


**图 4-12　教研员卷实验教科书"外观设计"的选项分布**

不难看出，参与调研的学生、教师、教研员基本认同实验教科书的外观设计，都肯定了教科书选配的插图和清晰的目录，认为图文搭配和谐、美观，目录便于读者整体把握教科书的内容布局。然而，高中学生认为教科书排版间距略小，没有为他们的书写留出足够空间；教师和教研员则认为实验教科书的空白间隙足够让学生勾画、批注等。值得关注的是，调研对象都指出，实验教科书的便携性还有待改善。

## 五、容量和难度

教科书的容量和难度会在很大程度上影响高中英语教学的进度及学生的学习兴趣与信心，适当的容量和难度有利于学生掌握英语知识与技能。因此，教科书编者既要考虑学生现有的语言能力水平，又要结合课程标准设定的高中英语学习目标，从词汇量、阅读及听力材料长度和难度等多个方面控制好教科书的容量和难度。

学生卷统计结果显示（见表 4.13），参与调研的高中生对实验教科书的容量和难度表示认可，该部分平均值为 3.331。超过半数的学生认为，教科书的容量和难度、习题数量及难度、阅读及听力材料长度和词汇量较为适中（如图 4-13 所示）。然而，40% 的学生认为教科书的阅读文章偏长或过长（平均值 3.44），38% 的学生认为教科书涉及的词汇量偏大或过大（平均值 3.40）。

表4.13 学生对实验教科书"容量和难度"的看法

| 二级标题 | 平均值 | 具体项目 | 总数 | 平均值 | 标准差 | 与中间值3的T检验 | | | |
|---|---|---|---|---|---|---|---|---|---|
| | | | | | | T值 | 显著性（双尾） | 95% 置信区间 低值 | 95% 置信区间 高值 |
| 容量和难度 | 3.331 | 教科书的容量 | 10253 | 3.32 | 0.737 | 43.729 | 0.000 | 0.30 | 0.33 |
| | | 教科书内容的难度 | 10243 | 3.32 | 0.713 | 45.066 | 0.000 | 0.30 | 0.33 |
| | | 教科书习题的数量 | 10250 | 3.20 | 0.785 | 25.488 | 0.000 | 0.18 | 0.21 |
| | | 教科书习题的难度 | 10238 | 3.27 | 0.743 | 36.156 | 0.000 | 0.25 | 0.28 |
| | | 教科书阅读材料的长度 | 10240 | 3.44 | 0.750 | 58.876 | 0.000 | 0.42 | 0.45 |
| | | 教科书听力材料的长度 | 10231 | 3.22 | 0.777 | 28.021 | 0.000 | 0.20 | 0.23 |
| | | 教科书的词汇量 | 10266 | 3.40 | 0.827 | 49.621 | 0.000 | 0.39 | 0.42 |

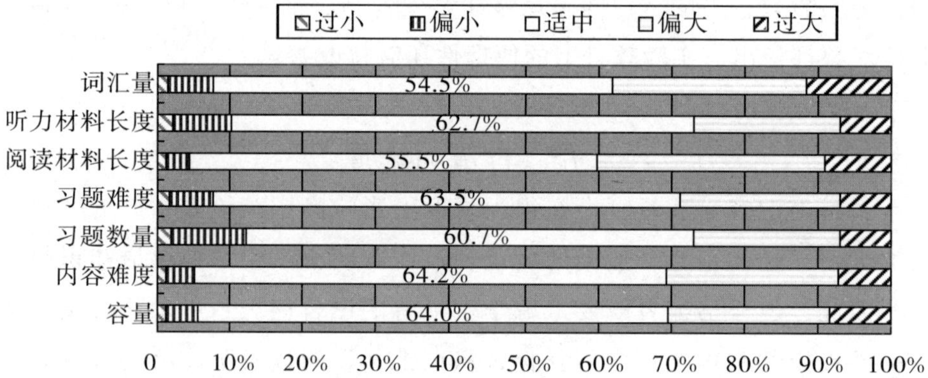


图 4-13 学生卷实验教科书"容量和难度"的选项分布

在实验教科书的容量和难度方面，教师卷的平均值为 3.556（见表 4.14）。67.9% 的教师认为教科书的容量偏大或过大（平均值 3.81），超过半数的教师认为教科书的难度（平均值 3.66）、词汇量（平均值 3.65）偏大或过大，听力材料长度（平均值 3.61）偏长或过长（如图 4-14 所示）。60.3% 的教师认为教科书的阅读材料长度适中（平均值 3.38）。近一半的教师认为教科书提供的习题数量、难度和听力材料长度适中。

表4.14　教师对实验教科书“容量和难度”的看法

| 二级标题 | 平均值 | 具体项目 | 总数 | 平均值 | 标准差 | 与中间值3的T检验 | | | |
|---|---|---|---|---|---|---|---|---|---|
| | | | | | | T值 | 显著性（双尾） | 95% 置信区间 | |
| | | | | | | | | 低值 | 高值 |
| 容量和难度 | 3.556 | 教科书的容量 | 893 | 3.81 | 0.718 | 33.704 | 0.000 | 0.76 | 0.86 |
| | | 教科书内容的难度 | 891 | 3.66 | 0.718 | 27.514 | 0.000 | 0.61 | 0.71 |
| | | 教科书习题的数量 | 886 | 3.34 | 0.793 | 12.928 | 0.000 | 0.29 | 0.40 |
| | | 教科书习题的难度 | 885 | 3.43 | 0.754 | 16.979 | 0.000 | 0.38 | 0.48 |
| | | 教科书阅读材料的长度 | 892 | 3.38 | 0.644 | 17.564 | 0.000 | 0.34 | 0.42 |
| | | 教科书听力材料的长度 | 883 | 3.61 | 0.745 | 24.336 | 0.000 | 0.56 | 0.66 |
| | | 教科书的词汇量 | 886 | 3.65 | 0.712 | 27.321 | 0.000 | 0.61 | 0.70 |

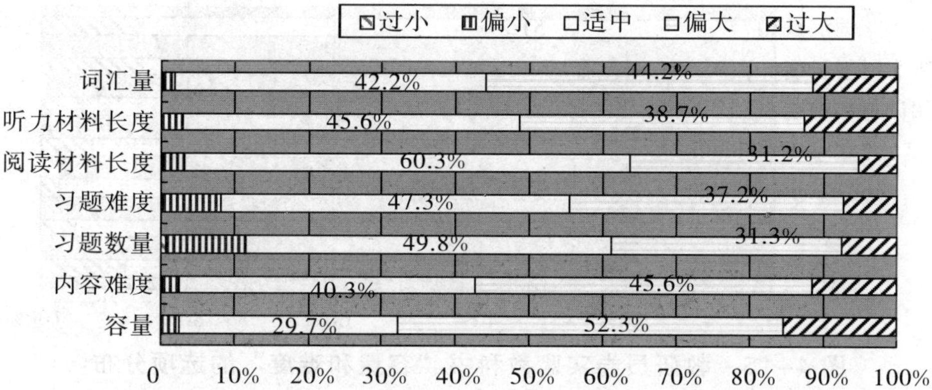


图 4-14　教师卷实验教科书“容量和难度”的选项分布

问卷统计结果显示，教研员对实验教科书容量和难度的看法平均值为 3.465（见表 4.15）。大部分教研员认为教科书容量（平均值 3.67）、难度（平均值 3.60）偏大或过大，听力材料的长度（平均值 3.72）偏长或过长。但也有过半的教研员认为，教科书习题的数量（平均值 3.14）、习题难度（平均值 3.26）、阅读材料的长度（平均值 3.26）和词汇量（平均值 3.58）适中（如图 4-15 所示）。

表4.15 教研员对实验教科书“容量和难度”的看法

| 二级标题 | 平均值 | 具体项目 | 总数 | 平均值 | 标准差 | 与中间值3的T检验 | | | |
|---|---|---|---|---|---|---|---|---|---|
| | | | | | | T值 | 显著性（双尾） | 95% 置信区间 | |
| | | | | | | | | 低值 | 高值 |
| 容量和难度 | 3.465 | 教科书的容量 | 43 | 3.67 | 0.715 | 6.190 | 0.000 | 0.45 | 0.89 |
| | | 教科书内容的难度 | 43 | 3.60 | 0.583 | 6.800 | 0.000 | 0.43 | 0.78 |
| | | 教科书习题的数量 | 42 | 3.14 | 0.647 | 1.432 | 0.160 | –0.06 | 0.34 |
| | | 教科书习题的难度 | 43 | 3.26 | 0.759 | 2.211 | 0.033 | 0.02 | 0.49 |
| | | 教科书阅读材料的长度 | 43 | 3.26 | 0.539 | 3.114 | 0.003 | 0.09 | 0.42 |
| | | 教科书听力材料的长度 | 43 | 3.72 | 0.701 | 6.742 | 0.000 | 0.51 | 0.94 |
| | | 教科书的词汇量 | 43 | 3.58 | 0.763 | 4.995 | 0.000 | 0.35 | 0.82 |

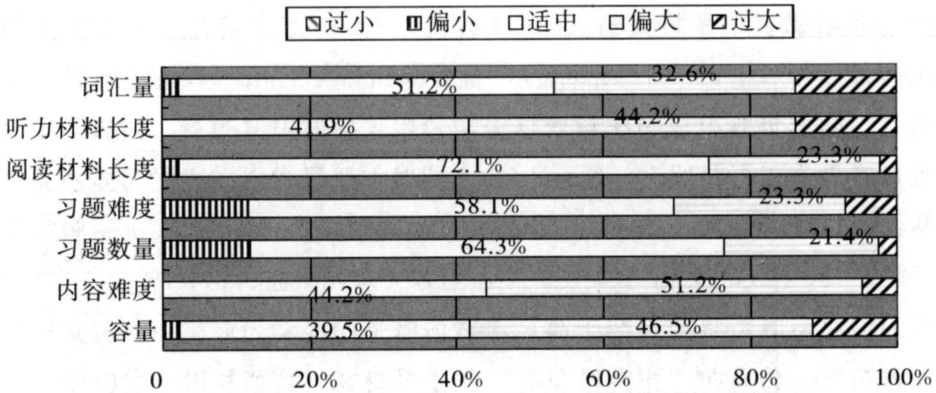


图 4-15 教研员卷实验教科书“容量和难度”的选项分布

由此可见，学生、教师和教研员对实验教科书容量和难度的看法存在一定的差异。学生基本上认同教科书的容量及难度，但他们认为教科书的阅读文章偏长，所涉及的词汇量偏大；教师和教研员普遍认为教科书的容量、难度偏大，听力材料偏长，但阅读材料的长度是适中的。出现这样的差异或许和教师处理听力材料时的做法有关，比如先阅读一遍再听，这种做法降低了听的难度，所以学生并不认为听力材料难。当然，这样的结论还需要进一步调查考证。然而，教师认可的阅读材料难度对学生来说却是比较大的挑战。学生、教师、教研员看法较为一致的是，他们都认为实验教科书包含的习题数量和难度比较适中。客观地讲，统一的教科书很难满足全体师生的能力需求。综合本次调研的数据分析结果来看，课程标准实验教科书在容量及难度方面还是给很多学生和教师带来了新的挑战，需要师生在使用过程中结合实际情况做出进一步调整。

## 六、学习评价方式

高中英语课程标准提倡多元的学习评价方式，教科书应改变以往单一的终结性评价方式，以增强学生信心为目标，提供多种评价方式检测学生的学习效果。相对于其他维度，调查问卷中涉及学习评价方式的题目较少，需要在后期做出相应的补充。学生卷统计结果显示，该部分平均值为3.271（见表4.16），略高于中间值3，选择“同意”或“完全同意”的学生比例在40%上下（如图4-16所示）。也就是说，虽然较多的学生认为，实验教科书提供的对学习效果的多种评价方式增强了他们的学习信心，但保持“中立”的学生也占近40%，持否定意见的学生超过20%。教科书设计的评价方式及其检测结果的准确性还有待改善。

表4.16　学生对实验教科书“学习评价方式”的看法

| 二级标题 | 平均值 | 具体项目 | 总数 | 平均值 | 标准差 | 与中间值3的T检验 | | | |
|---|---|---|---|---|---|---|---|---|---|
| | | | | | | T值 | 显著性（双尾） | 95%置信区间 | |
| | | | | | | | | 低值 | 高值 |
| 学习评价方式 | 3.271 | 设计的学习效果检验方式可以检测我的实际语言运用能力 | 10284 | 3.30 | 1.048 | 29.314 | 0.000 | 0.28 | 0.32 |
| | | 提供的多种学习效果的检验方式（如Check your progress, Unit reflection, Test yourself等）可以鼓励我的学习，增强我的信心 | 10235 | 3.24 | 1.041 | 23.055 | 0.000 | 0.22 | 0.26 |

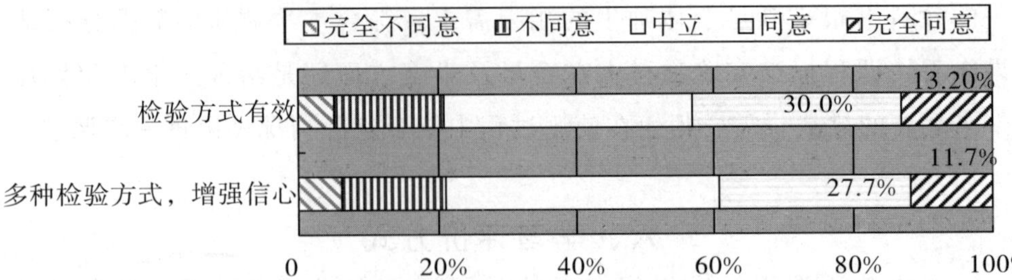


图 4-16 学生卷实验教科书“学习评价方式”的选项分布

关于教科书设计的学习评价方式，教师卷中只有一个项目：“教科书能为教师开展多样化的评价提供有效的资源。”平均值为 3.47，高于中间值 3，有 51% 的教师选择了“同意”和“完全同意”。这说明大部分教师意识到，实验教科书提供了多样化的评价资源，鼓励教学中采用不同的评价方式检测学生的学习效果。

教研员问卷统计结果显示（见表 4.17），多数教研员选择了“同意”或“完全同意”（如图 4-17 所示）。该部分平均值为 3.562，高于中间值 3。教研员认为，实验教科书提供的评价过程具有情境整合性，有助于提高学生实际运用语言的能力（平均值 3.67），评价的内容和目标具有明确性和针对性，便于师生把握（平均值 3.57）。

表4.17 教研员对实验教科书“学习评价方式”的看法

| 二级标题 | 平均值 | 具体项目 | 总数 | 平均值 | 标准差 | 与中间值3的T检验 | | | |
|---|---|---|---|---|---|---|---|---|---|
| | | | | | | T值 | 显著性（双尾） | 95% 置信区间 | |
| | | | | | | | | 低值 | 高值 |
| 学习评价方式 | 3.562 | 评价的内容和目标具有明确性和针对性，便于师生把握 | 42 | 3.57 | 0.801 | 4.625 | 0.000 | 0.32 | 0.82 |
| | | 评价的方式具有激励性和多样化，能激励学生进取 | 43 | 3.44 | 0.881 | 3.289 | 0.002 | 0.17 | 0.71 |
| | | 提供的评价过程具有情境整合性，有助于提高学生实际运用语言的能力 | 43 | 3.67 | 0.808 | 5.471 | 0.000 | 0.43 | 0.92 |

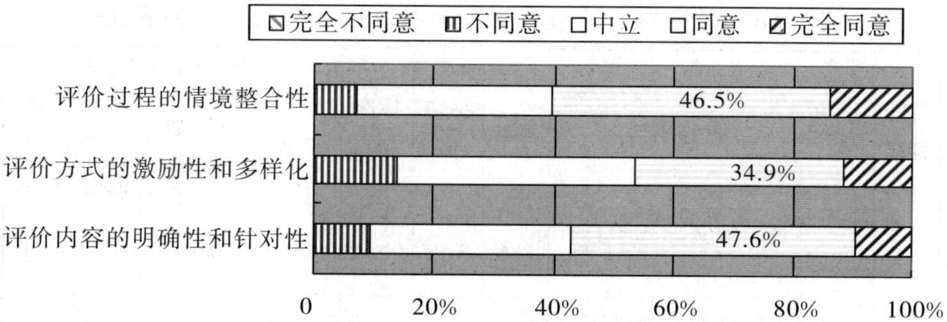


**图 4-17 教研员卷实验教科书“学习评价方式”的选项分布**

教师和教研员都认为，实验教科书提供的学习评价方式具有多样性和情境性，为教学中应用多元的、具有过程性的评价方式提供了必要的基础。但学生的总体满意度较低（近 40% 中立，超过 20% 不满意），因此，教科书中多种评价方式对检测学习效果的实效性以及对学生学习的激励性还需进一步加强。

## 七、实验教科书对教学的指导作用

教科书是教师组织实际课堂教学的重要工具，既要为教师备课提供充足的配套资源，又要为教师的个性化使用方式留有空间。一本好的教科书应该有助于教师积累语言及文化知识、培养先进的教学理念，切实发挥对教学的指导作用。因此，关注教科书对教学的实际指导作用对了解教科书在课程改革中的媒介本质与功效非常关键。

教师卷统计结果显示（见表 4.18），该部分平均值为 3.685，明显高于中间值 3。选择“同意”或“完全同意”的教师比例都超过半数（如图 4-18 所示）。教师肯定了实验教科书对教学的指导作用。他们认为，实验教科书能丰富教师的跨文化知识（平均值 3.82），为教师自主使用教科书留有空间（平均值 3.78），能促进教师英语水平的提高（平均值 3.74）。

表4.18 教师对实验教科书“对教学的指导作用”的看法

| 二级标题 | 平均值 | 具体项目 | 总数 | 平均值 | 标准差 | 与中间值3的T检验 | | | |
|---|---|---|---|---|---|---|---|---|---|
| | | | | | | T值 | 显著性（双尾） | 95% 置信区间 | |
| | | | | | | | | 低值 | 高值 |
| 对教学的指导作用 | 3.685 | 对教师实际教学具有指导作用 | 886 | 3.53 | 0.862 | 18.211 | 0.000 | 0.47 | 0.58 |
| | | 能促进教师教学理念和教学方式的转变 | 890 | 3.65 | 0.887 | 21.994 | 0.000 | 0.60 | 0.71 |
| | | 能促进教师英语水平的提高 | 890 | 3.74 | 0.874 | 25.380 | 0.000 | 0.69 | 0.80 |
| | | 能丰富教师的跨文化知识 | 891 | 3.82 | 0.835 | 29.185 | 0.000 | 0.76 | 0.87 |
| | | 为教师自主使用教科书留有空间 | 885 | 3.78 | 0.842 | 27.562 | 0.000 | 0.72 | 0.84 |
| | | 配套的教学资源（如书目、图片、网络资源等）容易获得 | 888 | 3.61 | 0.938 | 19.420 | 0.000 | 0.55 | 0.67 |

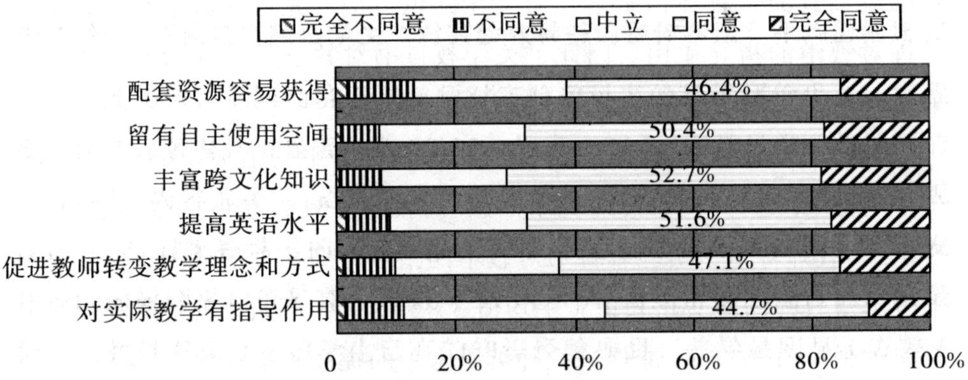


图 4-18 教师卷实验教科书“对教学的指导作用”选项分布

对于实验教科书的教学指导作用，教研员问卷统计结果显示（见表 4.19），大多数教研员选择了“同意”或“完全同意”（如图 4-19 所示），该维度的平均值为 3.914，明显高于中间值 3，说明教研员极大地肯定了教科书对教学的指导作用。教研员认为，实验教科书为教师提供了可参阅的附录，如文化背景知识、词汇表、课文注释等（平均值4.19），整体上促进了教师英语水平的提高（平均值4.09），丰富了教师的跨文化知识（平均值3.95），同时又为教师的自主使用留有空间（平均值3.95）。

表4.19　教研员对实验教科书“对教学的指导作用”的看法

| 二级标题 | 平均值 | 具体项目 | 总数 | 平均值 | 标准差 | 与中间值3的T检验 | | | |
|---|---|---|---|---|---|---|---|---|---|
| | | | | | | T值 | 显著性（双尾） | 95% 置信区间 | |
| | | | | | | | | 低值 | 高值 |
| 对教学的指导作用 | 3.914 | 为教师自主使用教科书内容留有空间 | 43 | 3.95 | 0.653 | 9.576 | 0.000 | 0.75 | 1.15 |
| | | 素材有助于教师备课 | 43 | 3.74 | 0.581 | 8.397 | 0.000 | 0.57 | 0.92 |
| | | 各章节学习目标清晰明确 | 43 | 3.91 | 0.750 | 7.929 | 0.000 | 0.68 | 1.14 |
| | | 对教师实际教学具有指导作用 | 42 | 3.81 | 0.634 | 8.276 | 0.000 | 0.61 | 1.01 |
| | | 配套教学资源（如书目、图片、网络资源、教师用书等）容易获得 | 43 | 3.72 | 0.797 | 5.935 | 0.000 | 0.48 | 0.97 |
| | | 包含附录（如文化背景知识、词汇表、课文注释等）供教师参阅 | 43 | 4.19 | 0.500 | 15.546 | 0.000 | 1.03 | 1.34 |
| | | 能促进教师教学理念和教学方式的转变 | 43 | 3.86 | 0.774 | 7.290 | 0.000 | 0.62 | 1.10 |
| | | 能促进教师英语水平的提高 | 43 | 4.09 | 0.718 | 9.988 | 0.000 | 0.87 | 1.31 |
| | | 能丰富教师的跨文化知识 | 43 | 3.95 | 0.688 | 9.082 | 0.000 | 0.74 | 1.17 |

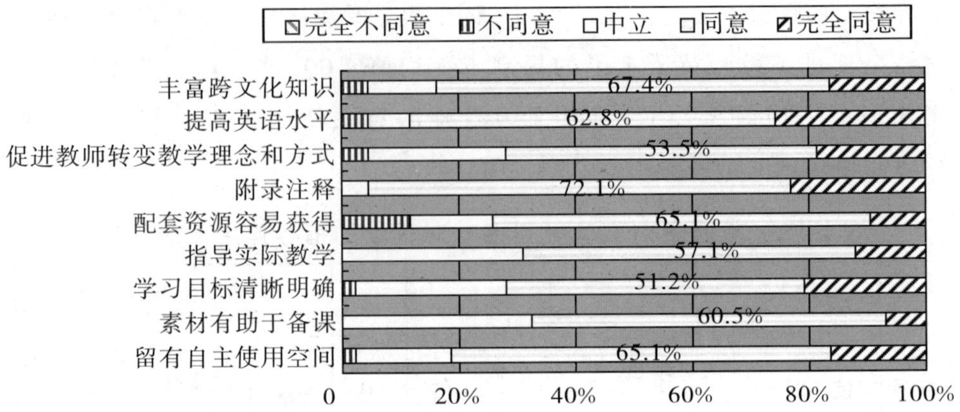


**图 4-19 教研员卷实验教科书“对教学的指导作用”选项分布**

由上述内容可见，参与本次调研的高中英语教师及教研员对实验教科书的教学指导作用看法相对一致，教研员比教师更为肯定课程标准实验教科书对实际教学的指导作用。教科书一方面丰富了教师的跨文化知识，提高了教师的英语水平；另一方面又为教师个性化发挥提供了自主空间。

## 八、与旧版教科书的比较

前面已经指出，与以前使用的大纲版教科书相比，课程标准实验教科书做出了很多更新。本次调研征求了教师和教研员对实验教科书与旧版教科书差异的看法，旨在确保实验教科书在教学方式和理念等方面更加先进、科学、实用。

教师卷统计结果显示（见表 4.20），大部分教师肯定了实验教科书对学生英语学习的促进作用（如图 4-20 所示），平均值为 3.431，高于中间值 3。超过半数的教师认为，与大纲版教科书相比，实验教科书更加注重学生的主动参与（平均值 3.64），重视学生体验式的语言学习过程（平均值 3.63），设计的学习活动注重帮助学生形成良好的英语学习习惯（平均值 3.49）。然而，实验教科书对学生课后复习的帮助（平均值 3.19）以及现在的学生更喜欢教科书（平均值 3.20）等项目获得的平均值偏低，还存在优化的空间。实验教科书对教学的促进作用优于旧版教科书，其整体平均值是 3.355，选择“同意”或“完全同意”的教师较多。教师认为，实验教科书对备课和实施课堂教学更有帮助，但是教师并没有明确表示更喜欢实验教科书（平均值 3.25），而且指出实验教科书并非对学生课后复习更有帮助（平均值 3.19）。

表4.20　教师对实验教科书“与旧版教科书的比较”的看法

| 二级标题 | 对象 | 平均值 | 具体项目 | 总数 | 平均值 | 标准差 | 与中间值3的T检验 | | | |
|---|---|---|---|---|---|---|---|---|---|---|
| | | | | | | | T值 | 显著性（双尾） | 95% 置信区间 | |
| | | | | | | | | | 低值 | 高值 |
| 与旧版教科书的比较 | 对学生学习的促进作用 | 3.431 | 更重视体验式的语言学习过程 | 880 | 3.63 | 0.748 | 25.086 | 0.000 | 0.58 | 0.68 |
| | | | 更注重学生的主动参与 | 881 | 3.64 | 0.785 | 24.191 | 0.000 | 0.59 | 0.69 |
| | | | 学习活动更注重帮助学生形成良好的英语学习习惯 | 874 | 3.49 | 0.815 | 17.755 | 0.000 | 0.44 | 0.54 |
| | | | 对学生课后复习更有帮助 | 863 | 3.19 | 0.863 | 6.511 | 0.000 | 0.13 | 0.25 |
| | | | 与以前相比，我认为现在的学生更加喜欢他们的教科书 | 874 | 3.20 | 0.906 | 6.684 | 0.000 | 0.14 | 0.26 |
| | 对教师教学的促进作用 | 3.355 | 对备课更有帮助 | 874 | 3.40 | 0.886 | 13.393 | 0.000 | 0.34 | 0.46 |
| | | | 对实施课堂教学更有帮助 | 873 | 3.41 | 0.841 | 14.440 | 0.000 | 0.36 | 0.47 |
| | | | 与以前的教科书相比，我更加喜欢现在的教科书 | 870 | 3.25 | 0.977 | 7.533 | 0.000 | 0.18 | 0.31 |

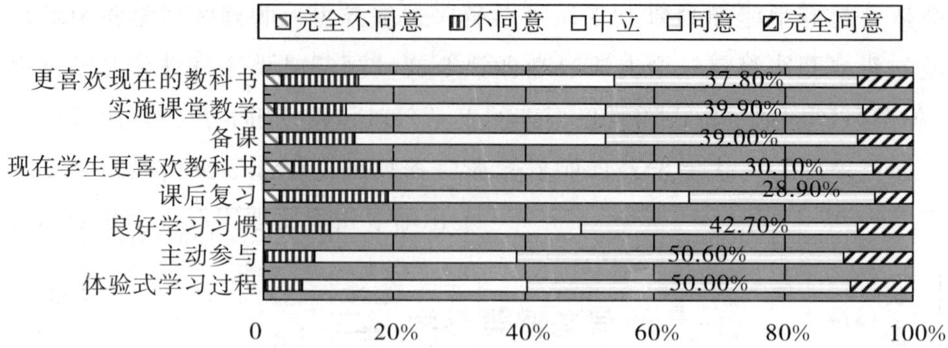


**图 4-20 教师卷实验教科书“与旧版教科书的比较”的选项分布**

对实验教科书与旧版教科书的比较，教研员问卷部分平均值为 3.674（见表 4.21），也明显高于中间值 3。大部分教研员选择“同意”或“完全同意”选项（如图 4-21 所示），表明他们对实验教科书更加促进教学的认同。与大纲版教科书相比，教研员认为，实验教科书更注重学生的主动参与（平均值 3.88），模块设计更科学合理（平均值 3.84），更重视学生体验式的语言学习过程（平均值 3.81）。但是，实验教科书单元授课的课时安排还不够科学合理（平均值 3.40），有待进一步改进。

**表4.21 教研员对实验教科书“与旧版教科书的比较”的看法**

| 二级标题 | 平均值 | 具体项目 | 总数 | 平均值 | 标准差 | 与中间值3的T检验 | | | |
|---|---|---|---|---|---|---|---|---|---|
| | | | | | | T值 | 显著性（双尾） | 95% 置信区间 | |
| | | | | | | | | 低值 | 高值 |
| 与旧版教科书的比较 | 3.674 | 模块设计更科学合理 | 43 | 3.84 | 0.688 | 7.984 | 0.000 | 0.63 | 1.05 |
| | | 单元授课的课时安排更科学合理 | 43 | 3.40 | 0.877 | 2.957 | 0.005 | 0.13 | 0.67 |
| | | 更重视学生体验式的语言学习过程 | 43 | 3.81 | 0.664 | 8.040 | 0.000 | 0.61 | 1.02 |
| | | 更注重学生的主动参与 | 42 | 3.88 | 0.772 | 7.400 | 0.000 | 0.64 | 1.12 |
| | | 与以前的教科书相比，我更加喜欢实验教科书 | 43 | 3.58 | 1.006 | 3.792 | 0.000 | 0.27 | 0.89 |
| | | 与以前相比，我认为现在的学生更加喜欢他们的实验教科书 | 43 | 3.56 | 0.908 | 4.032 | 0.000 | 0.28 | 0.84 |

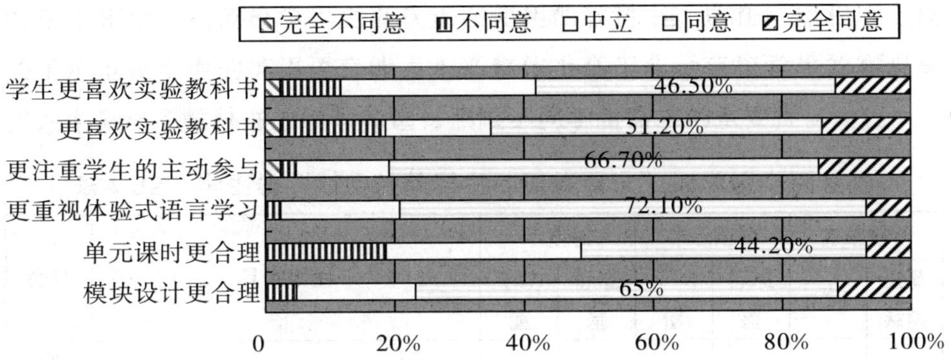


**图 4-21 教研员卷实验教科书“与旧版教科书的比较”的选项分布**

与以前使用的大纲版高中英语教科书相比，教师和教研员都认为，课程标准实验教科书更加注重学生的主动参与和体验式语言学习过程。这也说明实验教科书较成功地反映了课程标准提倡的英语学习理念和方式。然而，教师对实验教科书的喜好程度并不比对旧教科书高太多，也许是因为这两个版本的教科书在设计理念及组织编排方面各有千秋，各有各的特色，不具备太多可比性。不过，多数教研员表示他们更喜欢实验教科书。

## 九、对学习和教学的促进作用

教科书是学生语言学习过程中无可替代的资源库，应该为学生发展英语语言综合运用能力提供必要的素材。这不仅包括语言知识与语言技能，还包括兴趣、动机、自信、意志、合作精神等重要的情感因素，切实发挥促进学生语言学习的功效。此外，语言有丰富的文化内涵。在英语教学中，文化主要指英语国家的历史、地理、风土人情、传统习俗、生活方式、文学艺术、行为规范和价值观念等。学生在英语学习中接触和了解英语国家的文化，有利于对英语的理解和使用，有利于加深对本国文化的理解与认识，培养世界意识，形成跨文化交际能力。因此，教科书通过选择恰当的语言材料，扩大学生接触异国文化的范围，帮助他们拓展文化视野，增强对中外文化异同的敏感性和鉴别能力，为发展跨文化交际能力打下良好的基础。由此可见，了解教科书是否在语言知识与技能、学习能力、文化意识、兴趣态度等多方面促进了学生的英语学习至关重要。

本次调研的学生卷统计结果显示（见表 4.22），本部分各子项目平均值从 3.13 到 3.70 不等，总平均值为 3.421，略高于中间值 3，即近半数学生选择了“同意”或“完全同意”（如图 4-22 所示），表明学生基本肯定了实验教科书对英语学习的促进作用。学生认为，实验教科书增强了他们对不同文化的理解（平均值最高，为 3.70），有利于英语阅读能力（平均值 3.63）、语法、词汇知识（平均值 3.56）的增强。然而，实验教科书对培养学生创造性和批判性思维（平均值 3.13）的作用不容乐观，40% 的学生选择了“中立”，25.1% 则持否定意见。此外，实验教科书对提高学生英语学习兴趣获得的平均值也偏低（为 3.22），有 21.3% 的学生认为教科书并未提高他们的学习兴趣。兴趣是学生学习的基础，而创造性和批判性思维又是学生终身发展的重要保障。编写者在这两方面还需认真反思和改进。

**表4.22 学生对实验教科书“对学习的促进作用”的看法**

| 二级标题 | 平均值 | 具体项目 | 总数 | 平均值 | 标准差 | 与中间值3的T检验 | | | |
|---|---|---|---|---|---|---|---|---|---|
| | | | | | | T值 | 显著性（双尾） | 95% 置信区间 | |
| | | | | | | | | 低值 | 高值 |
| 对学习的促进作用 | 3.421 | 提高我学习英语的兴趣 | 10264 | 3.22 | 1.027 | 21.846 | 0.000 | 0.20 | 0.24 |
| | | 习题能够帮助我巩固所学的语言知识和技能 | 10240 | 3.49 | 0.934 | 52.696 | 0.000 | 0.47 | 0.50 |
| | | 能够培养我的英语听说能力 | 10229 | 3.40 | 0.981 | 40.799 | 0.000 | 0.38 | 0.41 |
| | | 能够培养我的英语阅读能力 | 10231 | 3.63 | 0.921 | 69.241 | 0.000 | 0.61 | 0.65 |
| | | 能够培养我的英语写作能力 | 10227 | 3.33 | 0.996 | 33.623 | 0.000 | 0.31 | 0.35 |
| | | 能够培养我的创造性和批判性思维 | 10232 | 3.13 | 1.036 | 12.844 | 0.000 | 0.11 | 0.132 |
| | | 能够增强我对不同文化的理解 | 10232 | 3.70 | 0.950 | 74.517 | 0.000 | 0.68 | 0.700 |
| | | 使我的英语学习方法和策略得到了发展 | 10213 | 3.33 | 0.990 | 33.631 | 0.000 | 0.31 | 0.329 |
| | | 使我对语法和词汇知识的掌握增强了 | 10181 | 3.56 | 0.967 | 58.891 | 0.000 | 0.55 | 0.58 |

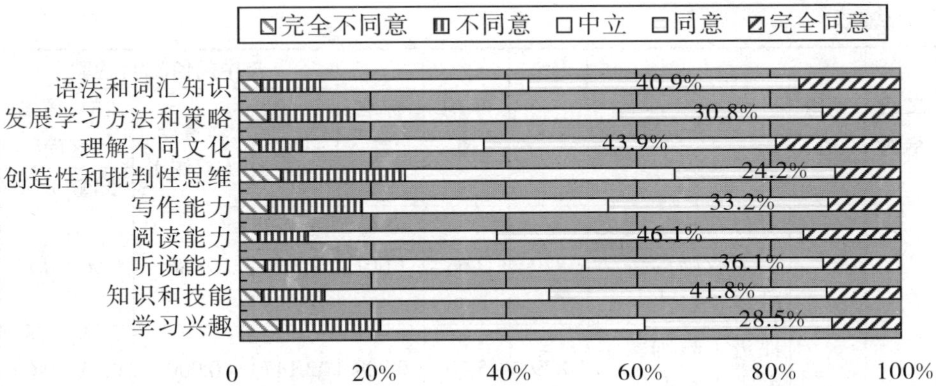


图 4-22 学生卷实验教科书“对学习的促进作用”的选项分布

教科书不仅应对学生的英语学习具有促进作用，还应更好地服务于教师的教学，为教师提供必要的资源，减轻他们的备课负担。此外，教科书还承载着课程改革提倡的教育理念，旨在促进教师更新原有的教学理念，增强他们的教学能力。教师卷统计结果显示（见表 4.23），教科书对教师教学的促进作用平均值为 3.528，整体高于中间值 3。大部分教师选择“同意”或“完全同意”，说明实验教科书发挥了促进教师教学的作用（如图 4-23 所示）。教师认为，实验教科书有利于他们更好地理解课程标准的理念（平均值 3.72），有利于他们增强自身的教学能力（平均值 3.72），促进了教学方式的转变（平均值 3.60）。然而，30.9% 的教师认为，实验教科书提供的素材没能减轻他们的备课负担（平均值 3.06）。这一点在修订教科书时值得特别关注。

表4.23 教师对实验教科书“对教学的促进作用”的看法

| 二级标题 | 平均值 | 具体项目 | 总数 | 平均值 | 标准差 | 与中间值3的T检验 | | | |
|---|---|---|---|---|---|---|---|---|---|
| | | | | | | T值 | 显著性（双尾） | 95% 置信区间 | |
| | | | | | | | | 低值 | 高值 |
| 对教学的促进作用 | 3.528 | 有利于教师更好地理解课程标准的理念 | 882 | 3.72 | 0.768 | 27.780 | 0.000 | 0.67 | 0.77 |

续表

| 二级标题 | 平均值 | 具体项目 | 总数 | 平均值 | 标准差 | 与中间值3的T检验 | | | |
|---|---|---|---|---|---|---|---|---|---|
| | | | | | | T值 | 显著性（双尾） | 95% 置信区间 | |
| | | | | | | | | 低值 | 高值 |
| 对教学的促进作用 | 3.528 | *素材在一定程度上为教师的备课减轻了负担* | *879* | *3.06* | *1.001* | *1.718* | *0.086* | *0.00* | *0.12* |
| | | 促进了教师教学方式的改进 | 879 | 3.60 | 0.809 | 22.147 | 0.000 | 0.55 | 0.66 |
| | | 促进了教师的教研活动 | 880 | 3.58 | 0.811 | 21.149 | 0.000 | 0.52 | 0.63 |
| | | 促进了教师自身教学能力的增强 | 876 | 3.72 | 0.816 | 25.970 | 0.000 | 0.66 | 0.77 |
| | | 习题和评价方式能促进教师改进评价思路 | 877 | 3.51 | 0.873 | 17.179 | 0.000 | 0.45 | 0.56 |
| 备注：斜体部分为无显著差异的项目 | | | | | | | | | |

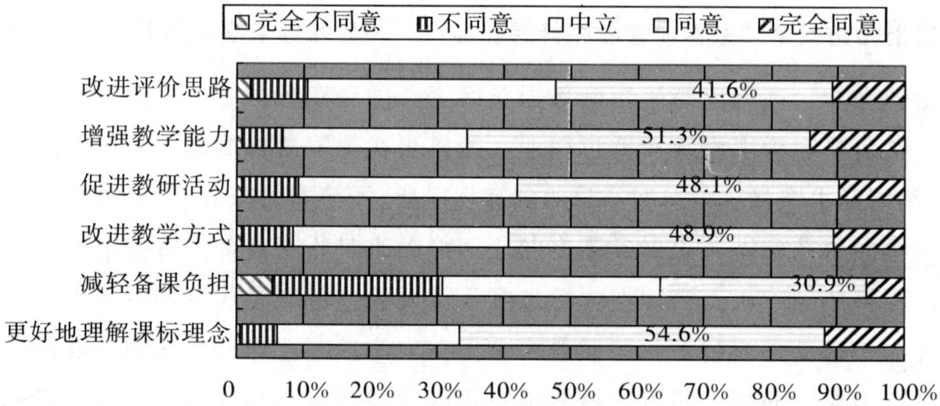


**图 4-23　教师卷实验教科书“对教学的促进作用”的选项分布**

对教科书促进教师增强教学能力方面，教研员问卷统计结果显示（见表 4.24），本部分平均值为 3.757，明显高于中间值 3。与教师卷结果类似，除减轻教师备课负担外，绝大部分教研员选择“同意”或“完全同意”（如图 4-24 所示），表明他们认同实验教科书能促进教师教学能力的增强。

实验教科书有利于教师更好地理解课程标准的理念（平均值 4.09），有利于教师自身教学能力的增强（平均值 4.00），有利于教师转变教学理念和教学方式（平均值 3.95 和 3.86）。但是，教研员同教师的观点相似，认为实验教科书并未减轻教师的备课负担。

**表4.24　教研员对实验教科书“对教学的促进作用”的看法**

| 二级标题 | 平均值 | 具体项目 | 总数 | 平均值 | 标准差 | 与中间值3的T检验 | | | |
|---|---|---|---|---|---|---|---|---|---|
| | | | | | | T值 | 显著性（双尾） | 95% 置信区间 | |
| | | | | | | | | 低值 | 高值 |
| 对教学的促进作用 | 3.757 | 有利于教师更好地理解课程标准的理念 | 43 | 4.09 | 0.526 | 13.622 | 0.000 | 0.93 | 1.25 |
| | | 能促进教师教学观念的转变 | 41 | 3.95 | 0.740 | 8.231 | 0.000 | 0.72 | 1.18 |
| | | *素材在一定程度上为教师的备课减轻了负担* | *41* | *3.02* | *1.012* | *0.154* | *0.878* | *–0.30* | *0.34* |
| | | 有利于教师改进教学方式 | 42 | 3.86 | 0.751 | 7.394 | 0.000 | 0.62 | 1.09 |
| | | 情境与问题能帮助教师引导学生深入思考 | 42 | 3.76 | 0.790 | 6.246 | 0.000 | 0.52 | 1.01 |
| | | 习题和评价方式能促进教师改进评价思路 | 42 | 3.57 | 0.859 | 4.309 | 0.000 | 0.30 | 0.84 |
| | | 能增强教师自身的教学能力 | 41 | 4.00 | 0.7416 | 8.634 | 0.000 | 0.766 | 1.234 |
| 备注：斜体部分为无显著差异的项目 | | | | | | | | | |

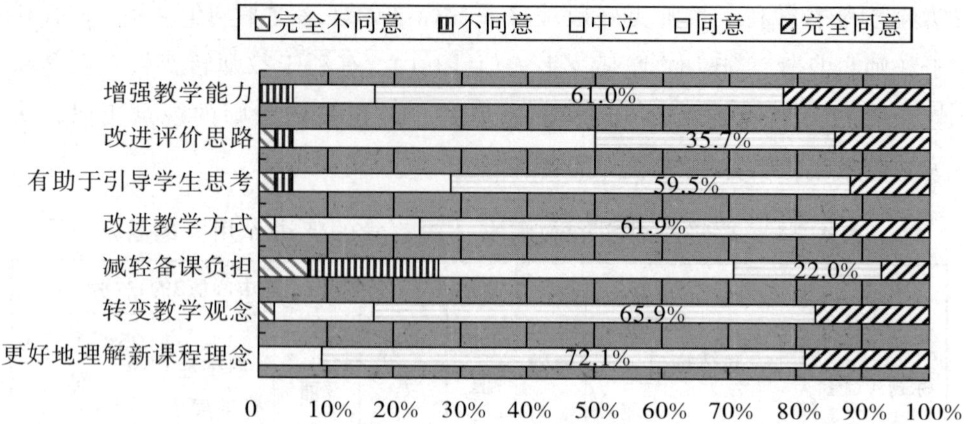


**图 4-24 教研员卷实验教科书“对教学的促进作用”的选项分布**

综上所述，实验教科书对学生学习能力及教师教学能力的促进作用基本上得到了肯定，学生认同教科书对他们理解不同文化及发展英语阅读能力的积极作用，但在培养创造性、批判性思维及学习兴趣方面还有改进的空间。至于教科书对教师教学的促进作用，教师和教研员的反馈十分相似。他们认为，实验教科书的使用让教师更好地了解课程标准的理念，有助于教师自身教学能力的增强。然而，他们也一致认为，实验教科书提供的素材不足以减轻教师的备课负担。

## 十、对教研活动的影响

教科书对教研活动的影响评价主要是针对教研员设计的。问卷统计结果显示，本部分平均值为 3.757，显著高于中间值 3（见表 4.25），大部分教研员选择了“同意”或“完全同意”（如图 4-25 所示）。

**表4.25 教研员对实验教科书“对教研活动的影响”的看法**

| 二级标题 | 平均值 | 具体项目 | 总数 | 平均值 | 标准差 | 与中间值3的T检验 | | | |
|---|---|---|---|---|---|---|---|---|---|
| | | | | | | T值 | 显著性（双尾） | 95% 置信区间 | |
| | | | | | | | | 低值 | 高值 |
| 对教研活动的影响 | 3.757 | 能促进教师更积极参与教研活动 | 42 | 3.74 | 0.885 | 5.404 | 0.000 | 0.46 | 1.01 |

续表

| 二级标题 | 平均值 | 具体项目 | 总数 | 平均值 | 标准差 | 与中间值3的T检验 | | | |
|---|---|---|---|---|---|---|---|---|---|
| | | | | | | T值 | 显著性（双尾） | 95% 置信区间 | |
| | | | | | | | | 低值 | 高值 |
| 对教研活动的影响 | 3.757 | 能促进当地区域教研活动质量的整体提高 | 40 | 3.82 | 0.813 | 6.418 | 0.000 | 0.57 | 1.08 |
| | | 支持当地创造大量的优秀教学案例 | 42 | 3.69 | 0.715 | 6.256 | 0.000 | 0.47 | 0.91 |
| | | 能激发教研工作者思考并提升教研水平 | 42 | 3.88 | 0.739 | 7.723 | 0.000 | 0.65 | 1.11 |

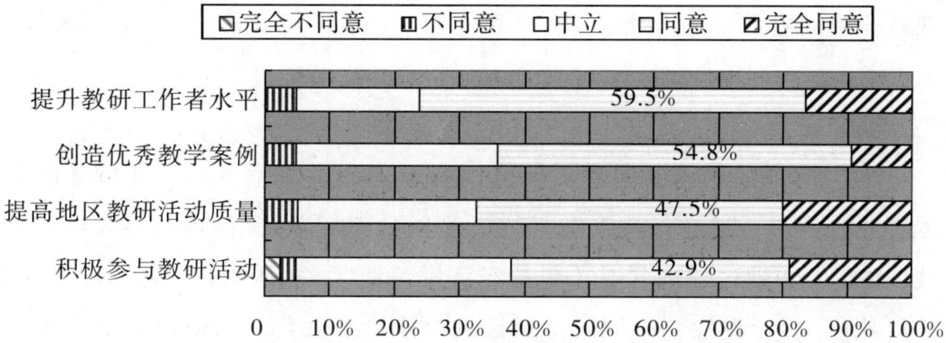


图 4-25　教研员卷实验教科书“对教研活动的影响”的选项分布

由此可见，绝大部分教研员认为，实验教科书促进了教师的教研活动，激发了教研工作者的思考并提升了教研水平（平均值 3.88）。实行课程改革和使用实验教科书以来，高中教师更加积极地参与教研活动（平均值 3.74），较高的参与度势必在一定程度上促进当地区域教研活动质量的整体提高（平均值 3.82）。虽然这样的结果也许不一定与实验教科书的使用有直接的关系，但是为了推动课程改革，教育行政部门应更加重视教研活动和教师专业发展。通过国培、说课等形式鼓励教师参与教研活动，对教科书的使用也会产生积极的影响。教科书的使用、教研活动与教师发展是相互影响、相互制约的。

## 第二节　基于地区、学校类别、教科书版本等因素的差异分析

参加本次调研的学生和教师在所在地区、学校类别、使用的教材版本及学生英语能力水平等方面都存在一定的差异，这些因素或多或少地影响他们对实验教科书的整体看法。我们对调研中回收数量较多的学生卷和教师卷数据进行了单因素方差检验，对多个样本平均数进行了差异分析，旨在发现地区、学校类别、教科书版本等因素对学生和教师问卷的影响，本节将一一呈现其差异分析结果。相对而言，本次调研中回收的教研员问卷数量偏少，无法进行有效的方差分析，因此，本节并未呈现教研员问卷的差异分析结果。

### 一、地区差异

本次调研中使用的问卷在地区因素上考虑了三个方面，即所在的具体省或直辖市、地区行政级别（包括省会 / 直辖市、地级市、县级市或县城、乡镇）和地区经济状况（包括经济发达地区、中等地区、欠发达地区、落后地区），旨在探究不同的地区因素对学生、教师、教研员评价实验教科书是否具有显著差异。但是在整理数据的过程中，项目组发现，不同的调查对象，尤其是高中学生，对所在地区行政级别和经济状况的主观理解各有不同，即使是来自同一学校的学生也会有不同的判断。为了保证数据分析的可靠性，我们根据调研对象提供的学校等具体信息以及同一学校大部分学生的选项，对差异较大的选项做了一定的处理，以保证方差分析结果更加科学、可靠。

#### （一）不同省、直辖市的差异

来自不同省、直辖市的学生对实验教科书的整体看法存在显著差异（显著系数 <0.05，见表 4.26），北京市和甘肃省学生的平均值较高（如图 4-26 所示），对教科书持比较肯定的态度，具体表现在实验教科书与课标的一致性、内容选择、语言学习活动设计、外观设计、评价方式和

对学习的促进作用等几个方面。相比较而言，安徽省和云南省学生的平均值较低，尤其体现在教科书与新课标的一致性、内容选择、语言学习活动设计、评价方式及对学习的促进作用等几个方面。例如，在教科书语法术语和概念容易理解（方差 $F$ 值[1] 57.270），教科书有利于培养创造性和批判性思维（方差 $F$ 值 41.785），学习效果的检验方式可以测量学生的实际语言运用能力（方差 $F$ 值 38.713），教科书包含很多小组活动和对子活动（方差 $F$ 值 36.151），语言活动的题目简洁明晰（方差 $F$ 值 35.096）等方面，安徽省和云南省学生的看法平均值都明显低于其他地方。也就是说，安徽和云南两省的学生对教科书这几个方面的认可程度要低于其他地方的学生。

**表4.26 学生卷“对实验教科书的整体看法”不同省、直辖市的差异**

| 维度 | 具体项目 | 安徽 | 北京 | 甘肃 | 湖北 | 河南 | 云南 | 浙江 | 方差分析 | |
|---|---|---|---|---|---|---|---|---|---|---|
| | | | | | | | | | $F$值 | 显著系数 |
| 与课标的一致性 | 有助于我形成积极主动的学习态度和正确的价值观 | 3.35 | 3.74 | 3.71 | 3.68 | 3.59 | 3.43 | 3.59 | 29.365 | 0.000 |
| | 有培养学习方法及自学能力的内容 | 3.27 | 3.67 | 3.62 | 3.57 | 3.46 | 3.34 | 3.43 | 29.898 | 0.000 |
| 内容选择 | 选择的课文难度适中 | 3.54 | 3.77 | 3.68 | 3.70 | 3.71 | 3.42 | 3.70 | 25.670 | 0.000 |
| | 语法术语和概念容易理解 | 3.18 | 3.64 | 3.43 | 3.54 | 3.43 | 3.10 | 3.53 | 57.270 | 0.000 |
| | 可以了解或学习到其他学科知识 | 3.36 | 3.67 | 3.70 | 3.69 | 3.60 | 3.48 | 3.55 | 18.526 | 0.000 |
| | 内容趣味性强 | 3.04 | 3.48 | 3.33 | 3.30 | 3.22 | 3.14 | 3.03 | 28.627 | 0.000 |
| | 文章体裁（如小说故事、新闻报道等）多种多样 | 3.34 | 3.69 | 3.65 | 3.62 | 3.58 | 3.41 | 3.33 | 26.477 | 0.000 |
| | 话题和生活联系紧密 | 3.46 | 3.66 | 3.68 | 3.66 | 3.54 | 3.40 | 3.40 | 21.823 | 0.000 |

[1] 单因素方差分析中的$F$值越大，且显著系数明显低于0.05，表示不同组对该选项的平均数有显著差异，即该变量对问卷选项的调查结果具有显著影响，后同。

续表

| 维度 | 具体项目 | 安徽 | 北京 | 甘肃 | 湖北 | 河南 | 云南 | 浙江 | 方差分析 | |
|---|---|---|---|---|---|---|---|---|---|---|
| | | | | | | | | | F值 | 显著系数 |
| 内容选择 | 可以帮助我了解当今社会和科技的发展 | 3.25 | 3.53 | 3.65 | 3.54 | 3.37 | 3.35 | 3.33 | 20.491 | 0.000 |
| | 语言真实地道 | 3.42 | 3.68 | 3.72 | 3.71 | 3.53 | 3.45 | 3.56 | 23.948 | 0.000 |
| | 可以了解到其他国家的文化和风俗 | 4.02 | 3.97 | 4.04 | 3.98 | 4.08 | 3.93 | 3.99 | 4.501 | 0.000 |
| 语言学习活动设计 | 语言活动的题目要求简洁明晰 | 3.36 | 3.76 | 3.65 | 3.67 | 3.55 | 3.39 | 3.59 | 35.096 | 0.000 |
| | 语言活动包括听、说、读、写各方面能力 | 3.81 | 3.91 | 3.89 | 3.92 | 3.91 | 3.77 | 3.97 | 7.117 | 0.000 |
| | 语言活动促使我在生活中思考和使用英语 | 3.21 | 3.58 | 3.52 | 3.43 | 3.23 | 3.27 | 3.31 | 24.686 | 0.000 |
| | 有让我发表自己观点的活动 | 3.34 | 3.64 | 3.65 | 3.55 | 3.41 | 3.28 | 3.57 | 26.827 | 0.000 |
| | 有很多小组活动和结对活动 | 3.26 | 3.63 | 3.67 | 3.50 | 3.33 | 3.21 | 3.49 | 36.151 | 0.000 |
| 外观设计 | 目录清晰，便于整体把握教科书内容 | 3.35 | 3.66 | 3.75 | 3.61 | 3.48 | 3.38 | 3.55 | 23.616 | 0.000 |
| | 插图对我们学习英语有帮助 | 3.36 | 3.71 | 3.69 | 3.64 | 3.62 | 3.50 | 3.48 | 16.375 | 0.000 |
| | 字距、行距、段距合适，留出足够书写的空间 | 3.23 | 3.47 | 3.52 | 3.44 | 3.08 | 3.21 | 3.18 | 28.146 | 0.000 |
| | 图文搭配和谐、美观 | 3.52 | 3.77 | 3.83 | 3.71 | 3.67 | 3.59 | 3.57 | 12.670 | 0.000 |
| | 大小、形状便于携带 | 3.38 | 3.38 | 3.41 | 3.24 | 3.01 | 3.11 | 3.01 | 25.863 | 0.000 |
| 容量和难度 | 教科书的容量 | 3.30 | 3.30 | 3.43 | 3.34 | 3.23 | 3.38 | 3.21 | 11.134 | 0.000 |
| | 教科书内容的难度 | 3.30 | 3.28 | 3.40 | 3.33 | 3.22 | 3.44 | 3.19 | 18.083 | 0.000 |
| | 教科书习题的数量 | 3.17 | 3.19 | 3.14 | 3.24 | 3.16 | 3.20 | 3.17 | 3.355 | 0.003 |

续表

| 维度 | 具体项目 | 安徽 | 北京 | 甘肃 | 湖北 | 河南 | 云南 | 浙江 | 方差分析 | |
|---|---|---|---|---|---|---|---|---|---|---|
| | | | | | | | | | $F$值 | 显著系数 |
| 容量和难度 | 教科书习题的难度 | 3.24 | 3.21 | 3.34 | 3.30 | 3.18 | 3.35 | 3.15 | 13.520 | 0.000 |
| | 教科书阅读材料的长度 | 3.43 | 3.33 | 3.36 | 3.46 | 3.50 | 3.53 | 3.34 | 15.782 | 0.000 |
| | 教科书听力材料的长度 | 3.14 | 3.18 | 3.24 | 3.26 | 3.26 | 3.22 | 3.09 | 8.029 | 0.000 |
| | 教科书的词汇量 | 3.42 | 3.34 | 3.36 | 3.49 | 3.32 | 3.43 | 3.31 | 12.684 | 0.000 |
| 学习评价方式 | 提供的多种学习效果的检验方式（如Check your progress，Unit reflection，Test yourself等）可以鼓励我的学习，增强我的信心 | 3.06 | 3.36 | 3.45 | 3.32 | 3.19 | 3.09 | 3.08 | 25.279 | 0.000 |
| | 设计的学习效果检验方式可以检测我的实际语言运用能力 | 3.10 | 3.51 | 3.52 | 3.39 | 3.10 | 3.19 | 3.17 | 38.713 | 0.000 |
| 对学习的促进作用 | 能够提高我学习英语的兴趣 | 3.03 | 3.35 | 3.44 | 3.28 | 3.16 | 3.15 | 3.02 | 23.775 | 0.000 |
| | 习题能够帮助我巩固所学的语言知识和技能 | 3.29 | 3.56 | 3.64 | 3.55 | 3.41 | 3.40 | 3.49 | 17.565 | 0.000 |
| | 能够培养我的英语听说能力 | 3.23 | 3.50 | 3.54 | 3.46 | 3.25 | 3.33 | 3.36 | 18.394 | 0.000 |
| | 能够培养我的英语阅读能力 | 3.46 | 3.61 | 3.79 | 3.66 | 3.65 | 3.61 | 3.64 | 8.737 | 0.000 |
| | 能够培养我的英语写作能力 | 3.09 | 3.42 | 3.55 | 3.41 | 3.22 | 3.25 | 3.28 | 24.24 | 0.000 |
| | 能够使我对语法和词汇知识的掌握增强了 | 3.34 | 3.62 | 3.75 | 3.63 | 3.56 | 3.43 | 3.61 | 20.337 | 0.000 |

续表

| 维度 | 具体项目 | 安徽 | 北京 | 甘肃 | 湖北 | 河南 | 云南 | 浙江 | 方差分析 | |
|---|---|---|---|---|---|---|---|---|---|---|
| | | | | | | | | | F值 | 显著系数 |
| 对学习的促进作用 | 能够培养我的创造性和批判性思维 | 2.87 | 3.33 | 3.29 | 3.24 | 2.96 | 2.98 | 3.04 | 41.785 | 0.000 |
| | 能够增强我对不同文化的理解 | 3.64 | 3.69 | 3.79 | 3.72 | 3.76 | 3.64 | 3.68 | 3.607 | 0.001 |
| | 能够使我的英语学习方法和策略得到了发展 | 3.13 | 3.45 | 3.50 | 3.41 | 3.23 | 3.19 | 3.29 | 24.490 | 0.000 |
| 总体看法 | 我喜欢我的英语教科书 | 3.05 | 3.33 | 3.38 | 3.27 | 3.19 | 3.02 | 3.09 | 20.39 | 0.000 |

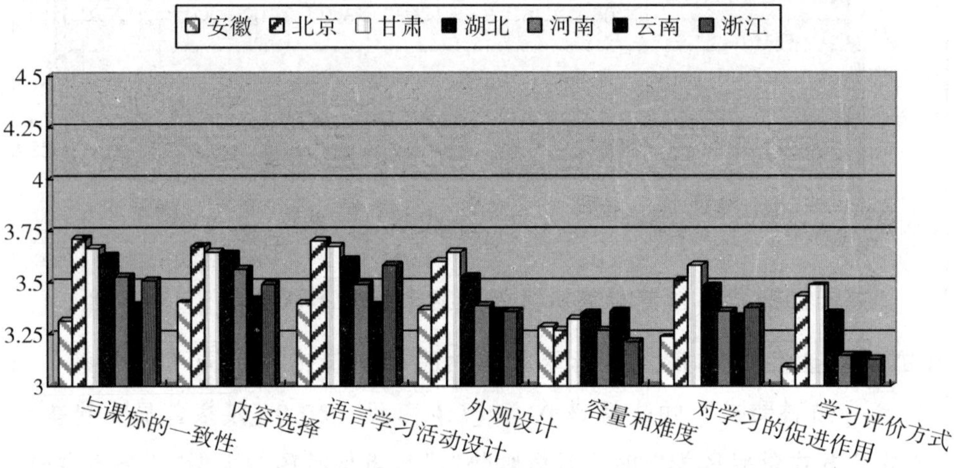


**图 4-26 不同省、直辖市学生“对实验教科书的整体看法”平均值的比较**

关于对实验教科书的整体看法，来自不同省、直辖市的教师在大部分项目上也表现出显著差异（显著系数 <0.05，见表 4.27）。来自北京市的教师对教科书整体上持肯定的态度，其平均值较高，特别表现在教科书对实际教学的指导作用及对教师教学的促进作用两个方面（如图 4-27 所示）。相比较而言，湖北、云南和浙江教师的平均值较低，尤其表现在教科书与课标的一致性、内容选择、语言学习活动设计、对教学的促进作用等方面。具体来说，不同省、直辖市的教师对教科书充分考虑学生

的学习兴趣（方差 $F$ 值 6.698），教科书有助于学生养成在生活中观察和使用英语的习惯（方差 $F$ 值 6.706），教科书的容量（方差 $F$ 值 5.503）和难度（方差 $F$ 值 5.479）等几个方面的看法存在明显的差异。

表4.27　教师卷"对实验教科书的整体看法"不同省、直辖市的差异

| 维度 | 具体项目 | 安徽 | 北京 | 甘肃 | 湖北 | 河南 | 云南 | 浙江 | 方差分析 | |
|---|---|---|---|---|---|---|---|---|---|---|
| | | | | | | | | | $F$值 | 显著系数 |
| 与课标的一致性 | 整体上有利于促进学生综合语言运用能力的发展 | 3.65 | 3.72 | 3.74 | 3.47 | 3.69 | 3.63 | 3.42 | 2.847 | 0.009 |
| | 注重引导学生形成积极主动的学习态度 | 3.44 | 3.52 | 3.66 | 3.48 | 3.62 | 3.54 | 3.17 | 3.823 | 0.001 |
| 内容选择 | 充分考虑了学生的学习兴趣 | 3.69 | 3.53 | 3.78 | 3.40 | 3.60 | 3.40 | 3.10 | 6.698 | 0.000 |
| | 充分考虑了不同学生的学习风格 | 3.19 | 3.30 | 3.23 | 3.13 | 3.21 | 2.92 | 2.95 | 2.604 | 0.017 |
| | 充分考虑了学生已有的知识与经验 | 3.30 | 3.47 | 3.35 | 3.32 | 3.39 | 3.09 | 3.16 | 2.397 | 0.026 |
| | 文章体裁（包括故事类、应用文、新闻报道等）多种多样，有利于拓展学生的知识面 | 4.08 | 3.99 | 3.98 | 3.78 | 4.05 | 4.03 | 3.76 | 3.490 | 0.002 |
| | 注意联系学生生活实际 | 3.79 | 3.65 | 3.70 | 3.52 | 3.76 | 3.54 | 3.50 | 2.397 | 0.026 |
| | 呈现的语言真实地道 | 3.77 | 3.71 | 3.78 | 3.58 | 3.69 | 3.78 | 3.34 | 3.891 | 0.001 |
| | 内容关注文化的多元性和差异性，有助于扩展学生的国际视野 | 3.97 | 3.88 | 3.71 | 3.67 | 3.83 | 3.87 | 3.68 | 2.350 | 0.029 |
| 教学指导 | 对教师实际教学具有指导作用 | 3.64 | 3.74 | 3.49 | 3.43 | 3.52 | 3.43 | 3.45 | 2.649 | 0.015 |

续表

| 维度 | 具体项目 | 安徽 | 北京 | 甘肃 | 湖北 | 河南 | 云南 | 浙江 | 方差分析 | |
|---|---|---|---|---|---|---|---|---|---|---|
| | | | | | | | | | F值 | 显著系数 |
| 教学指导 | 能促进教师英语水平的提高 | 3.84 | 3.91 | 3.81 | 3.64 | 3.76 | 3.73 | 3.57 | 2.511 | 0.020 |
| | 为教师自主使用教科书留有空间 | 3.79 | 3.99 | 3.69 | 3.69 | 3.86 | 3.58 | 3.81 | 3.195 | 0.004 |
| | 配套的教学资源（如书目、图片、网络资源等）容易获得 | 3.61 | 3.82 | 3.43 | 3.54 | 3.46 | 3.47 | 3.89 | 4.878 | 0.000 |
| 语言学习活动设计 | 学习活动的设计能够做到情境化 | 3.53 | 3.63 | 3.70 | 3.43 | 3.69 | 3.37 | 3.40 | 3.071 | 0.006 |
| | 学习活动有助于学生养成在生活中观察和使用英语的习惯 | 3.47 | 3.41 | 3.46 | 3.37 | 3.60 | 3.23 | 3.23 | 6.706 | 0.000 |
| | 学习活动有助于学生发展有效的学习策略，形成自主学习的意识与能力 | 3.44 | 3.62 | 3.48 | 3.40 | 3.61 | 3.34 | 3.33 | 2.220 | 0.039 |
| | 设计的学习活动具有可操作性 | 3.27 | 3.56 | 3.45 | 3.27 | 3.50 | 3.32 | 3.23 | 2.705 | 0.013 |
| 外观设计 | 插图对学生学习英语有帮助 | 3.85 | 3.85 | 3.62 | 3.63 | 3.87 | 3.78 | 3.61 | 2.641 | 0.015 |
| | 大小、形状便于学生携带 | 3.68 | 3.38 | 3.51 | 3.51 | 3.48 | 3.40 | 3.19 | 3.002 | 0.007 |
| 容量和难度 | 教科书的容量 | 3.56 | 3.83 | 4.02 | 3.89 | 3.79 | 3.91 | 3.63 | 5.503 | 0.000 |
| | 教科书内容的难度 | 3.33 | 3.77 | 3.76 | 3.75 | 3.56 | 3.65 | 3.68 | 5.479 | 0.000 |
| | 教科书习题的数量 | 3.11 | 3.29 | 3.45 | 3.48 | 3.36 | 3.24 | 3.34 | 3.217 | 0.004 |
| | 教科书习题的难度 | 3.11 | 3.37 | 3.62 | 3.53 | 3.37 | 3.49 | 3.47 | 4.877 | 0.000 |
| | 教科书阅读材料的长度 | 3.23 | 3.55 | 3.28 | 3.35 | 3.44 | 3.43 | 3.29 | 3.842 | 0.001 |

续表

| 维度 | 具体项目 | 安徽 | 北京 | 甘肃 | 湖北 | 河南 | 云南 | 浙江 | 方差分析 | |
|---|---|---|---|---|---|---|---|---|---|---|
| | | | | | | | | | $F$值 | 显著系数 |
| 容量和难度 | 教科书听力材料的长度 | 3.40 | 3.74 | 3.60 | 3.55 | 3.66 | 3.58 | 3.69 | 2.631 | 0.016 |
| | 教科书的词汇量 | 3.40 | 3.78 | 3.49 | 3.71 | 3.64 | 3.74 | 3.66 | 3.899 | 0.001 |
| 与旧版教科书的比较 | 更注重学生的主动参与 | 3.68 | 3.76 | 3.70 | 3.55 | 3.78 | 3.47 | 3.56 | 2.803 | 0.010 |
| | 学习活动更注重帮助学生形成良好的英语学习习惯 | 3.49 | 3.61 | 3.58 | 3.38 | 3.70 | 3.30 | 3.39 | 3.841 | 0.001 |
| | 对学生课后复习更有帮助 | 3.20 | 3.27 | 3.45 | 3.11 | 3.35 | 3.01 | 3.02 | 4.165 | 0.000 |
| | 对实施课堂教学更有帮助 | 3.53 | 3.55 | 3.44 | 3.45 | 3.11 | 3.35 | 3.59 | 3.054 | 0.006 |
| | 与以前的教科书相比，我更加喜欢现在的教科书 | 3.20 | 3.39 | 3.34 | 3.10 | 3.45 | 3.15 | 3.18 | 2.657 | 0.015 |
| 对教学的促进作用 | 有利于教师更好地理解课程标准理念 | 3.77 | 3.86 | 3.74 | 3.60 | 3.83 | 3.54 | 3.72 | 3.125 | 0.005 |
| | 素材在一定程度上为教师的备课减轻了负担 | 3.18 | 3.27 | 2.97 | 2.89 | 3.13 | 2.91 | 3.08 | 2.927 | 0.008 |
| | 促进了教师教学方式的改进 | 3.73 | 3.75 | 3.66 | 3.42 | 3.70 | 3.53 | 3.55 | 3.801 | 0.001 |
| | 促进了教师的教研活动 | 3.56 | 3.80 | 3.65 | 3.39 | 3.65 | 3.45 | 3.62 | 4.559 | 0.000 |
| | 促进了教师自身教学能力的增强 | 3.74 | 3.91 | 3.72 | 3.59 | 3.87 | 3.62 | 3.60 | 3.665 | 0.001 |
| 学习评价方式 | 习题和评价方式能促进教师改进评价思路 | 3.61 | 3.67 | 3.49 | 3.32 | 3.54 | 3.38 | 3.60 | 3.258 | 0.004 |

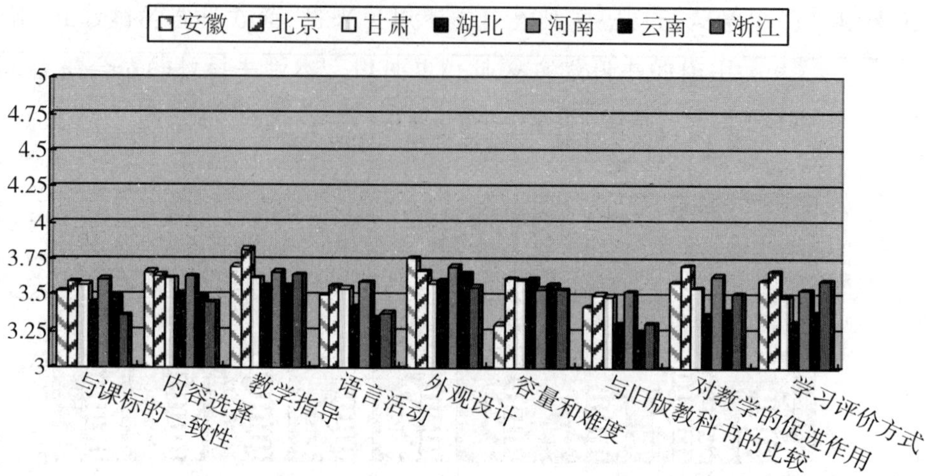


图 4–27 不同省、直辖市教师“对实验教科书的整体看法”平均值的比较

综合学生卷和教师卷基于不同省、直辖市的方差分析结果，从平均值可以看出，北京市的学生和教师对实验教科书整体评价较高，而云南省的学生对教科书的整体评价较低。这里有一个影响因素值得关注，即北京市和云南省进入课程改革的时间不同，北京市在调研时开展课程标准实验已经有近四年时间，而云南省在调研开展时刚使用实验教科书不久，因此可能导致学生和教师对教科书的感受和理解不同。今后需要对云南省的调研进行必要的跟踪调查，以探究课改时间对这方面是否有影响。

**（二）行政区域差异**

本次调研结果显示，学生对实验教科书的整体看法还存在行政地区上的差异（见表 4.28）。除个别项目外，不同行政区域学生对教科书的整体看法存在显著差异（显著系数 $<0.05$）。省会 / 直辖市的学生在教科书“与课标的一致性”“内容选择”“语言学习活动设计”和“外观设计”方面持肯定态度的最多，即获得的各选项平均值最高；地 / 县级市学生持肯定态度的人数居中；乡镇学生持肯定态度的最少。也就是说，他们获得的各项平均值最低（如图 4–28 所示），尤其在教科书涉及的语法术语和概念容易理解（方差 $F$ 值 82.817），教科书所选课文难度适中（方差 $F$ 值 45.883），语言活动的题目简洁明晰（方差 $F$ 值 43.395）和内容趣味性强（方差 $F$ 值 37.363）等几个方面，三类行政区域学生的平均值存在明显的差异。然而，对于实验教科书的容量和难度，乡镇地区学生认为

容量大、难度高的人数最多，其平均值高于各级城市的学生。由此可见，由于我国不同地区教育资源分配不均、外语教育水平不平衡的现实国情，城市地区学生的外语能力整体上高于乡镇地区。因此，实验教科书对乡镇地区的学生来说，内容含量更大、更难。

表4.28　学生卷“对实验教科书的整体看法”行政区域的差异

| 维度 | 具体项目 | 省会/直辖市 | | 地级市 | | 县城/县级市 | | 乡镇 | | 方差分析 | |
|---|---|---|---|---|---|---|---|---|---|---|---|
| | | 平均值 | 标准差 | 平均值 | 标准差 | 平均值 | 标准差 | 平均值 | 标准差 | *F*值 | 显著系数 |
| 与课标的一致性 | 有助于我形成积极主动的学习态度和正确的价值观 | 3.71 | 1.002 | 3.58 | 0.949 | 3.53 | 0.983 | 3.37 | 1.082 | 24.889 | 0.000 |
| | 有培养学习方法及自学能力的内容 | 3.63 | 0.999 | 3.46 | 0.976 | 3.43 | 1.000 | 3.29 | 1.096 | 28.692 | 0.000 |
| 内容选择 | 选择的课文难度适中 | 3.76 | 0.962 | 3.68 | 0.893 | 3.51 | 0.974 | 3.35 | 1.046 | 45.883 | 0.000 |
| | 语法术语和概念容易理解 | 3.62 | 1.022 | 3.43 | 0.994 | 3.23 | 1.056 | 3.12 | 1.100 | 82.817 | 0.000 |
| | 可以了解或学习到其他学科知识 | 3.69 | 1.032 | 3.60 | 1.008 | 3.51 | 1.074 | 3.42 | 1.086 | 18.013 | 0.000 |
| | 内容趣味性强 | 3.41 | 1.106 | 3.19 | 1.073 | 3.19 | 1.072 | 2.98 | 1.169 | 37.363 | 0.000 |
| | 文章体裁（如小说故事、新闻报道等）多种多样 | 3.66 | 1.023 | 3.49 | 1.028 | 3.51 | 1.058 | 3.38 | 1.14 | 20.708 | 0.000 |
| | 话题和生活联系紧密 | 3.63 | 1.020 | 3.57 | 0.979 | 3.48 | 1.027 | 3.49 | 1.045 | 10.955 | 0.000 |
| | 可以帮助我了解当今社会和科技的发展 | 3.54 | 1.046 | 3.43 | 1.022 | 3.38 | 1.049 | 3.37 | 1.13 | 13.457 | 0.000 |
| | 语言真实地道 | 3.69 | 0.971 | 3.63 | 0.943 | 3.50 | 0.971 | 3.33 | 1.071 | 29.180 | 0.000 |
| | 可以了解到其他国家的文化和风俗 | 3.99 | 0.874 | 4.00 | 0.846 | 4.00 | 0.868 | 3.81 | 1.016 | 4.883 | 0.002 |

续表

| 维度 | 具体项目 | 省会/直辖市 | | 地级市 | | 县城/县级市 | | 乡镇 | | 方差分析 | |
|---|---|---|---|---|---|---|---|---|---|---|---|
| | | 平均值 | 标准差 | 平均值 | 标准差 | 平均值 | 标准差 | 平均值 | 标准差 | *F*值 | 显著系数 |
| 语言学习活动设计 | 语言活动的题目要求简洁明晰 | 3.74 | 0.955 | 3.56 | 0.938 | 3.48 | 0.998 | 3.40 | 1.018 | 43.395 | 0.000 |
| | 语言活动促使我在生活中思考和使用英语 | 3.53 | 1.063 | 3.32 | 1.049 | 3.29 | 1.062 | 3.29 | 1.090 | 32.433 | 0.000 |
| | 有让我发表自己观点的活动 | 3.61 | 1.028 | 3.50 | 1.021 | 3.35 | 1.073 | 3.36 | 1.139 | 31.937 | 0.000 |
| | 有很多小组活动和结对活动 | 3.58 | 1.027 | 3.42 | 1.055 | 3.30 | 1.085 | 3.30 | 1.151 | 37.766 | 0.000 |
| 外观设计 | 目录清晰，便于整体把握教科书内容 | 3.66 | 1.006 | 3.52 | 1.003 | 3.45 | 1.028 | 3.46 | 1.134 | 23.606 | 0.000 |
| | 插图对我们学习英语有帮助 | 3.67 | 1.014 | 3.53 | 1.038 | 3.60 | 1.034 | 3.42 | 1.079 | 14.669 | 0.000 |
| | 字距、行距、段距合适，留有足够书写的空间 | 3.46 | 1.135 | 3.29 | 1.146 | 3.24 | 1.17 | 3.22 | 1.161 | 22.747 | 0.000 |
| | 图文搭配和谐、美观 | 3.76 | 0.995 | 3.64 | 0.983 | 3.65 | 0.974 | 3.43 | 1.019 | 16.688 | 0.000 |
| | 大小、形状便于携带 | 3.32 | 1.148 | 3.21 | 1.145 | 3.11 | 1.123 | 3.02 | 1.183 | 18.888 | 0.000 |
| 容量和难度 | 教科书的容量 | 3.33 | 0.765 | 3.26 | 0.698 | 3.38 | 0.739 | 3.40 | 0.862 | 14.791 | 0.000 |
| | 教科书内容的难度 | 3.28 | 0.739 | 3.27 | 0.668 | 3.42 | 0.720 | 3.43 | 0.839 | 29.509 | 0.000 |
| | 教科书习题的数量 | 3.22 | 0.791 | 3.16 | 0.756 | 3.19 | 0.808 | 3.40 | 0.863 | 11.422 | 0.000 |
| | 教科书习题的难度 | 3.24 | 0.761 | 3.22 | 0.708 | 3.35 | 0.755 | 3.42 | 0.829 | 20.731 | 0.000 |
| | 教科书阅读材料的长度 | 3.37 | 0.767 | 3.41 | 0.712 | 3.55 | 0.756 | 3.47 | 0.877 | 31.782 | 0.000 |
| | 教科书听力材料的长度 | 3.18 | 0.760 | 3.17 | 0.740 | 3.32 | 0.828 | 3.22 | 0.907 | 22.247 | 0.000 |

续表

| 维度 | 具体项目 | 省会/直辖市 | | 地级市 | | 县城/县级市 | | 乡镇 | | 方差分析 | |
|---|---|---|---|---|---|---|---|---|---|---|---|
| | | 平均值 | 标准差 | 平均值 | 标准差 | 平均值 | 标准差 | 平均值 | 标准差 | $F$值 | 显著系数 |
| 容量和难度 | 教科书的词汇量 | 3.36 | 0.829 | 3.40 | 0.807 | 3.45 | 0.844 | 3.48 | 0.887 | 6.708 | 0.000 |
| 对学习的促进作用 | 提高我学习英语的兴趣 | 3.33 | 1.032 | 3.17 | 1.004 | 3.18 | 1.031 | 3.09 | 1.127 | 18.647 | 0.000 |
| | 习题能够帮助我巩固所学的语言知识和技能 | 3.57 | 0.939 | 3.46 | 0.908 | 3.44 | 0.947 | 3.32 | 1.037 | 15.100 | 0.000 |
| | 能够培养我的英语听说能力 | 3.49 | 0.987 | 3.37 | 0.953 | 3.33 | 1.000 | 3.26 | 1.056 | 15.245 | 0.000 |
| | 培养我的英语阅读能力 | 3.65 | 0.934 | 3.63 | 0.897 | 3.63 | 0.922 | 3.38 | 1.030 | 8.479 | 0.000 |
| | 能够培养我的英语写作能力 | 3.41 | 0.998 | 3.30 | 0.983 | 3.30 | 0.994 | 3.19 | 1.087 | 11.863 | 0.000 |
| | 使我对语法和词汇知识的掌握增强了 | 3.65 | 0.958 | 3.58 | 0.944 | 3.47 | 0.984 | 3.25 | 1.073 | 28.868 | 0.000 |
| | 能够培养我的创造性和批判性思维 | 3.30 | 1.042 | 3.06 | 1.026 | 3.04 | 1.023 | 3.09 | 1.018 | 41.291 | 0.000 |
| | 使我的英语学习方法和策略得到了发展 | 3.45 | 1.002 | 3.30 | 0.969 | 3.25 | 0.982 | 3.16 | 1.086 | 25.604 | 0.000 |
| 学习评价方式 | 提供的多种学习效果的检验方式（如Check your progress，Unit reflection，Test yourself等）可以鼓励我的学习，增强我的信心 | 3.34 | 1.051 | 3.19 | 1.024 | 3.19 | 1.042 | 3.10 | 1.071 | 17.737 | 0.000 |

续表

| 维度 | 具体项目 | 省会/直辖市 | | 地级市 | | 县城/县级市 | | 乡镇 | | 方差分析 | |
|---|---|---|---|---|---|---|---|---|---|---|---|
| | | 平均值 | 标准差 | 平均值 | 标准差 | 平均值 | 标准差 | 平均值 | 标准差 | *F*值 | 显著系数 |
| 学习评价方式 | 设计的学习效果检验方式可以检测我的实际语言运用能力 | 3.46 | 1.027 | 3.21 | 1.048 | 3.25 | 1.045 | 3.23 | 1.115 | 37.314 | 0.000 |
| 总体看法 | 我喜欢我的英语教科书 | 3.30 | 1.091 | 3.19 | 1.069 | 3.12 | 1.111 | 3.00 | 1.189 | 16.712 | 0.000 |

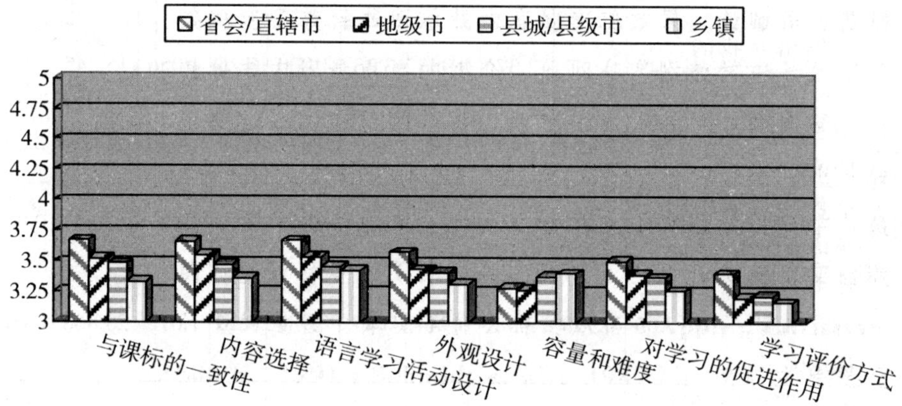


**图 4-28 不同行政区域学生对“实验教科书的整体看法”平均值的比较**

与学生卷结果相似，来自不同行政区域的教师对实验教科书的整体看法也存在显著差异（显著系数 <0.05，见表 4.29）。在教科书“与课标的一致性”“内容选择”“语言学习活动设计”“对教学的指导作用”“外观设计”“与旧版教科书的比较”“对教学的促进作用”和“学习评价方式”方面，省会 / 直辖市教师持肯定态度的人数最多，反映在其各项平均值最高；中等城市教师的均值居中；乡镇地区教师与该地区学生的态度一致，持肯定态度的人数最少，即平均值最低（如图 4-29 所示）。特别是在实验教科书“适合我所在学校的学生”（方差 *F* 值 8.852），语言活动“具有可操作性”（方差 *F* 值 7.722）和教科书内容“指示语符合学生的英语水平”（方差 *F* 值 7.238）等方面，乡镇地区教师的平均值明显低于各级城市的教师。但是在教科书的“容量和难度”方面，乡镇教师与学生的

选项一样，感觉教材的容量和难度偏大，其平均值显著高于各级城市教师的均值。这再次印证了我国城乡教育不均衡的现状。

表4.29　教师卷“对实验教科书的整体看法”行政区域的差异

| 维度 | 具体项目 | 省会/直辖市 | | 地级市 | | 县城/县级市 | | 乡镇 | | 方差分析 | |
|---|---|---|---|---|---|---|---|---|---|---|---|
| | | 平均值 | 标准差 | 平均值 | 标准差 | 平均值 | 标准差 | 平均值 | 标准差 | F值 | 显著系数 |
| 与课标的一致性 | 适合我所在学校的学生 | 3.23 | 0.993 | 3.26 | 0.888 | 3.13 | 0.856 | 2.59 | 0.790 | 8.852 | 0.000 |
| | 整体上有利于促进学生综合语言运用能力的发展 | 3.73 | 0.841 | 3.61 | 0.857 | 3.51 | 0.835 | 3.28 | 0.841 | 5.483 | 0.001 |
| | 注重引导学生形成积极主动的学习态度 | 3.58 | 0.923 | 3.53 | 0.863 | 3.42 | 0.847 | 3.04 | 0.981 | 6.542 | 0.000 |
| | 注重引导学生形成正确的价值观 | 3.86 | 0.829 | 3.80 | 0.807 | 3.76 | 0.762 | 3.49 | 0.791 | 3.444 | 0.016 |
| 内容选择 | 重要概念（如语法概念）能够被学生所理解 | 3.56 | 0.947 | 3.50 | 0.914 | 3.40 | 0.934 | 3.07 | 0.900 | 4.806 | 0.003 |
| | 充分考虑了学生的学习兴趣 | 3.56 | 0.983 | 3.51 | 0.917 | 3.41 | 0.906 | 3.21 | 0.909 | 2.713 | 0.044 |
| | 充分考虑了不同学生的学习风格 | 3.26 | 1.041 | 3.18 | 0.933 | 3.04 | 0.842 | 2.73 | 0.944 | 6.013 | 0.000 |
| | 充分考虑了学生已有的知识与经验 | 3.47 | 0.918 | 3.28 | 0.934 | 3.23 | 0.865 | 3.04 | 0.934 | 5.262 | 0.001 |
| | 指示语符合学生的英语水平 | 3.34 | 1.031 | 3.39 | 0.881 | 3.25 | 0.858 | 2.78 | 0.896 | 7.238 | 0.000 |
| | 词汇量符合英语课程标准的要求 | 3.76 | 0.898 | 3.67 | 0.860 | 3.69 | 0.773 | 3.42 | 0.786 | 2.642 | 0.048 |
| 对教学的指导作用 | 对教师实际教学具有指导作用 | 3.65 | 0.859 | 3.49 | 0.845 | 3.47 | 0.869 | 3.38 | 0.892 | 3.168 | 0.024 |
| | 教学设计能促进教师教学理念和教学方式的转变 | 3.78 | 0.863 | 3.60 | 0.918 | 3.64 | 0.846 | 3.39 | 0.908 | 3.805 | 0.010 |
| | 为教师自主使用教科书留有空间 | 3.90 | 0.792 | 3.77 | 0.891 | 3.71 | 0.807 | 3.57 | 0.850 | 3.556 | 0.014 |

续表

| 维度 | 具体项目 | 省会/直辖市 | | 地级市 | | 县城/县级市 | | 乡镇 | | 方差分析 | |
|---|---|---|---|---|---|---|---|---|---|---|---|
| | | 平均值 | 标准差 | 平均值 | 标准差 | 平均值 | 标准差 | 平均值 | 标准差 | $F$值 | 显著系数 |
| 对教学的指导作用 | 为教师开展多样化的评价提供有效的资源 | 3.54 | 0.900 | 3.52 | 0.874 | 3.39 | 0.858 | 3.07 | 0.879 | 5.424 | 0.001 |
| 语言学习活动设计 | 学习活动的设计能够做到情境化 | 3.66 | 0.869 | 3.55 | 0.866 | 3.44 | 0.866 | 3.14 | 0.943 | 6.533 | 0.000 |
| | 学习活动有助于学生听、说、读、写能力均衡发展 | 3.62 | 0.914 | 3.56 | 0.914 | 3.62 | 0.852 | 3.23 | 0.972 | 3.236 | 0.022 |
| | 学习活动有助于学生养成在生活中观察和使用英语的习惯 | 3.49 | 0.953 | 3.37 | 0.912 | 3.43 | 0.901 | 2.98 | 0.798 | 5.071 | 0.002 |
| | 学习活动有助于培养学生的创造性和批判性思维 | 3.59 | 0.886 | 3.41 | 0.890 | 3.40 | 0.887 | 3.16 | 0.834 | 4.559 | 0.004 |
| | 学习活动有助于学生发展有效的学习策略，形成自主学习的意识与能力 | 3.60 | 0.932 | 3.41 | 0.917 | 3.47 | 0.838 | 3.09 | 0.859 | 5.921 | 0.001 |
| | 活动设计注意为学生创造体验成功的机会，增强学习的信心 | 3.48 | 0.969 | 3.35 | 0.892 | 3.37 | 0.822 | 3.00 | 0.816 | 4.486 | 0.004 |
| | 设计的学习活动具有可操作性 | 3.54 | 0.889 | 3.36 | 0.922 | 3.27 | 0.915 | 2.98 | 0.884 | 7.722 | 0.000 |
| 外观设计 | 价格在大多数学生可接受的范围之内 | 3.69 | 0.835 | 3.57 | 0.895 | 3.55 | 1.022 | 3.21 | 0.968 | 4.413 | 0.004 |
| 容量和难度 | 教科书阅读材料的长度 | 3.44 | 0.675 | 3.35 | 0.642 | 3.30 | 0.613 | 3.55 | 0.571 | 3.353 | 0.019 |

续表

| 维度 | 具体项目 | 省会/直辖市 | | 地级市 | | 县城/县级市 | | 乡镇 | | 方差分析 | |
|---|---|---|---|---|---|---|---|---|---|---|---|
| | | 平均值 | 标准差 | 平均值 | 标准差 | 平均值 | 标准差 | 平均值 | 标准差 | $F$值 | 显著系数 |
| 与旧版教科书的比较 | 学习活动更注重帮助学生形成良好的英语学习习惯 | 3.58 | 0.863 | 3.49 | 0.797 | 3.44 | 0.779 | 3.21 | 0.756 | 3.656 | 0.012 |
| | 对学生课后复习更有帮助 | 3.32 | 0.855 | 3.17 | 0.848 | 3.11 | 0.884 | 3.00 | 0.839 | 3.465 | 0.016 |
| | 对备课更有帮助 | 3.51 | 0.907 | 3.40 | 0.852 | 3.28 | 0.902 | 3.34 | 0.880 | 2.744 | 0.042 |
| 对教学的促进作用 | 有利于教师更好地理解课程标准理念 | 3.80 | 0.820 | 3.69 | 0.777 | 3.72 | 0.697 | 3.46 | 0.660 | 3.394 | 0.017 |
| | 促进了教师的教研活动 | 3.73 | 0.799 | 3.49 | 0.837 | 3.56 | 0.805 | 3.41 | 0.626 | 5.395 | 0.001 |
| | 促进了教师自身教学能力的增强 | 3.84 | 0.813 | 3.63 | 0.821 | 3.70 | 0.814 | 3.64 | 0.749 | 3.616 | 0.013 |
| 学习评价方式 | 习题和评价方式能促进教师改进评价思路 | 3.62 | 0.861 | 3.40 | 0.847 | 3.51 | 0.934 | 3.53 | 0.766 | 3.238 | 0.022 |

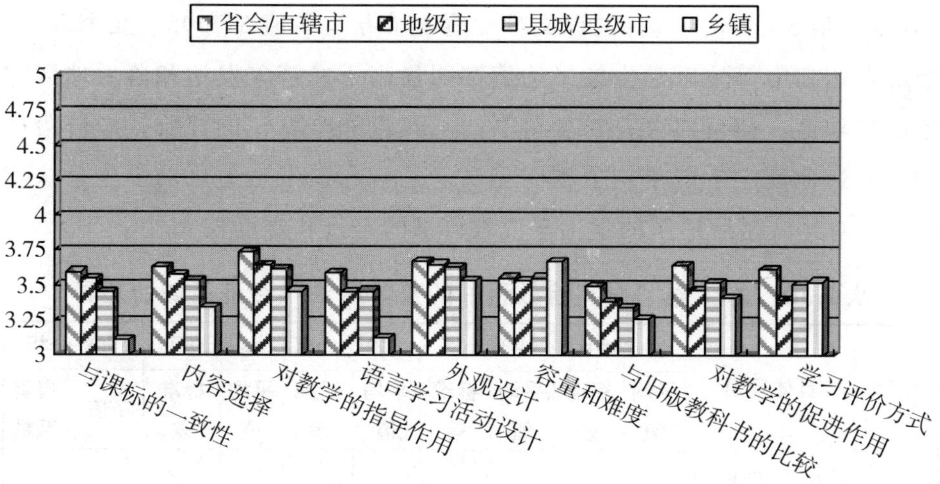


图 4-29 不同行政区域教师“对实验教科书的整体看法”平均值的比较

通过以上对比，我们可以看出，城市学生和教师更认同实验教科书。他们认为，无论是外观设计、活动设计、内容选择，还是理念导向，实验教科书都给他们带来了新的感受，考虑到了学生的兴趣，能够促进学生对不同文化的理解，推动学生学习能力的提升。而地/县级市及乡镇的学生和教师则普遍认为实验教科书的容量和难度偏大，不太适合自己，因而可能没有城市里的学生和教师那么喜欢实验教科书。造成这种情况的原因很多，可能是由于我国幅员辽阔，各地区的经济、教育发展还不均衡，而教科书主要是以中间水平的学生作为参照对象来编写的，很难做到分层分类设计，因此也就无法满足所有地区学生和教师的需求。这也给教师使用教科书带来了挑战，特别是乡镇地区的教师，要根据所在地区的特点和学生的实际能力，适当调整教科书的内容和教学进度，尽量保持学生的学习兴趣和热情。

### （三）经济区域差异

本次调研发现，不同经济区域的学生对实验教科书的整体看法也存在显著差异（显著系数 <0.05，见表 4.30）。在教科书"与课标的一致性""内容选择""语言学习活动设计""外观设计"和"对学习的促进作用"方面，经济发达和中等地区学生对教科书的总体评价较高，经济欠发达地区学生的均值最低（如图 4-30 所示）。特别是语法术语和概念容易理解（方差 *F* 值 84.959），教科书设计了很多小组活动和结对活动（方差 *F* 值 53.898），选择的课文难度适中（方差 *F* 值 51.095）几个方面，经济发达和中等地区学生的平均值都明显高于经济欠发达和落后地区学生的平均值。相对而言，对教科书的"容量和难度"的评价，经济落后和欠发达地区学生的平均值则明显高于经济相对发达地区的学生。这就意味着对经济落后地区的学生来说教科书的容量和难度较大。

**表4.30 学生卷"对实验教科书的整体看法"经济区域的差异**

| 维度 | 具体项目 | 发达地区 | | 中等地区 | | 欠发达地区 | | 落后地区 | | 方差分析 | |
|---|---|---|---|---|---|---|---|---|---|---|---|
| | | 平均值 | 标准差 | 平均值 | 标准差 | 平均值 | 标准差 | 平均值 | 标准差 | *F*值 | 显著系数 |
| 与课标的一致性 | 有助于我形成积极主动的学习态度和正确的价值观 | 3.70 | 1.016 | 3.69 | 0.970 | 3.46 | 0.970 | 3.57 | 0.967 | 43.185 | 0.000 |

续表

| 维度 | 具体项目 | 发达地区 | | 中等地区 | | 欠发达地区 | | 落后地区 | | 方差分析 | |
|---|---|---|---|---|---|---|---|---|---|---|---|
| | | 平均值 | 标准差 | 平均值 | 标准差 | 平均值 | 标准差 | 平均值 | 标准差 | *F*值 | 显著系数 |
| 与课标的一致性 | 有培养学习方法及自学能力的内容 | 3.63 | 1.024 | 3.59 | 0.985 | 3.34 | 0.983 | 3.47 | 0.989 | 49.963 | 0.000 |
| 内容选择 | 选择的课文难度适中 | 3.76 | 0.977 | 3.75 | 0.926 | 3.52 | 0.930 | 3.51 | 0.982 | 51.095 | 0.000 |
| | 语法术语和概念容易理解 | 3.62 | 1.022 | 3.55 | 1.020 | 3.25 | 1.015 | 3.23 | 1.056 | 84.959 | 0.000 |
| | 可以了解或学习到其他学科知识 | 3.66 | 1.040 | 3.68 | 1.024 | 3.50 | 1.043 | 3.56 | 1.043 | 21.468 | 0.000 |
| | 内容趣味性强 | 3.39 | 1.135 | 3.35 | 1.089 | 3.10 | 1.059 | 3.17 | 1.084 | 45.248 | 0.000 |
| | 文章体裁（如小说故事、新闻报道等）多种多样 | 3.63 | 1.050 | 3.61 | 1.025 | 3.44 | 1.037 | 3.53 | 1.074 | 21.769 | 0.000 |
| | 话题和生活联系紧密 | 3.60 | 1.031 | 3.64 | 1.004 | 3.45 | 0.993 | 3.59 | 1.008 | 25.002 | 0.000 |
| | 可以帮助我了解当今社会和科技的发展 | 3.47 | 1.067 | 3.53 | 1.037 | 3.34 | 1.026 | 3.46 | 1.050 | 20.879 | 0.000 |
| | 语言真实地道 | 3.66 | 0.971 | 3.70 | 0.961 | 3.49 | 0.948 | 3.48 | 1.000 | 38.252 | 0.000 |
| | 可以了解到其他国家的文化和风俗 | 4.00 | 0.886 | 4.05 | 0.838 | 3.93 | 0.873 | 3.95 | 0.923 | 12.306 | 0.000 |
| 语言学习活动设计 | 语言活动的题目要求简洁明晰 | 3.74 | 0.945 | 3.67 | 0.955 | 3.46 | 0.962 | 3.49 | 1.000 | 47.598 | 0.000 |
| | 语言活动包括听、说、读、写各方面能力 | 3.92 | 0.954 | 3.96 | 0.920 | 3.77 | 0.997 | 3.91 | 0.956 | 27.064 | 0.000 |
| | 语言活动促使我在生活中思考和使用英语 | 3.51 | 1.069 | 3.46 | 1.062 | 3.22 | 1.054 | 3.42 | 1.022 | 42.336 | 0.000 |

续表

| 维度 | 具体项目 | 发达地区 | | 中等地区 | | 欠发达地区 | | 落后地区 | | 方差分析 | |
|---|---|---|---|---|---|---|---|---|---|---|---|
| | | 平均值 | 标准差 | 平均值 | 标准差 | 平均值 | 标准差 | 平均值 | 标准差 | *F*值 | 显著系数 |
| 语言学习活动设计 | 有让我发表自己观点的活动 | 3.64 | 1.047 | 3.58 | 1.033 | 3.34 | 1.034 | 3.43 | 1.063 | 48.068 | 0.000 |
| | 有很多小组活动和结对活动 | 3.62 | 1.021 | 3.53 | 1.055 | 3.28 | 1.060 | 3.32 | 1.087 | 53.898 | 0.000 |
| 外观设计 | 目录清晰，便于整体把握教科书内容 | 3.64 | 1.014 | 3.62 | 1.007 | 3.40 | 1.018 | 3.55 | 1.023 | 35.161 | 0.000 |
| | 插图对我们学习英语有帮助 | 3.63 | 1.032 | 3.63 | 1.027 | 3.51 | 1.040 | 3.63 | 1.015 | 11.417 | 0.000 |
| | 字距、行距、段距合适，留有足够书写的空间 | 3.40 | 1.156 | 3.42 | 1.142 | 3.17 | 1.154 | 3.39 | 1.137 | 33.130 | 0.000 |
| | 图文搭配和谐、美观 | 3.75 | 1.009 | 3.73 | 0.983 | 3.57 | 0.978 | 3.66 | 0.984 | 20.565 | 0.000 |
| | 大小、形状便于携带 | 3.35 | 1.145 | 3.31 | 1.144 | 3.03 | 1.128 | 3.22 | 1.124 | 39.270 | 0.000 |
| 容量和难度 | 教科书的容量 | 3.27 | 0.762 | 3.31 | 0.716 | 3.32 | 0.733 | 3.43 | 0.794 | 47.362 | 0.000 |
| | 教科书内容的难度 | 3.24 | 0.736 | 3.29 | 0.700 | 3.36 | 0.701 | 3.40 | 0.761 | 9.351 | 0.000 |
| | 教科书习题的数量 | 3.16 | 0.780 | 3.21 | 0.772 | 3.19 | 0.796 | 3.23 | 0.810 | 16.093 | 0.000 |
| | 教科书习题的难度 | 3.16 | 0.776 | 3.25 | 0.726 | 3.30 | 0.733 | 3.38 | 0.781 | 2.578 | 0.052 |
| | 教科书阅读材料的长度 | 3.30 | 0.760 | 3.42 | 0.729 | 3.50 | 0.753 | 3.48 | 0.785 | 21.131 | 0.000 |
| | 教科书听力材料的长度 | 3.14 | 0.764 | 3.22 | 0.752 | 3.23 | 0.791 | 3.25 | 0.847 | 26.214 | 0.000 |
| | 教科书的词汇量 | 3.27 | 0.819 | 3.43 | 0.811 | 3.42 | 0.834 | 3.46 | 0.862 | 5.512 | 0.001 |
| 对学习的促进作用 | 能够提高我学习英语的兴趣 | 3.28 | 1.039 | 3.28 | 1.025 | 3.11 | 1.016 | 3.26 | 1.019 | 22.561 | 0.000 |

续表

| 维度 | 具体项目 | 发达地区 | | 中等地区 | | 欠发达地区 | | 落后地区 | | 方差分析 | |
|---|---|---|---|---|---|---|---|---|---|---|---|
| | | 平均值 | 标准差 | 平均值 | 标准差 | 平均值 | 标准差 | 平均值 | 标准差 | *F*值 | 显著系数 |
| 对学习的促进作用 | 习题能够帮助我巩固所学的语言知识和技能 | 3.54 | 0.941 | 3.54 | 0.936 | 3.39 | 0.921 | 3.52 | 0.935 | 19.445 | 0.000 |
| | 能够培养我的英语听说能力 | 3.46 | 0.993 | 3.47 | 0.979 | 3.29 | 0.965 | 3.38 | 0.997 | 24.580 | 0.000 |
| | 能够培养我的英语阅读能力 | 3.63 | 0.938 | 3.67 | 0.918 | 3.58 | 0.920 | 3.61 | 0.901 | 6.404 | 0.000 |
| | 能够培养我的英语写作能力 | 3.40 | 1.009 | 3.38 | 0.993 | 3.23 | 0.981 | 3.37 | 1.011 | 17.939 | 0.000 |
| | 使我对语法和词汇知识的掌握增强了 | 3.63 | 0.966 | 3.64 | 0.957 | 3.46 | 0.962 | 3.49 | 0.990 | 26.908 | 0.000 |
| | 能够培养我的创造性和批判性思维 | 3.24 | 1.060 | 3.20 | 1.044 | 2.98 | 1.000 | 3.18 | 1.032 | 36.896 | 0.000 |
| | 能够增强我对不同文化的理解 | 3.70 | 0.974 | 3.75 | 0.934 | 3.64 | 0.948 | 3.69 | 0.974 | 8.619 | 0.000 |
| | 使我的英语学习方法和策略得到了发展 | 3.42 | 1.018 | 3.41 | 0.984 | 3.20 | 0.969 | 3.31 | 0.999 | 33.622 | 0.000 |
| 学习评价方式 | 提供的多种学习效果的检验方式（如Check your progress, Unit reflection, Test yourself等）可以鼓励我学习，增强我的信心 | 3.28 | 1.059 | 3.32 | 1.048 | 3.09 | 1.015 | 3.32 | 1.021 | 36.346 | 0.000 |

续表

| 维度 | 具体项目 | 发达地区 | | 中等地区 | | 欠发达地区 | | 落后地区 | | 方差分析 | |
|---|---|---|---|---|---|---|---|---|---|---|---|
| | | 平均值 | 标准差 | 平均值 | 标准差 | 平均值 | 标准差 | 平均值 | 标准差 | $F$值 | 显著系数 |
| 学习评价方式 | 设计的学习效果检验方式可以检测我的实际语言运用能力 | 3.42 | 1.047 | 3.38 | 1.049 | 3.14 | 1.033 | 3.38 | 1.032 | 44.889 | 0.000 |
| 总体看法 | 我喜欢我的英语教科书 | 3.30 | 1.075 | 3.27 | 1.091 | 3.07 | 1.084 | 3.23 | 1.121 | 25.177 | 0.000 |

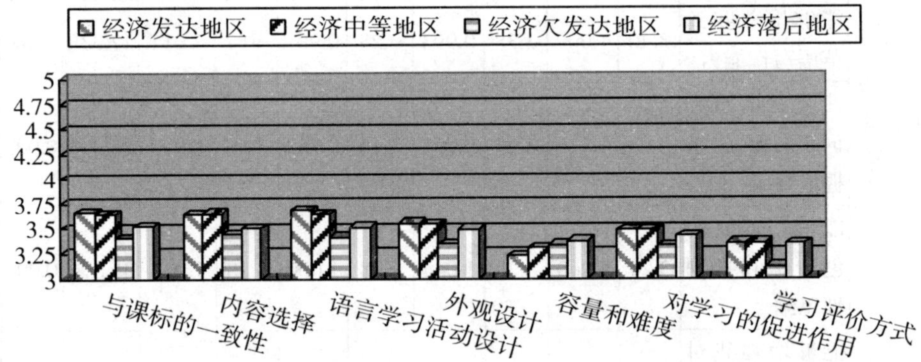


**图 4-30 不同经济区域学生“对实验教科书的整体看法”平均值的比较**

与此相似，不同经济区域教师对实验教科书的整体评价也在一定程度上存在显著差异（显著系数<0.05，见表 4.31）。在教科书“与课标的一致性”“内容选择”“语言学习活动设计”“对教学的指导作用”“外观设计”“与旧版教科书的比较”和“对教学的促进作用”方面，经济发达地区的教师平均值最高（如图 4-31 所示），而经济落后地区的均值最低。在教科书充分考虑学生已有的知识经验项目，差异最明显（方差 $F$ 值 7.036）；在“内容和难度”维度上，经济欠发达地区教师认为教材的难度偏大，其平均值则高于其他区域的教师。

表4.31 教师卷“对实验教科书的整体看法”经济区域的差异

| 维度 | 具体项目 | 发达地区 | | 中等地区 | | 欠发达地区 | | 落后地区 | | 方差分析 | |
|---|---|---|---|---|---|---|---|---|---|---|---|
| | | 平均值 | 标准差 | 平均值 | 标准差 | 平均值 | 标准差 | 平均值 | 标准差 | *F*值 | 显著系数 |
| 与课标的一致性 | 适合我所在学校的学生 | 3.51 | 1.061 | 3.17 | 0.888 | 3.15 | 0.920 | 2.90 | 0.854 | 6.136 | 0.000 |
| | 整体上有利于促进学生综合语言运用能力的发展 | 3.81 | 0.875 | 3.66 | 0.827 | 3.50 | 0.861 | 3.37 | 0.871 | 5.534 | 0.001 |
| | 注重引导学生形成积极主动的学习态度 | 3.71 | 0.963 | 3.51 | 0.863 | 3.40 | 0.867 | 3.40 | 1.055 | 3.066 | 0.027 |
| 内容选择 | 重要概念（如语法概念）能够被学生所理解 | 3.67 | 1.042 | 3.55 | 0.897 | 3.31 | 0.953 | 3.33 | 0.863 | 5.731 | 0.001 |
| | 充分考虑了学生的学习兴趣 | 3.66 | 1.080 | 3.53 | 0.890 | 3.38 | 0.942 | 3.33 | 1.003 | 3.072 | 0.027 |
| | 充分考虑不同学生的学习风格 | 3.45 | 1.179 | 3.20 | 0.886 | 2.99 | 0.945 | 2.99 | 1.028 | 6.765 | 0.000 |
| | 充分考虑了学生已有的知识与经验 | 3.64 | 0.993 | 3.33 | 0.884 | 3.26 | 0.936 | 2.99 | 0.866 | 7.036 | 0.000 |
| | 指示语符合学生的英语水平 | 3.58 | 1.034 | 3.34 | 0.937 | 3.24 | 0.890 | 2.96 | 0.859 | 6.463 | 0.000 |
| | 词汇量符合英语课程标准的要求 | 3.97 | 0.841 | 3.71 | 0.856 | 3.60 | 0.826 | 3.55 | 0.840 | 4.881 | 0.002 |
| | 内容的编排梯度合理 | 3.68 | 1.017 | 3.32 | 0.905 | 3.27 | 0.954 | 3.30 | 0.912 | 4.365 | 0.005 |
| 对教学的指导作用 | 对教师实际教学具有指导作用 | 3.75 | 0.918 | 3.55 | 0.827 | 3.45 | 0.858 | 3.38 | 0.978 | 3.505 | 0.015 |
| | 教学设计能促进教师教学理念和教学方式的转变 | 3.84 | 0.913 | 3.70 | 0.881 | 3.54 | 0.893 | 3.54 | 0.815 | 3.720 | 0.011 |
| | 能促进教师英语水平的提高 | 3.92 | 0.937 | 3.78 | 0.838 | 3.69 | 0.874 | 3.53 | 0.985 | 3.175 | 0.024 |
| | 能丰富教师的跨文化知识 | 3.93 | 0.900 | 3.87 | 0.834 | 3.75 | 0.774 | 3.60 | 0.939 | 3.233 | 0.022 |
| | 为教师自主使用教科书留有空间 | 4.01 | 0.759 | 3.82 | 0.814 | 3.69 | 0.841 | 3.58 | 1.035 | 4.842 | 0.002 |

续表

| 维度 | 具体项目 | 发达地区 | | 中等地区 | | 欠发达地区 | | 落后地区 | | 方差分析 | |
|---|---|---|---|---|---|---|---|---|---|---|---|
| | | 平均值 | 标准差 | 平均值 | 标准差 | 平均值 | 标准差 | 平均值 | 标准差 | $F$值 | 显著系数 |
| 对教学的指导作用 | 配套的教学资源（如书目、图片、网络资源等）容易获得 | 3.89 | 1.011 | 3.63 | 0.908 | 3.52 | 0.903 | 3.50 | 1.113 | 3.757 | 0.011 |
| | 为教师开展多样化的评价提供有效的资源 | 3.60 | 1.051 | 3.53 | 0.833 | 3.38 | 0.913 | 3.26 | 0.829 | 3.559 | 0.014 |
| 语言学习活动设计 | 学习活动的设计能够做到情境化 | 3.68 | 0.946 | 3.58 | 0.845 | 3.46 | 0.903 | 3.25 | 0.864 | 4.469 | 0.004 |
| | 学习活动有助于学生听、说、读、写能力均衡发展 | 3.76 | 1.005 | 3.62 | 0.864 | 3.49 | 0.891 | 3.37 | 1.052 | 3.532 | 0.015 |
| | 学习活动有助于学生养成在生活中观察和使用英语的习惯 | 3.55 | 1.009 | 3.45 | 0.902 | 3.33 | 0.918 | 3.11 | 0.894 | 4.037 | 0.007 |
| | 学习活动有助于培养学生的创造性和批判性思维 | 3.62 | 1.026 | 3.51 | 0.855 | 3.36 | 0.906 | 3.19 | 0.797 | 4.551 | 0.004 |
| | 学习活动有助于学生发展有效的学习策略，形成自主学习的意识与能力 | 3.74 | 1.005 | 3.48 | 0.889 | 3.38 | 0.918 | 3.35 | 0.787 | 3.763 | 0.011 |
| | 设计的学习活动具有可操作性 | 3.69 | 0.998 | 3.40 | 0.862 | 3.25 | 0.938 | 3.20 | 0.987 | 6.170 | 0.000 |
| 外观设计 | 目录清晰，便于学生整体把握 | 3.86 | 0.870 | 3.69 | 0.862 | 3.55 | 0.885 | 3.43 | 0.992 | 4.447 | 0.004 |
| 容量和难度 | 教科书习题的难度 | 3.31 | 0.893 | 3.39 | 0.746 | 3.54 | 0.720 | 3.44 | 0.715 | 3.195 | 0.023 |
| | 教科书听力材料的长度 | 3.63 | 0.736 | 3.53 | 0.721 | 3.74 | 0.758 | 3.59 | 0.810 | 4.559 | 0.004 |
| | 教科书的词汇量 | 3.67 | 0.758 | 3.60 | 0.689 | 3.77 | 0.701 | 3.53 | 0.801 | 3.992 | 0.008 |

续表

| 维度 | 具体项目 | 发达地区 | | 中等地区 | | 欠发达地区 | | 落后地区 | | 方差分析 | |
|---|---|---|---|---|---|---|---|---|---|---|---|
| | | 平均值 | 标准差 | 平均值 | 标准差 | 平均值 | 标准差 | 平均值 | 标准差 | *F*值 | 显著系数 |
| 与旧版教科书的比较 | 更重视体验式的语言学习过程 | 3.80 | 0.745 | 3.67 | 0.733 | 3.58 | 0.748 | 3.41 | 0.807 | 4.056 | 0.007 |
| | 学习活动更注重帮助学生形成良好的英语学习习惯 | 3.73 | 0.936 | 3.50 | 0.815 | 3.45 | 0.755 | 3.26 | 0.829 | 4.498 | 0.004 |
| | 对实施课堂教学更有帮助 | 3.61 | 0.926 | 3.42 | 0.827 | 3.32 | 0.838 | 3.47 | 0.812 | 2.740 | 0.042 |
| | 与以前的教科书相比，我更加喜欢现在的教科书 | 3.57 | 1.083 | 3.19 | 0.928 | 3.26 | 1.012 | 3.23 | 0.972 | 3.473 | 0.016 |
| 对教学的促进作用 | 素材在一定程度上为教师的备课减轻了负担 | 3.45 | 1.159 | 3.03 | 0.984 | 3.02 | 0.951 | 2.93 | 0.997 | 5.157 | 0.002 |
| | 促进了教师自身教学能力的增强 | 3.95 | 0.919 | 3.71 | 0.811 | 3.66 | 0.801 | 3.64 | 0.727 | 3.075 | 0.027 |

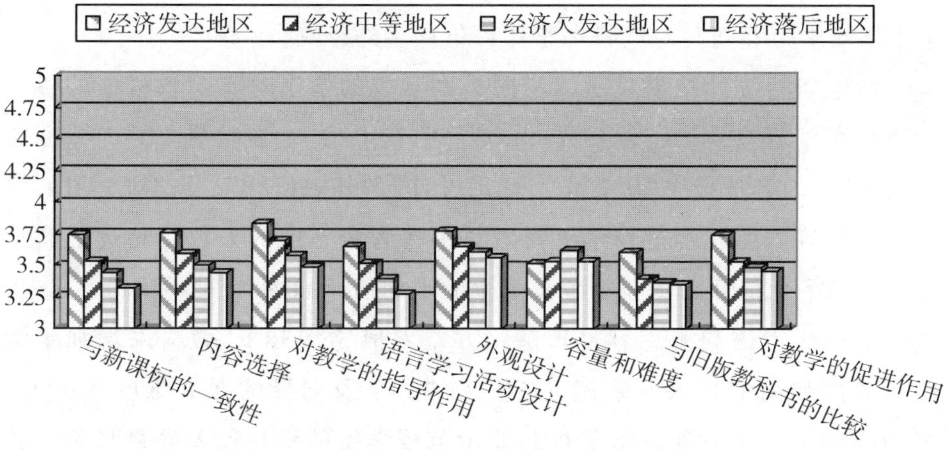


图 4-31 不同经济区域教师“对实验教科书的整体看法”平均值的比较

总的来说，由于地区的行政级别与其经济水平紧密相关，学生和教师对实验教科书的整体看法在这两个方面表现出的差异十分相似，经济发达地区的学生和教师对教科书整体看法的平均值高于经济欠发达和落后地区的学生和教师。也就是说，经济相对发达地区的学生和教师对高中英语实验教科书更加认同。在今后的修订工作中，教科书既要考虑如何更好地满足经济相对落后地区学生的英语语言能力水平及学习风格等，又要考虑如何更好地增强相对落后地区教师的教学能力，以便在当地英语实际教学中切实地发挥指导作用。

## 二、学校类别差异

在本次研究中，项目组的研究对象包括示范性高中和非示范性高中。由于不同类别学校学生的英语语言实际运用能力有所不同，他们对实验教科书的整体看法必然存在一定的差异。本次调研初期，项目组在问卷中将“学校类别”描述为“重点中学”和“普通中学”等学生和教师熟悉的分类，并设定了五个选项，即“国家级重点高中”“省级重点”“地（市）级重点”“县级重点”和“普通中学”。然而，在数据整理过程中，项目组发现高中学生对所在学校的分类并不太了解，特别是对示范性高中的级别划分，学生出现了较严重的分歧，同一学校学生的选择都不相同。故项目组最终决定将学校类别简化为“示范校”和“非示范校”两类，并依此对学生卷和教师卷数据做出调整，以求客观、真实地反映学校类别因素对学生和教师对教科书整体评价产生的影响。

学生问卷统计结果显示，不同类别学校的学生对实验教科书的整体看法存在显著差异（显著系数 $<0.05$，见表 4.32）。在教科书“与课标的一致性”“内容选择”“语言学习活动设计”“外观设计”及“对学习的促进作用”等方面，示范校学生对教科书持肯定态度的人数都超过了非示范校，即平均值都高于非示范校学生的平均值（如图 4-32 所示）。其中，教科书语法术语和概念容易理解（方差 $F$ 值 56.338），教科书增强了学生对语法和词汇知识的掌握（$F$ 值 33.703）及选择的课文难度适中（$F$ 值 30.457）三个方面，示范校和非示范校学生的平均值差异最显著。教科书的“容量和难度”则呈相反的趋势，非示范校学生认为“教材的容量和难度高”的人数都超过了示范校的学生。也就是说，前者的平均值明显高于示范校，特别是在教科书内容的难度（$F$ 值 69.304）、习题的难度（$F$ 值 38.548）和容量（$F$ 值 30.347）这三方面。因此，与非示范校

的学生相比，示范校学生更喜欢正在使用的教科书。这在一定程度上反映了示范校学生的英语语言能力水平整体上高于非示范校学生的客观事实，也突出了教科书的编写和选材照顾不同学生需求的重要性。

**表4.32 学生卷“对实验教科书的整体看法”的学校类别差异**

| 维度 | 具体项目 | 示范校 | | 非示范校 | | 方差分析 | |
|---|---|---|---|---|---|---|---|
| | | 平均值 | 标准差 | 平均值 | 标准差 | *F*值 | 显著系数 |
| 与课标的一致性 | 有助于形成积极主动的学习态度和正确的价值观 | 3.61 | 0.975 | 3.56 | 1.009 | 4.794 | 0.029 |
| 内容选择 | 选择的课文难度适中 | 3.68 | 0.935 | 3.55 | 0.982 | 30.457 | 0.000 |
| | 语法术语和概念容易理解 | 3.47 | 1.020 | 3.28 | 1.073 | 56.338 | 0.000 |
| | 话题和生活联系紧密 | 3.58 | 1.004 | 3.52 | 1.021 | 5.597 | 0.018 |
| | 语言真实地道 | 3.63 | 0.957 | 3.53 | 1.001 | 18.030 | 0.000 |
| 语言学习活动设计 | 语言活动的题目要求简洁明晰 | 3.60 | 0.961 | 3.53 | 0.988 | 10.676 | 0.001 |
| | 语言活动包括听、说、读、写各方面能力 | 3.89 | 0.957 | 3.85 | 0.965 | 3.939 | 0.047 |
| | 有让我发表自己观点的活动 | 3.51 | 1.042 | 3.45 | 1.056 | 5.498 | 0.019 |
| | 有很多小组活动和结对活动 | 3.46 | 1.056 | 3.37 | 1.085 | 10.102 | 0.001 |
| 外观设计 | 图文搭配和谐、美观 | 3.68 | 0.986 | 3.63 | 0.995 | 4.289 | 0.038 |
| 容量和难度 | 教科书的容量 | 3.30 | 0.730 | 3.39 | 0.759 | 30.347 | 0.000 |
| | 教科书内容的难度 | 3.29 | 0.705 | 3.43 | 0.733 | 69.304 | 0.000 |
| | 教科书习题的数量 | 3.18 | 0.776 | 3.26 | 0.814 | 17.122 | 0.000 |
| | 教科书习题的难度 | 3.24 | 0.737 | 3.35 | 0.761 | 38.548 | 0.000 |
| | 教科书阅读材料的长度 | 3.42 | 0.742 | 3.51 | 0.774 | 29.322 | 0.000 |
| | 教科书听力材料的长度 | 3.20 | 0.767 | 3.28 | 0.810 | 19.990 | 0.000 |
| | 教科书的词汇量 | 3.39 | 0.824 | 3.47 | 0.834 | 18.106 | 0.000 |
| 对学习的促进作用 | 习题能够帮助我巩固所学的语言知识和技能 | 3.50 | 0.925 | 3.32 | 1.037 | 5.690 | 0.017 |
| | 能够培养我的英语阅读能力 | 3.65 | 0.916 | 3.38 | 1.030 | 14.605 | 0.000 |
| | 使我对语法和词汇知识的掌握增强了 | 3.59 | 0.959 | 3.25 | 1.073 | 33.703 | 0.000 |
| 学习评价方式 | 设计的学习效果检验方式可以检测我的实际语言运用能力 | 3.29 | 1.048 | 3.37 | 1.046 | 10.887 | 0.001 |
| 总体看法 | 我喜欢我的英语教科书 | 3.21 | 1.091 | 3.00 | 1.189 | 4.768 | 0.029 |

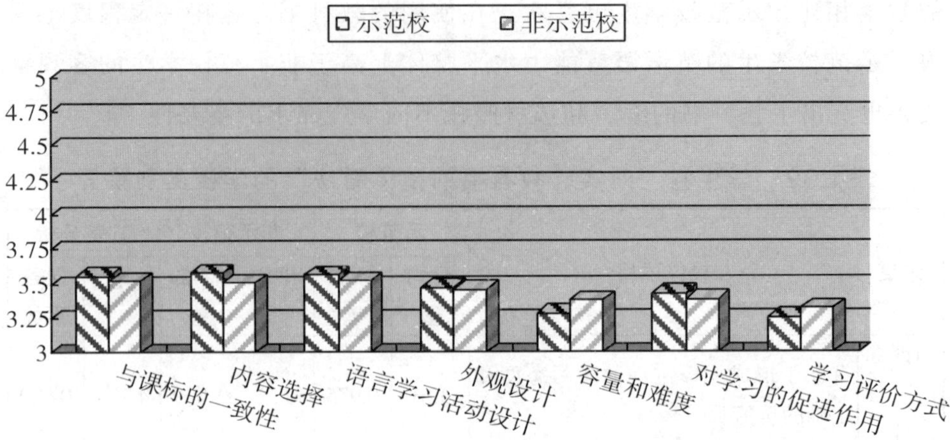


**图 4-32　不同类别学校的学生“对实验教科书的整体看法”平均值的比较**

来自示范校与非示范校的教师对实验教科书的整体看法在大部分维度上也存在显著差异（显著系数 <0.05，见表 4.33）。对于教科书“与课标的一致性”“内容选择”“语言学习活动设计”“外观设计”和“对教学的促进作用”，示范校教师对教科书整体的看法持肯定态度，其平均值都高于非示范校的教师（如图 4-33 所示）。其中，差异最为突出的是教科书适合所在学校的学生（*F* 值 61.993），非示范校教师的平均值只有 2.78，说明多数非示范校教师都认为教科书不适合非示范校的学生。此外，在教科书指示语符合学生英语水平（*F* 值 35.839），大小、形状便于学生携带（*F* 值 31.509），重要概念（如语法概念）能够被学生理解（*F* 值 30.236）三个方面，示范校教师与非示范校教师的观点也存在明显差异。示范校教师明显持肯定态度，其平均值都高于非示范校的教师。示范校教师认为，教科书的指示语符合学生的英语水平，大小、形状便于携带，重要概念（如语法概念）能够被学生理解。

对于教科书的容量和难度，非示范校教师的平均值则高于示范校教师。也就是说，非示范校的教师认为，课程标准实验教科书的词汇量偏大（*F* 值 26.241），内容偏难（*F* 值 20.664），听力材料偏长（*F* 值 15.237）以及容量偏大（*F* 值 11.807），不太适合他们所教的学生；对示范校的教师来说，教科书的容量和难度整体上是适中的。

表4.33 教师卷"对实验教科书的整体看法"学校类别差异

| 维度 | 具体项目 | 各类示范校 | | 非示范校 | | 方差分析 | |
|---|---|---|---|---|---|---|---|
| | | 平均值 | 标准差 | 平均值 | 标准差 | $F$值 | 显著系数 |
| 与课标的一致性 | 适合我所在学校的学生 | 3.32 | 0.885 | 2.78 | 0.909 | 61.993 | 0.000 |
| | 整体上有利于促进学生综合语言运用能力的发展 | 3.66 | 0.846 | 3.45 | 0.853 | 10.587 | 0.001 |
| | 注重引导学生形成积极主动的学习态度 | 3.54 | 0.891 | 3.34 | 0.888 | 8.979 | 0.003 |
| | 注重引导学生形成正确的价值观 | 3.83 | 0.803 | 3.67 | 0.801 | 6.952 | 0.009 |
| 内容选择 | 重要概念（如语法概念）能够被学生所理解 | 3.57 | 0.915 | 3.18 | 0.931 | 30.236 | 0.000 |
| | 体现了跨学科知识整合，加强了与其他学科的关联性 | 3.79 | 0.846 | 3.65 | 0.827 | 4.684 | 0.031 |
| | 充分考虑了学生的学习兴趣 | 3.52 | 0.945 | 3.35 | 0.908 | 5.812 | 0.016 |
| | 充分考虑了不同学生的学习风格 | 3.21 | 0.961 | 2.94 | 0.916 | 13.405 | 0.000 |
| | 充分考虑了学生已有的知识与经验 | 3.36 | 0.922 | 3.15 | 0.886 | 9.305 | 0.002 |
| | 指示语符合学生的英语水平 | 3.41 | 0.924 | 3.00 | 0.903 | 35.839 | 0.000 |
| | 词汇量符合英语课程标准的要求 | 3.72 | 0.864 | 3.58 | 0.804 | 4.764 | 0.029 |
| | 内容的编排梯度合理 | 3.38 | 0.946 | 3.20 | 0.900 | 6.271 | 0.012 |
| 语言学习活动设计 | 学习活动的设计能够做到情境化 | 3.57 | 0.897 | 3.43 | 0.828 | 4.409 | 0.036 |
| | 学习活动有助于学生听、说、读、写能力均衡发展 | 3.62 | 0.904 | 3.43 | 0.904 | 7.764 | 0.005 |
| | 学习活动有助于学生养成在生活中观察和使用英语的习惯 | 3.44 | 0.925 | 3.27 | 0.909 | 6.304 | 0.012 |
| | 学习活动有助于培养学生的创造性和批判性思维 | 3.49 | 0.904 | 3.32 | 0.844 | 6.342 | 0.012 |
| | 活动设计注意为学生创造体验成功的机会，增强学习的信心 | 3.44 | 0.906 | 3.19 | 0.870 | 12.744 | 0.000 |
| | 设计的学习活动具有可操作性 | 3.42 | 0.934 | 3.22 | 0.863 | 8.701 | 0.003 |
| 外观设计 | 字距、行距、段距合适，为学生圈点、勾画、批注留有足够空间 | 3.75 | 0.915 | 3.49 | 0.958 | 13.698 | 0.000 |
| | 大小、形状便于学生携带 | 3.55 | 0.911 | 3.15 | 0.957 | 31.509 | 0.000 |
| 容量和难度 | 教科书的容量 | 3.76 | 0.732 | 3.95 | 0.658 | 11.807 | 0.001 |
| | 教科书内容的难度 | 3.60 | 0.724 | 3.84 | 0.675 | 20.664 | 0.000 |
| | 教科书习题的难度 | 3.39 | 0.761 | 3.56 | 0.721 | 8.764 | 0.003 |
| | 教科书阅读材料的长度 | 3.34 | 0.649 | 3.49 | 0.622 | 9.789 | 0.002 |
| | 教科书听力材料的长度 | 3.55 | 0.735 | 3.77 | 0.754 | 15.237 | 0.000 |
| | 教科书的词汇量 | 3.58 | 0.699 | 3.86 | 0.713 | 26.241 | 0.000 |

续表

| 维度 | 具体项目 | 各类示范校 | | 非示范校 | | 方差分析 | |
|---|---|---|---|---|---|---|---|
| | | 平均值 | 标准差 | 平均值 | 标准差 | F值 | 显著系数 |
| 对教学的促进作用 | 促进了教师的教研活动 | 3.55 | 0.829 | 3.67 | 0.760 | 4.325 | 0.038 |

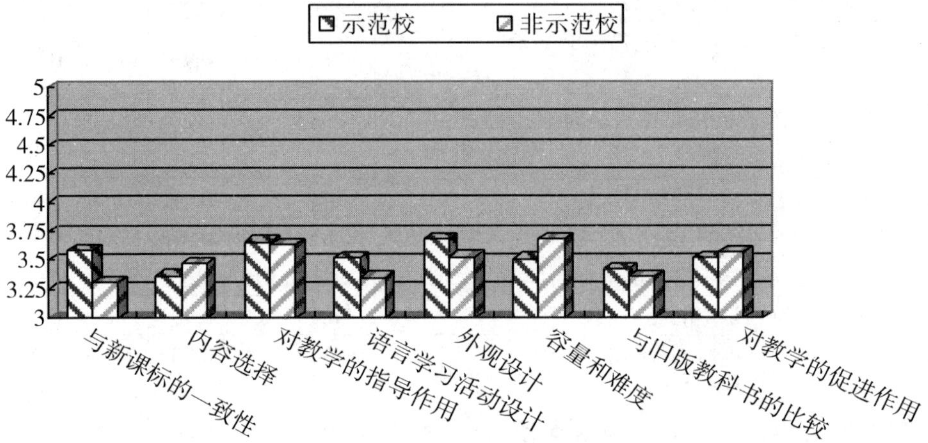


**图 4-33 不同类别学校的教师“对实验教科书的整体看法”平均值的比较**

一般而言，各地示范校的学生和英语教师水平都比较高，学生的学习能力较强，教师的教学能力也很强。他们对新鲜事物比较容易保持一种开放的心态。在这种情况下，他们对实验教科书就比较容易产生认同感，也更能体验到实验教科书带来的学习上的变革和快乐。非示范校的学生能力水平和师资力量都相对薄弱。不难想象，他们会认为实验教科书的容量和难度偏大，学生学起来比较困难，教师也不敢轻易改变教学内容和进度，或者他们也不知道如何降低教学材料的难度，因此，他们对教科书的认同度也就不会太高。

## 三、学生英语能力水平差异

为了检验实验教科书与不同英语能力水平学生的适切性，本次调研以学生自己评估的平时成绩作为反映他们英语能力水平的变量，对此进行了方差分析。考试成绩并不能全面反映学生的英语能力水平，因此，这里的统计结果也只能为读者提供一定的参考。

分析结果显示，不同英语能力水平的学生对教科书的整体看法也存在显著的差异（显著系数均为 0.000，见表 4.34），差异值都明显高于其他因素的方差分析结果。对于教科书的“与课标的一致性”“内容选择”“语言学习活动设计”“外观设计”“对学习的促进作用”和“学习评价方式”几个方面，学习成绩优秀及良好的学生平均值相近且最高，及格的学生居中，而不及格的学生的平均值明显偏低（如图 4–34 所示）。相反，对于教科书的容量和难度，不及格的学生的平均值最高，说明教科书对英语能力水平较差的学生来说容量偏大、偏难，习题的难度尤其明显。

教科书的“语法术语和概念容易理解”及“选择的课文难度适中”是其中差异最突出的两项，方差 $F$ 值都超过了 200。成绩较好的学生多数持肯定态度，其平均值远远高于在及格线上下的学生的平均值。此外，成绩较好的学生更加认同教科书“与课标的一致性”，认为教科书有助于他们形成积极主动的学习态度和正确的价值观，有助于学生培养学习方法及自学能力；语言活动的题目简洁明晰，有很多小组活动和结对活动，为学生发表自己的观点创设了情境，选择的内容趣味性强；有助于学生学习兴趣的培养和语言能力的提高，有助于学生巩固所学的语言知识和技能，特别是阅读能力和词汇、语法的掌握，有助于学生发展学习方法和策略。因此，成绩较好的学生更喜欢实验教科书，而不及格学生对实验教科书的喜好程度很低，平均值只有 2.72。

表4.34　不同英语能力水平学生“对实验教科书的整体看法”的差异

| 维度 | 具体项目 | 优秀 | | 良好 | | 及格 | | 不及格 | | 方差分析 | |
|---|---|---|---|---|---|---|---|---|---|---|---|
| | | 平均值 | 标准差 | 平均值 | 标准差 | 平均值 | 标准差 | 平均值 | 标准差 | $F$值 | 显著系数 |
| 与课标的一致性 | 有助于我形成积极主动的学习态度和正确的价值观 | 3.85 | 1.064 | 3.76 | 0.908 | 3.51 | 0.936 | 3.20 | 1.040 | 166.398 | 0.000 |
| | 有培养学习方法及自学能力的内容 | 3.70 | 1.040 | 3.66 | 0.956 | 3.42 | 0.935 | 3.09 | 1.043 | 154.850 | 0.000 |
| 内容选择 | 选择的课文难度适中 | 3.90 | 0.970 | 3.83 | 0.866 | 3.56 | 0.903 | 3.20 | 1.009 | 222.517 | 0.000 |

续表

| 维度 | 具体项目 | 优秀 | | 良好 | | 及格 | | 不及格 | | 方差分析 | |
|---|---|---|---|---|---|---|---|---|---|---|---|
| | | 平均值 | 标准差 | 平均值 | 标准差 | 平均值 | 标准差 | 平均值 | 标准差 | F值 | 显著系数 |
| 内容选择 | 语法术语和概念容易理解 | 3.83 | 1.050 | 3.63 | 0.955 | 3.29 | 0.988 | 2.92 | 1.050 | 275.116 | 0.000 |
| | 可以了解或学习到其他学科知识 | 3.81 | 1.077 | 3.73 | 0.990 | 3.51 | 0.996 | 3.29 | 1.095 | 95.215 | 0.000 |
| | 内容趣味性强 | 3.49 | 1.139 | 3.39 | 1.087 | 3.17 | 1.051 | 2.90 | 1.077 | 103.227 | 0.000 |
| | 文章体裁（如小说故事、新闻报道等）多种多样 | 3.69 | 1.107 | 3.66 | 1.009 | 3.48 | 1.006 | 3.29 | 1.063 | 63.310 | 0.000 |
| | 话题和生活联系紧密 | 3.70 | 1.060 | 3.67 | 0.982 | 3.50 | 0.963 | 3.28 | 1.043 | 73.120 | 0.000 |
| | 可以帮助我了解当今社会和科技的发展 | 3.60 | 1.111 | 3.54 | 1.016 | 3.39 | 1.008 | 3.15 | 1.066 | 67.747 | 0.000 |
| | 语言真实地道 | 3.73 | 1.059 | 3.72 | 0.916 | 3.53 | 0.933 | 3.31 | 1.011 | 85.594 | 0.000 |
| | 可以了解到其他国家的文化和风俗 | 4.01 | 0.932 | 4.08 | 0.823 | 3.95 | 0.828 | 3.77 | 0.948 | 53.982 | 0.000 |
| 语言学习活动设计 | 语言活动的题目要求简洁明了 | 3.77 | 1.005 | 3.73 | 0.923 | 3.50 | 0.931 | 3.22 | 1.013 | 130.341 | 0.000 |
| | 语言活动包括听、说、读、写各方面能力 | 3.90 | 1.004 | 4.00 | 0.914 | 3.82 | 0.925 | 3.61 | 1.042 | 68.914 | 0.000 |
| | 语言活动促使我在生活中思考和使用英语 | 3.56 | 1.111 | 3.51 | 1.044 | 3.27 | 1.033 | 3.05 | 1.053 | 93.402 | 0.000 |
| | 有让我发表自己观点的活动 | 3.70 | 1.061 | 3.65 | 1.006 | 3.37 | 1.002 | 3.11 | 1.085 | 132.922 | 0.000 |
| | 有很多小组活动和结对活动 | 3.58 | 1.111 | 3.60 | 1.017 | 3.33 | 1.023 | 3.07 | 1.088 | 118.980 | 0.000 |
| 外观设计 | 目录清晰，便于整体把握教材内容 | 3.69 | 1.048 | 3.64 | 0.982 | 3.48 | 1.002 | 3.24 | 1.055 | 72.591 | 0.000 |
| | 插图对我们学习英语有帮助 | 3.67 | 1.061 | 3.67 | 1.010 | 3.56 | 1.007 | 3.37 | 1.066 | 37.287 | 0.000 |

续表

| 维度 | 具体项目 | 优秀 | | 良好 | | 及格 | | 不及格 | | 方差分析 | |
|---|---|---|---|---|---|---|---|---|---|---|---|
| | | 平均值 | 标准差 | 平均值 | 标准差 | 平均值 | 标准差 | 平均值 | 标准差 | *F*值 | 显著系数 |
| 外观设计 | 字距、行距、段距合适，留有足够书写的空间 | 3.43 | 1.233 | 3.42 | 1.144 | 3.31 | 1.112 | 3.08 | 1.148 | 39.570 | 0.000 |
| | 图文搭配和谐、美观 | 3.72 | 1.056 | 3.78 | 0.958 | 3.61 | 0.952 | 3.44 | 1.027 | 53.079 | 0.000 |
| | 大小、形状便于携带 | 3.38 | 1.192 | 3.29 | 1.136 | 3.14 | 1.127 | 3.02 | 1.131 | 32.511 | 0.000 |
| 容量和难度 | 教科书的容量 | 3.21 | 0.815 | 3.25 | 0.658 | 3.36 | 0.733 | 3.48 | 0.847 | 46.094 | 0.000 |
| | 教科书内容的难度 | 3.15 | 0.773 | 3.20 | 0.625 | 3.38 | 0.688 | 3.59 | 0.821 | 146.589 | 0.000 |
| | 教科书习题的数量 | 3.18 | 0.844 | 3.15 | 0.751 | 3.22 | 0.768 | 3.30 | 0.867 | 16.118 | 0.000 |
| | 教科书习题的难度 | 3.11 | 0.842 | 3.16 | 0.680 | 3.33 | 0.705 | 3.49 | 0.823 | 99.298 | 0.000 |
| | 教科书阅读材料的长度 | 3.30 | 0.807 | 3.35 | 0.688 | 3.49 | 0.745 | 3.62 | 0.839 | 65.292 | 0.000 |
| | 教科书听力材料的长度 | 3.14 | 0.850 | 3.18 | 0.714 | 3.24 | 0.787 | 3.32 | 0.870 | 15.416 | 0.000 |
| | 教科书的词汇量 | 3.28 | 0.903 | 3.33 | 0.760 | 3.49 | 0.830 | 3.59 | 0.908 | 53.213 | 0.000 |
| 对学习的促进作用 | 能够提高我学习英语的兴趣 | 3.48 | 1.091 | 3.39 | 0.982 | 3.10 | 0.970 | 2.83 | 1.047 | 156.970 | 0.000 |
| | 习题能够帮助我巩固所学的语言知识和技能 | 3.64 | 0.980 | 3.63 | 0.881 | 3.40 | 0.887 | 3.13 | 0.979 | 132.516 | 0.000 |
| | 能够培养我的英语听说能力 | 3.55 | 1.066 | 3.52 | 0.949 | 3.29 | 0.933 | 3.10 | 1.012 | 93.938 | 0.000 |
| | 能够培养我的英语阅读能力 | 3.74 | 0.975 | 3.79 | 0.863 | 3.54 | 0.871 | 3.30 | 0.980 | 131.965 | 0.000 |
| | 能够培养我的英语写作能力 | 3.50 | 1.070 | 3.45 | 0.970 | 3.24 | 0.942 | 3.04 | 1.011 | 82.425 | 0.000 |
| | 使我对语法和词汇知识的掌握增强了 | 3.77 | 0.988 | 3.73 | 0.902 | 3.45 | 0.928 | 3.21 | 1.024 | 143.999 | 0.000 |
| | 能够培养我的创造性和批判性思维 | 3.28 | 1.146 | 3.26 | 1.029 | 3.00 | 0.990 | 2.88 | 0.996 | 70.701 | 0.000 |
| | 能够增强我对不同文化的理解 | 3.76 | 0.998 | 3.82 | 0.893 | 3.63 | 0.916 | 3.47 | 1.012 | 61.354 | 0.000 |

续表

| 维度 | 具体项目 | 优秀 | | 良好 | | 及格 | | 不及格 | | 方差分析 | |
|---|---|---|---|---|---|---|---|---|---|---|---|
| | | 平均值 | 标准差 | 平均值 | 标准差 | 平均值 | 标准差 | 平均值 | 标准差 | *F*值 | 显著系数 |
| 对学习的促进作用 | 使我的英语学习方法和策略得到了发展 | 3.56 | 1.032 | 3.47 | 0.956 | 3.22 | 0.947 | 2.98 | 0.996 | 126.237 | 0.000 |
| 学习评价方式 | 提供的多种学习效果的检验方式（如Check your progress，Unit reflection，Test yourself等）可以鼓励我的学习，增强我的信心 | 3.40 | 1.110 | 3.34 | 1.024 | 3.16 | 1.005 | 2.96 | 1.047 | 68.451 | 0.000 |
| | 设计的学习效果检验方式可以检测我的实际语言运用能力 | 3.43 | 1.150 | 3.39 | 1.038 | 3.21 | 1.022 | 3.09 | 1.030 | 43.489 | 0.000 |
| 整体看法 | 我喜欢我的英语教科书 | 3.44 | 1.165 | 3.40 | 1.028 | 3.06 | 1.034 | 2.72 | 1.097 | 195.981 | 0.000 |

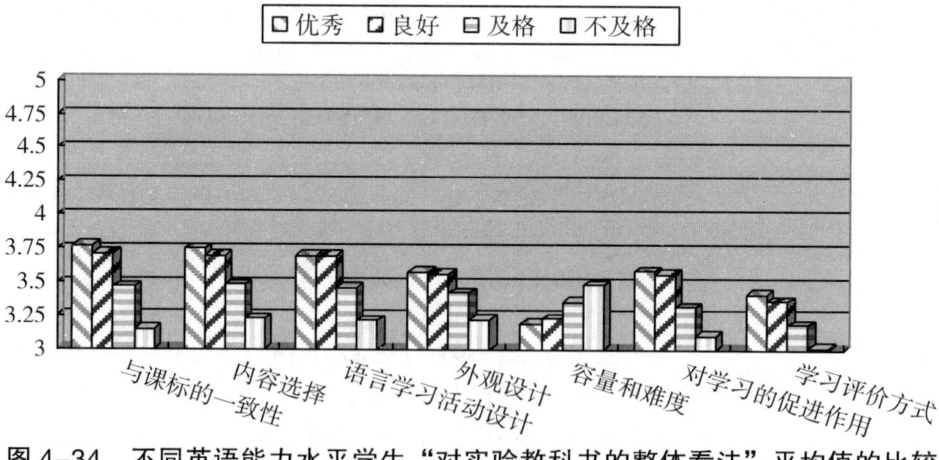


**图 4–34　不同英语能力水平学生“对实验教科书的整体看法”平均值的比较**

也就是说，对实验教科书的整体看法与学生的成绩成正比关系。越是成绩优秀的学生越认同和喜爱教科书，越是基础薄弱的学生就越觉得难。应该说，这是非常正常的，但也给教科书的编写者和教师提出了很大的挑战。如何能够在一套教科书中体现对不同学习能力学生的关爱，让他们都收获比较好的学习体验，是在教科书修订过程中需要深入思考的问题。除了教科书编写的调整，教师也要为解决这一问题做出努力，在使用教科书的过程中照顾到不同能力水平学生的学习和情感需求，通过调整教科书内容、设置有梯度的教学目标和任务等方式，鼓励能力水平较差的学生积极参与到英语学习中来。

## 四、教科书版本差异

如前文所述，本次调研共抽取了三个版本的高中英语实验教科书，分别由人民教育出版社、北京师范大学出版社和译林出版社组织编写和出版。虽然它们都从实验课程标准出发，但由于编写团队不同，教科书的编写理念和编排方式也不同。所调查的学生和教师对不同版本教科书的整体看法对进一步完善教科书良性竞争的体系有重要的意义。

调研结果显示，学生对不同版本实验教科书的整体看法存在显著差异（显著系数 <0.05，见表 4.35）。对于教科书的“与课标的一致性”“内容选择”“语言学习活动设计”“外观设计”“对学习的促进作用”和“学习评价方式”这几个方面，使用北师大版教科书的学生认同度最高，即获得的平均值最高，人教版居中，译林版最低（如图 4-35 所示）。其中，教科书的内容选择有利于学生培养学习方法及自学能力（*F* 值 31.633，最高），语法术语和概念容易理解，内容趣味性强，文章体裁多种多样，语言活动的题目简洁明晰，以及插图有助于英语学习等方面，使用北师大版教科书的学生认同度（反映在平均值上）都明显高于使用人教版和译林版教科书的学生的平均值。值得关注的是，使用译林版教科书的学生对教科书能够培养学生创造性和批判性思维整体平均值（2.84）偏低，低于中间值 3。然而，使用译林版教科书的学生对教科书的“大小、形状便于携带”的看法平均值明显高于使用其他两个版本教科书学生的平均值 3.57（*F* 值 30.636）。学生对不同版本教科书“容量和难度”的看法也不相同。总体来说，使用人教版教科书学生的平均值高于使用北师

大版和译林版教科书的学生平均值，特别是对教科书习题的难度（F 值 39.153，最高）和词汇量（F 值 27.544）的看法。

表4.35 学生对不同版本实验教科书整体看法的差异

| 维度 | 具体项目 | 人教版 | | 北师大版 | | 译林版 | | 方差分析 | |
|---|---|---|---|---|---|---|---|---|---|
| | | 平均值 | 标准差 | 平均值 | 标准差 | 平均值 | 标准差 | F值 | 显著系数 |
| 与课标的一致性 | 有助于我形成积极主动的学习态度和正确的价值观 | 3.60 | 0.976 | 3.68 | 1.011 | 3.37 | 0.970 | 20.922 | 0.000 |
| | 有培养学习方法及自学能力的内容 | 3.49 | 0.992 | 3.66 | 1.009 | 3.30 | 0.990 | 31.633 | 0.000 |
| 内容选择 | 选择的课文难度适中 | 3.63 | 0.944 | 3.77 | 0.953 | 3.61 | 0.951 | 14.531 | 0.000 |
| | 语法术语和概念容易理解 | 3.42 | 1.032 | 3.59 | 1.024 | 3.24 | 1.046 | 28.539 | 0.000 |
| | 可以了解或学习到其他学科知识 | 3.61 | 1.031 | 3.65 | 1.049 | 3.34 | 1.063 | 20.256 | 0.000 |
| | 内容趣味性强 | 3.24 | 1.085 | 3.42 | 1.106 | 3.05 | 1.101 | 28.945 | 0.000 |
| | 文章体裁（如小说故事、新闻报道等）多种多样 | 3.53 | 1.036 | 3.70 | 1.046 | 3.33 | 1.043 | 28.719 | 0.000 |
| | 话题和生活联系紧密 | 3.57 | 1.001 | 3.56 | 1.047 | 3.43 | 0.993 | 5.625 | 0.004 |
| | 可以帮助我了解当今社会和科技的发展 | 3.48 | 1.031 | 3.38 | 1.094 | 3.19 | 1.028 | 24.964 | 0.000 |
| | 语言真实地道 | 3.61 | 0.958 | 3.62 | 0.991 | 3.43 | 1.021 | 10.443 | 0.000 |
| | 可以了解到其他国家的文化和风俗 | 3.98 | 0.868 | 4.06 | 0.850 | 4.01 | 0.884 | 6.261 | 0.002 |
| 语言学习活动设计 | 语言活动的题目要求简洁明晰 | 3.59 | 0.961 | 3.69 | 0.982 | 3.37 | 0.989 | 22.949 | 0.000 |
| | 语言活动包括听、说、读、写各方面能力 | 3.88 | 0.960 | 3.98 | 0.953 | 3.76 | 0.937 | 11.322 | 0.000 |
| | 语言活动促使我在生活中思考和使用英语 | 3.38 | 1.058 | 3.43 | 1.079 | 3.18 | 1.070 | 11.214 | 0.000 |
| | 有让我发表自己观点的活动 | 3.48 | 1.041 | 3.57 | 1.056 | 3.42 | 1.076 | 6.196 | 0.002 |
| | 有很多小组活动和结对活动 | 3.42 | 1.064 | 3.57 | 1.047 | 3.33 | 1.060 | 15.398 | 0.000 |
| 外观设计 | 目录清晰，便于整体把握教科书内容 | 3.56 | 1.010 | 3.55 | 1.041 | 3.34 | 1.058 | 11.821 | 0.000 |
| | 插图对我们学习英语有帮助 | 3.60 | 1.021 | 3.66 | 1.059 | 3.29 | 1.084 | 28.151 | 0.000 |

续表

| 维度 | 具体项目 | 人教版 | | 北师大版 | | 译林版 | | 方差分析 | |
|---|---|---|---|---|---|---|---|---|---|
| | | 平均值 | 标准差 | 平均值 | 标准差 | 平均值 | 标准差 | $F$值 | 显著系数 |
| 外观设计 | 字距、行距、段距合适，留有足够书写的空间 | 3.35 | 1.141 | 3.21 | 1.214 | 3.22 | 1.145 | 11.808 | 0.000 |
| | 图文搭配和谐、美观 | 3.67 | 0.978 | 3.75 | 1.014 | 3.49 | 1.046 | 14.166 | 0.000 |
| | 大小、形状便于携带 | 3.19 | 1.137 | 3.21 | 1.180 | 3.57 | 1.097 | 30.636 | 0.000 |
| 容量和难度 | 教科书的容量 | 3.34 | 0.735 | 3.24 | 0.743 | 3.24 | 0.737 | 14.169 | 0.000 |
| | 教科书内容的难度 | 3.34 | 0.710 | 3.23 | 0.707 | 3.26 | 0.760 | 14.476 | 0.000 |
| | 教科书习题的数量 | 3.21 | 0.772 | 3.13 | 0.836 | 3.13 | 0.823 | 8.665 | 0.000 |
| | 教科书习题的难度 | 3.30 | 0.727 | 3.13 | 0.787 | 3.15 | 0.809 | 39.153 | 0.000 |
| | 教科书阅读材料的长度 | 3.45 | 0.747 | 3.38 | 0.760 | 3.36 | 0.751 | 9.003 | 0.000 |
| | 教科书听力材料的长度 | 3.21 | 0.768 | 3.26 | 0.815 | 3.16 | 0.805 | 3.656 | 0.026 |
| | 教科书的词汇量 | 3.43 | 0.827 | 3.26 | 0.790 | 3.39 | 0.876 | 27.544 | 0.000 |
| 对学习的促进作用 | 能够提高我学习英语的兴趣 | 3.23 | 1.025 | 3.24 | 1.032 | 3.01 | 1.016 | 13.468 | 0.000 |
| | 习题能够帮助我巩固所学的语言知识和技能 | 3.51 | 0.922 | 3.46 | 0.975 | 3.26 | 0.970 | 19.793 | 0.000 |
| | 能够培养我的英语听说能力 | 3.41 | 0.972 | 3.40 | 1.014 | 3.20 | 1.006 | 12.108 | 0.000 |
| | 能够培养我的英语阅读能力 | 3.64 | 0.916 | 3.66 | 0.916 | 3.41 | 0.970 | 17.631 | 0.000 |
| | 能够培养我的英语写作能力 | 3.35 | 0.988 | 3.34 | 1.003 | 3.02 | 1.028 | 30.488 | 0.000 |
| | 使我对语法和词汇知识的掌握增强了 | 3.57 | 0.964 | 3.60 | 0.953 | 3.34 | 1.018 | 16.722 | 0.000 |
| | 能够培养我的创造性和批判性思维 | 3.15 | 1.027 | 3.12 | 1.074 | 2.84 | 1.025 | 25.421 | 0.000 |
| | 能够增强我对不同文化的理解 | 3.69 | 0.946 | 3.76 | 0.958 | 3.64 | 0.981 | 4.304 | 0.014 |
| | 使我的英语学习方法和策略得到了发展 | 3.33 | 0.989 | 3.38 | 0.989 | 3.13 | 0.987 | 13.677 | 0.000 |
| 学习评价方式 | 提供的多种学习效果的检验方式（如Check your progress，Unit reflection，Test yourself等）可以鼓励我的学习，增强我的信心 | 3.24 | 1.037 | 3.29 | 1.050 | 3.02 | 1.054 | 14.156 | 0.000 |

续表

| 维度 | 具体项目 | 人教版 | | 北师大版 | | 译林版 | | 方差分析 | |
|---|---|---|---|---|---|---|---|---|---|
| | | 平均值 | 标准差 | 平均值 | 标准差 | 平均值 | 标准差 | F值 | 显著系数 |
| 学习评价方式 | 设计的学习效果检验方式可以检测我的实际语言运用能力 | 3.32 | 1.044 | 3.33 | 1.055 | 3.03 | 1.059 | 20.423 | 0.000 |
| 总体看法 | 我喜欢我的英语教科书 | 3.20 | 1.099 | 3.29 | 1.054 | 3.03 | 1.079 | 11.862 | 0.000 |

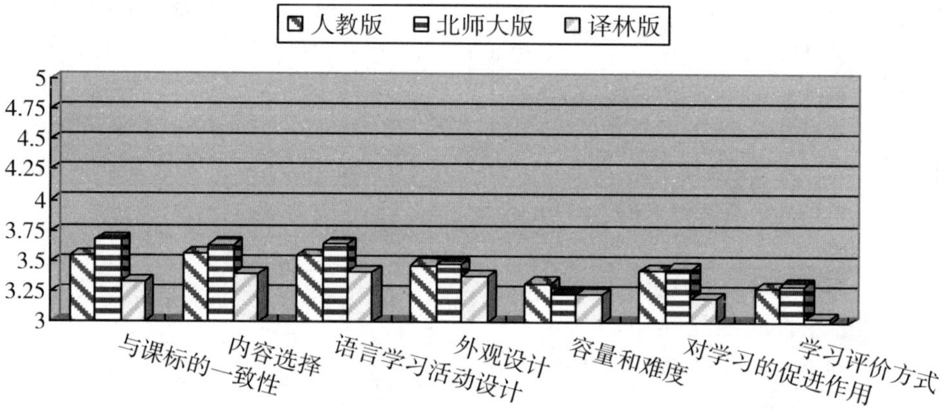


**图 4-35 学生对不同版本实验教科书整体看法平均值的比较**

教师对不同版本实验教科书的整体看法在大部分项目上也存在显著差异（显著系数 <0.05，见表 4.36）。在教科书的“与课标的一致性”“内容选择”“语言学习活动设计”“外观设计”和“学习评价方式”方面，教师对译林版教科书整体看法的平均值最高（如图 4-36 所示），北师大版居中，人教版最低。在教科书的“对教学的指导作用”“与旧版教科书的比较”和“对教学的促进作用”三个方面，使用北师大版教科书的教师做出肯定选择的比例最高（数据显示其平均值最高），译林版居中，人教版最低。而在教科书“容量和难度”方面，使用北师大版和人教版教科书的教师的平均值都明显高于使用译林版教科书的教师。

具体来看，教科书习题难度的差异性最大（*F* 值 23.417）。教师认为人教版教科书习题的难度偏大，译林版教科书习题的难度则较为适中（平均值 2.94）。此外，教师认为，译林版教科书的字距、行距、段距合适，为圈点、勾画、批注留有足够空间，整体外观设计优于其他两个版本的教科书。相对而言，教师认为北师大版教科书的选题更注重联系现代社会及科技发展，丰富了教师的跨文化知识，并促进了教师教学方式的改进。

表4.36 教师对不同版本实验教科书整体看法的差异

| 维度 | 具体项目 | 人教版 | | 北师大版 | | 译林版 | | 方差分析 | |
|---|---|---|---|---|---|---|---|---|---|
| | | 平均值 | 标准差 | 平均值 | 标准差 | 平均值 | 标准差 | $F$值 | 显著系数 |
| 与课标的一致性 | 适合我所在学校的学生 | 3.14 | 0.893 | 3.23 | 1.055 | 3.47 | 0.837 | 4.435 | 0.012 |
| | 整体上有利于促进学生综合语言运用能力的发展 | 3.54 | 0.862 | 3.77 | 0.783 | 3.85 | 0.815 | 7.461 | 0.001 |
| | 注重引导学生形成积极主动的学习态度 | 3.44 | 0.911 | 3.63 | 0.819 | 3.60 | 0.849 | 3.226 | 0.040 |
| | 注重引导学生形成正确的价值观 | 3.75 | 0.811 | 3.91 | 0.772 | 3.94 | 0.790 | 3.700 | 0.025 |
| 内容选择 | 充分考虑了学生的学习兴趣 | 3.39 | 0.950 | 3.70 | 0.887 | 3.87 | 0.731 | 13.138 | 0.000 |
| | 充分考虑了不同学生的学习风格 | 3.10 | 0.943 | 3.28 | 1.017 | 3.31 | 0.918 | 3.474 | 0.031 |
| | 文章体裁（包括故事类、应用文、新闻报道等）多种多样，有利于拓展学生的知识面 | 3.86 | 0.835 | 4.16 | 0.702 | 4.19 | 0.821 | 11.924 | 0.000 |
| | 选材注意联系现代社会及科技发展 | 3.86 | 0.783 | 4.17 | 0.742 | 4.10 | 0.813 | 11.962 | 0.000 |
| | 选材注意联系学生生活实际 | 3.56 | 0.863 | 3.82 | 0.893 | 3.87 | 0.913 | 8.327 | 0.000 |
| | 词汇量符合英语课程标准的要求 | 3.64 | 0.841 | 3.78 | 0.871 | 3.97 | 0.828 | 5.639 | 0.004 |
| | 呈现的语言真实地道 | 3.57 | 0.866 | 3.86 | 0.889 | 3.88 | 0.820 | 9.548 | 0.000 |
| | 内容的编排梯度合理 | 3.28 | 0.934 | 3.39 | 0.976 | 3.72 | 0.770 | 7.164 | 0.001 |
| | 内容关注文化的多元性和差异性，有助于扩展学生的国际视野 | 3.72 | 0.848 | 3.98 | 0.792 | 4.04 | 0.818 | 9.092 | 0.000 |
| 对教学的指导作用 | 对教师实际教学具有指导作用 | 3.47 | 0.855 | 3.66 | 0.867 | 3.75 | 0.859 | 5.356 | 0.005 |
| | 教学设计能促进教师教学理念和教学方式的转变 | 3.60 | 0.892 | 3.77 | 0.871 | 3.91 | 0.805 | 5.405 | 0.005 |
| | 能促进教师英语水平的提高 | 3.67 | 0.888 | 3.98 | 0.746 | 3.93 | 0.893 | 9.288 | 0.000 |
| | 能丰富教师的跨文化知识 | 3.75 | 0.850 | 4.07 | 0.724 | 3.93 | 0.798 | 10.208 | 0.000 |
| | 为教师自主使用教科书留有空间 | 3.73 | 0.846 | 3.97 | 0.786 | 3.87 | 0.862 | 5.249 | 0.005 |

续表

| 维度 | 具体项目 | 人教版 | | 北师大版 | | 译林版 | | 方差分析 | |
|---|---|---|---|---|---|---|---|---|---|
| | | 平均值 | 标准差 | 平均值 | 标准差 | 平均值 | 标准差 | F值 | 显著系数 |
| 对教学的指导作用 | 为教师开展多样化的评价提供有效的资源 | 3.41 | 0.892 | 3.64 | 0.858 | 3.71 | 0.793 | 6.877 | 0.001 |
| 语言学习活动设计 | 学习活动的设计能够做到情境化 | 3.46 | 0.900 | 3.69 | 0.779 | 3.83 | 0.776 | 8.525 | 0.000 |
| | 学习活动有助于学生听、说、读、写能力均衡发展 | 3.50 | 0.916 | 3.74 | 0.809 | 3.91 | 0.900 | 9.481 | 0.000 |
| | 学习活动有助于学生养成在生活中观察和使用英语的习惯 | 3.34 | 0.922 | 3.53 | 0.936 | 3.68 | 0.807 | 5.937 | 0.003 |
| | 学习活动有助于培养学生的创造性和批判性思维 | 3.40 | 0.887 | 3.57 | 0.932 | 3.62 | 0.792 | 3.498 | 0.031 |
| | 学习活动有助于学生发展有效的学习策略，形成自主学习的意识与能力 | 3.39 | 0.904 | 3.72 | 0.916 | 3.65 | 0.787 | 9.560 | 0.000 |
| | 活动设计有助于学生开展合作学习 | 3.62 | 0.899 | 3.68 | 0.843 | 3.94 | 0.776 | 4.120 | 0.017 |
| | 设计的学习活动具有可操作性 | 3.33 | 0.917 | 3.57 | 0.890 | 3.38 | 0.941 | 4.223 | 0.015 |
| 外观设计 | 目录清晰，便于学生整体把握 | 3.60 | 0.891 | 3.77 | 0.869 | 3.81 | 0.839 | 3.368 | 0.035 |
| | 字距、行距、段距合适，为学生圈点、勾画、批注留有足够空间 | 3.74 | 0.886 | 3.30 | 1.091 | 3.90 | 0.819 | 16.126 | 0.000 |
| | 大小、形状便于学生携带 | 3.39 | 0.934 | 3.43 | 0.986 | 3.99 | 0.707 | 12.334 | 0.000 |
| | 价格在大多数学生可接受的范围之内 | 3.51 | 0.933 | 3.79 | 0.849 | 3.83 | 0.852 | 8.123 | 0.000 |
| 容量和难度 | 教科书的容量 | 3.84 | 0.715 | 3.84 | 0.698 | 3.45 | 0.702 | 9.377 | 0.000 |
| | 教科书内容的难度 | 3.70 | 0.707 | 3.70 | 0.731 | 3.22 | 0.670 | 13.883 | 0.000 |
| | 教科书习题的数量 | 3.38 | 0.786 | 3.35 | 0.854 | 3.00 | 0.628 | 7.009 | 0.001 |
| | 教科书习题的难度 | 3.52 | 0.739 | 3.26 | 0.772 | 2.94 | 0.609 | 23.417 | 0.000 |
| | 教科书阅读材料的长度 | 3.37 | 0.646 | 3.55 | 0.662 | 3.10 | 0.465 | 11.716 | 0.000 |
| | 教科书听力材料的长度 | 3.61 | 0.746 | 3.81 | 0.729 | 3.18 | 0.583 | 16.638 | 0.000 |
| | 教科书中的词汇量 | 3.68 | 0.723 | 3.70 | 0.687 | 3.32 | 0.562 | 7.717 | 0.000 |

续表

| 维度 | 具体项目 | 人教版 | | 北师大版 | | 译林版 | | 方差分析 | |
|---|---|---|---|---|---|---|---|---|---|
| | | 平均值 | 标准差 | 平均值 | 标准差 | 平均值 | 标准差 | $F$值 | 显著系数 |
| 与旧版教科书的比较 | 更注重学生的主动参与 | 3.58 | 0.795 | 3.83 | 0.755 | 3.78 | 0.670 | 7.224 | 0.001 |
| | 学习活动更注重帮助学生形成良好的英语学习习惯 | 3.44 | 0.815 | 3.67 | 0.845 | 3.61 | 0.695 | 5.486 | 0.004 |
| | 与以前相比，我认为现在的学生更加喜欢他们的教科书 | 3.16 | 0.910 | 3.34 | 0.910 | 3.39 | 0.816 | 3.936 | 0.020 |
| | 对实施课堂教学更有帮助 | 3.37 | 0.837 | 3.55 | 0.897 | 3.52 | 0.725 | 3.452 | 0.032 |
| | 与以前的教科书相比，我更加喜欢现在的教科书 | 3.20 | 0.968 | 3.48 | 1.004 | 3.30 | 0.944 | 4.899 | 0.008 |
| 对教学的促进作用 | 有利于教师更好地理解课程标准理念 | 3.66 | 0.772 | 3.90 | 0.751 | 3.87 | 0.694 | 7.148 | 0.001 |
| | 素材在一定程度上为教师的备课减轻了负担 | 2.98 | 1.004 | 3.30 | 1.018 | 3.31 | 0.802 | 8.914 | 0.000 |
| | 促进了教师教学方式的改进 | 3.53 | 0.806 | 3.82 | 0.762 | 3.81 | 0.821 | 10.235 | 0.000 |
| | 促进了教师的教研活动 | 3.53 | 0.791 | 3.74 | 0.866 | 3.66 | 0.845 | 4.404 | 0.012 |
| | 促进了教师自身教学能力的增强 | 3.66 | 0.815 | 3.93 | 0.768 | 3.82 | 0.851 | 7.124 | 0.001 |
| 学习评价方式 | 习题和评价方式能促进教师改进评价思路 | 3.47 | 0.873 | 3.59 | 0.888 | 3.71 | 0.799 | 3.150 | 0.043 |

本次调研涉及三个版本的教科书，但三个版本的样本量并不一样，人教版的数据量远远大于其他两个版本，所以，以上的比较分析只能为教科书的修订提供一定的参考意见，具体的比较分析今后还要进一步追踪调查。应该说，三个版本的教科书在落实实验课程标准理念方面都做得不错，但在设计和编写方面又各有所长。有的在外观设计上做得比较好（如译林版），有的在教学指导以及对教学促进方面做得比较好（如北师大版）。在容量和难度上，有的相对偏大（如北师大版和人教版），有的相对偏小（如译林版）。当然，教师个人素质和使用该教科书学生的英语水平也是影响这一调研结果的重要因素。在教师和学生整体水平较好的地区，对教科书容量和难度的认可度就会更高一些。这一结果为学生和教师提供了教科书选择的参考依据，也为教科书编者提供了修订的依

据。在教材的选择方面,将来可以考虑让教师根据自己及学生的实际情况,选择最合适的教科书版本,以便更好地发挥教科书的作用。

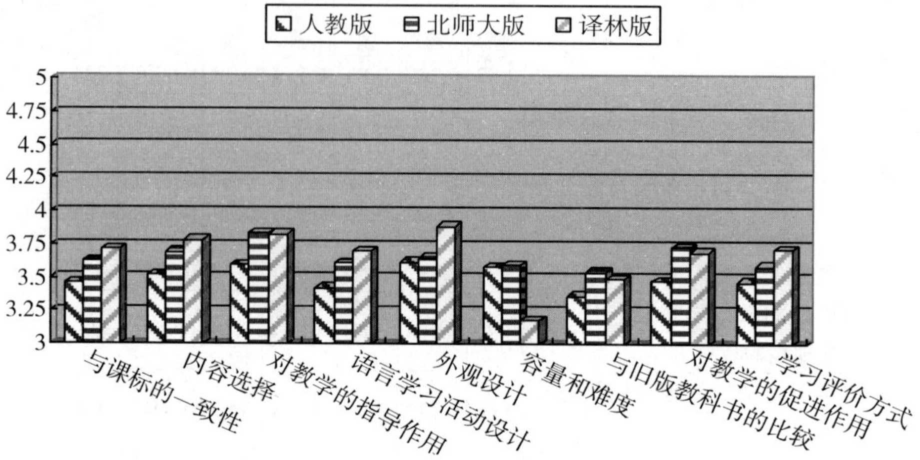


**图 4-36 教师对不同版本实验教科书整体看法平均值的比较**

值得关注的是,在本次调研中,学生和教师对不同版本教科书的看法存在很大差异。在实验教科书与课标的一致性、内容选择和语言学习活动设计等方面,参与调研的学生更认同北师大版教科书,而参与调研的教师则更肯定译林版教科书。对于产生这一结果的具体原因,也需要研究者的进一步调查分析。

## 五、小结

本章结合实验教科书的设计和使用方面,对学生卷、教师卷和教研员卷三个子问卷的数据进行了细致的分析,并依据地区、学校类别、教材版本和学生英语能力水平等因素进行了差异分析。总的来说,学生、教师、教研员对高中英语实验教科书的整体看法较为乐观(见表 4.37),对教科书“与课标的一致性”“内容选择”“外观设计”“语言学习活动设计”“对教与学的促进作用”“对教学的指导作用”及“与旧版教科书的比较”等具体维度都比较认同。

表4.37　各子问卷有关实验教科书整体看法的数据总结

| 子问卷 | 项目数量/平均值 | 与课标的一致性 | 内容选择 | 语言学习活动设计 | 外观设计 | 容量和难度 | 对教与学的促进 | 评价方式 | 对教学的指导作用 | 与旧版教科书的比较 |
|---|---|---|---|---|---|---|---|---|---|---|
| 学生卷（10359份） | 项目数量 | 2 | 9 | 5 | 5 | 7 | 9 | 2 | / | / |
| | 平均值 | 3.55 | 3.565 | 3.556 | 3.471 | 3.331 | 3.421 | 3.271 | / | / |
| 教师卷（917份） | 项目数量 | 4 | 13 | 8 | 6 | 7 | 6 | 1 | 6 | 8 |
| | 平均值 | 3.509 | 3.569 | 3.476 | 3.644 | 3.556 | 3.528 | 3.47 | 3.685 | 3.402 |
| 教研员卷（43份） | 项目数量 | 5 | 15 | 11 | 6 | 7 | 7 | 3 | 9 | 7 |
| | 平均值 | 4.023 | 3.699 | 3.659 | 3.818 | 3.465 | 3.757 | 3.562 | 3.914 | 3.674 |

具体来看，实验教科书基本反映了课程标准的理念，增加了对子活动、小组活动等鼓励学生发表自己观点的活动，有助于学生形成积极主动的学习态度，找到有效的学习方法及培养自主学习的能力。对大部分学生、教师和教研员来说，教科书的容量和难度是可以接受的。因此，教科书整体上对课堂教学起到了积极的指导作用，对学生的英语学习和教师组织教学的能力都发挥了促进作用。然而，由于很多学生、教师和教研员对课程改革中引入的多样化和过程性评价方式还比较陌生，教科书中涉及评价方式的内容还有欠缺，加上高考这一终结性评价机制的压力，参与调研的学生、教师和教研员对教科书关于学习评价方式内容的看法的平均值较低，说明教科书在这个方面还要改进。

教研员对教科书的整体评价都明显高于学生和教师（如图4-37所示），特别是对教科书“与课标的一致性”“对教学的指导作用”和“与旧版教科书的比较”等几个方面。相比之下，学生更趋于认为教科书的容量和难度适中，平均值最低；而教师卷的平均值最高，即不少教师认为教科书的容量和难度偏大。当然，学生卷、教师卷和教研员卷的数量相差很大，特别是教研员卷相对较少，因此，各子问卷的比较并不具有纯粹的统计学意义。

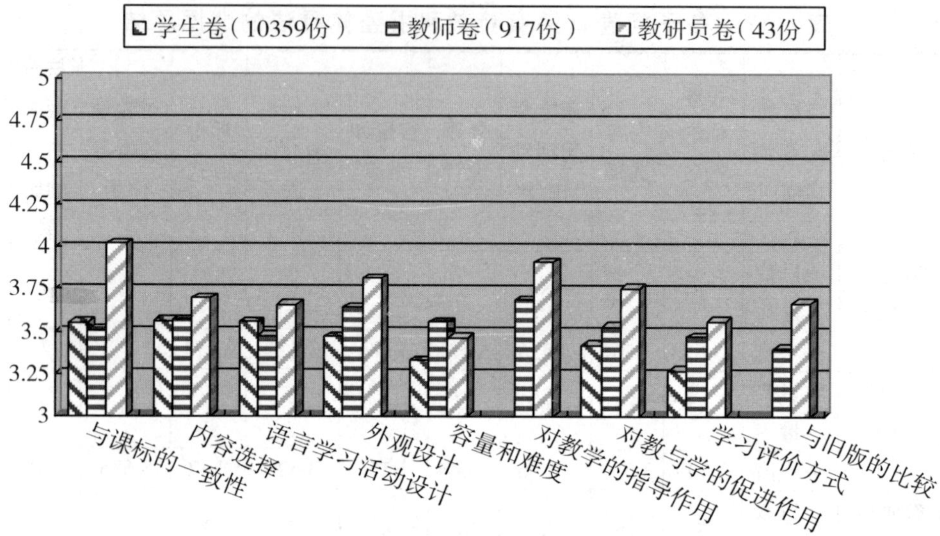


**图 4-37 各子问卷“对实验教科书的整体看法”各维度平均值的分布**

此外，由于地区行政级别、经济状况、学校类别、教科书版本及学生英语能力水平等因素的影响，学生卷和教师卷对实验教科书的整体看法都存在显著的差异。总结起来，北京地区的学生和教师对教科书整体看法的平均值最高，而云南省的学生和教师平均值最低；包括省会/直辖市及中等城市在内的城市地区及与之对应的经济发达地区的学生和教师对教科书的喜好程度高于乡镇或经济欠发达/落后地区的学生和教师；示范校的学生和教师比非示范校的学生和教师对教科书的整体评价更为乐观；学生对北师大版教科书的总体评价较好，而教师对译林版教科书的总体评价较好。由于参与本次调研的教研员人数过少，方差分析结果显示，以上这些因素对他们的整体看法都不存在显著影响。

与大纲版教科书相比，教研员更喜欢课程标准实验教科书，他们认为后者有较大的进步：更加重视体验式的语言学习过程，注重学生的主动参与，对教师的备课和实施课堂教学更有帮助，模块设计更加科学、合理。相比之下，教师则认为实验教科书与旧版教科书各有所长。他们没有明确表示更喜欢实验教科书，同时指出，实验教科书的使用并没有减轻他们的备课负担。客观地说，每次更换教科书都意味着教师要理解和实践新的教学理念和方式，所增加的备课负担可想而知，这对工作量已经饱和的高中英语教师来说实属不易。

教科书的本质属性是课堂教学的工具，合格的教科书理应对教师的教学和学生的学习发挥促进作用，保障外语课程实施的效果和质量。参与本次调研的高中学生、教师、教研员都肯定了实验教科书对教学所起的积极作用。学生认为，教科书有利于他们巩固语言知识和技能，特别是阅读能力，有利于增强他们对不同文化的理解，有利于发展英语语言综合运用能力。然而，教科书在培养学生创造性和批判性思维方面还有需要改进的空间。教师和教研员都认为，实验教科书的使用有利于教师更好地理解新的教育理念，促进教师转变原有的教学理念和教学方式，从而提高自身的语言水平和教学水平。对教研员来说，实验教科书的使用激发了教师参与教研活动的热情，促进了教研工作者的思考，提升了教研员的专业水平，也推动了地区教研质量的整体提高。

# 第五章 高中英语实验教科书使用情况及其影响因素分析

教科书作为学习的重要介质，它的实际使用情况直接决定了教科书所承载内容的实现效果。教师作为传播教科书内容最重要的媒介，他们在实际教学中是如何使用教科书的？教师是被动地接受实验教科书的内容，依然将其视为不可逾越的宝典（郭晓明，2001），还是转变为主动的课程参与者，逐渐形成了利用教科书学与教的新型教材观念（钟启泉，2007）？教师在使用实验教科书的过程中体现了什么样的风格（Apple，Christian-Smith，1991；Schmidt et al.，1987）？他们主要是遵循教科书的编排顺序，还是根据自己的想法或者教学进度安排进行调整，如删减或增加内容、整合不同版本的教科书内容？此外，他们有没有根据实际教学情境的需求对教科书内容做出个性化的判断和调整（Grant，1987；McGrath，2002）？如果有，这些决策受到了哪些因素的影响？他们有没有对学生进行教科书使用方面的指导？教科书的内容设计和编排方式对他们备课有指导作用吗？学生是教科书最重要的使用者和服务对象，在实际的学习中，他们是如何使用教科书的？他们是否对教科书中的内容进行了充分的利用和学习？他们主要是通过教科书的配套练习来巩固学习效果，还是补充了其他辅助的学习材料？影响学生和教师使用教科书的因素有哪些？各个不同地区、不同类别的学校在教科书的使用上有没有差异？

这些既是教科书研究领域内的重要话题，也是广大教师、教研员及教育管理者所密切关注的问题，因此，也是本次调研的主要内容。除了了解师生对教科书的使用情况，我们还希望能够了解影响实验教科书使用情况的因素。本章将通过分析课题组收集到的数据，来尽量回答这些问题，以便更好地了解自课程标准实施以来高中英语实验教科书在广大教学实践中的实际使用情况，以期为教科书的使用、研究和修订等议题提供一定的参考依据。

# 第一节 学生、教师、教研员对实验教科书使用情况的反馈

《普通高中英语课程标准（实验）》（教育部，2003）对教科书的使用明确提出了一些建议：教师要善于结合教学实际的需要，灵活、有创造性地使用教材，对教材的内容、编排顺序和教学方法等进行适当的取舍或调整。本次调研通过对学生、教师和教研员分别进行问卷调查，了解了课程标准实验教科书在实际教学中的使用情况，具体包括教科书的使用与调整、对学生使用教科书策略的培训以及教师最常使用的教学评价方式、教科书与教辅的作用比较、教师的备课情况等。

## 一、实验教科书的使用与调整

了解教师是如何在教学中使用教科书的，一方面可以获得针对教科书编写质量的信息，另一方面也可以得知教师使用教科书时的一般原则和常见行为。教师使用教科书的方式也会直接影响学生的学习内容和学习方式。本小节首先总述学生、教师、教研员问卷调查中反映出的教科书使用与调整的整体情况，然后具体阐述教科书编排顺序、内容调整和使用步骤等情况，并讨论增加课外练习等问题。

根据《普通高中英语课程标准（实验）》（教育部，2003），课程改革鼓励教师在实际教学中根据学生的具体情况、社会情境和自身对教科书的理解，对教科书的内容进行必要的调整。教科书的调整策略很多，例如，根据学生或情境需要对教科书内容及教学活动进行适当的补充、删减、替换、扩展及顺序调整，对教科书的使用情况进行反思、总结，并在新一轮使用中做出调整，等等。

在本次调研中，学生对教师在实践中对实验教科书的使用情况做出了反馈（见表5.1），教师基本上是按照教科书编排进度进行教学的，该项获得的平均值最高（4.03），他们“从不”或“极少”同时使用两个及两个以上版本的英语教科书（只有此项平均值低于3，其余各项均与中间

值有显著差异区别，显著系数 0.000）。由此可见，课程标准实施以来，由于时间和精力有限，教师已经基本放弃原有的大纲版教科书，目前在教学中主要使用所在地区教育行政部门分配的实验教科书，无暇顾及市场上其他版本的教科书。

**表5.1 学生卷“实验教科书的使用与调整”结果**

| 二级标题 | 具体项目 | 总数 | 平均值 | 标准差 | 与中间值3的T检验 | | | |
|---|---|---|---|---|---|---|---|---|
| | | | | | T值 | 显著性（双尾） | 95% 置信区间 | |
| | | | | | | | 低值 | 高值 |
| 实验教科书的使用与调整 | 老师基本按教科书编排进度进行教学 | 10249 | 4.03 | 0.901 | 116.097 | 0.000 | 1.02 | 1.05 |
| | 老师对教科书内容不会随意进行删减 | 10223 | 3.63 | 1.111 | 57.036 | 0.000 | 0.61 | 0.65 |
| | 老师同时使用两本以上的英语教科书 | 10167 | 2.50 | 1.355 | –37.265 | 0.000 | –0.53 | –0.47 |
| | 老师给我们补充教科书以外的练习题 | 10195 | 3.93 | 1.013 | 92.733 | 0.000 | 0.91 | 0.95 |
| | 老师给我们补充其他英语学习材料 | 10221 | 3.85 | 1.059 | 80.892 | 0.000 | 0.83 | 0.87 |

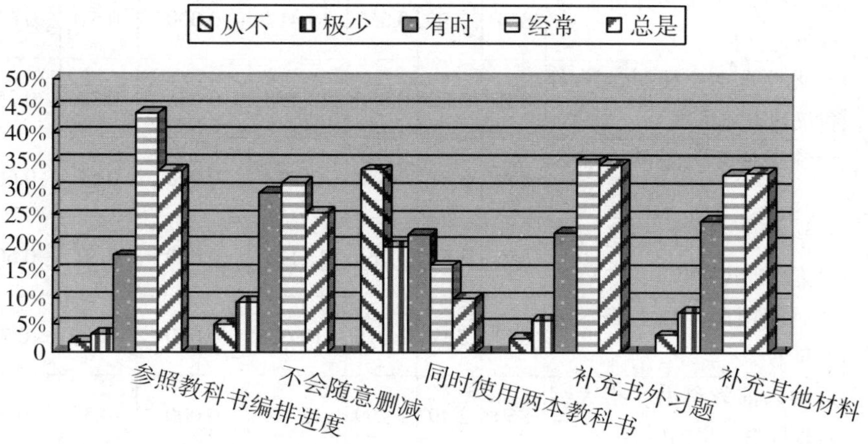


**图 5–1 学生卷“实验教科书的使用与调整”的选项分布**

关于教学中教师对教科书的具体使用情况，77.4% 的学生在调研中表示英语老师“总是”或“经常”按教科书编排进度进行教学（如图 5–1 所示），即按照教科书的模块、单元和课等整体安排进行教学，不会变更模块、单元和课之间的顺序；同时，接近 70% 的学生认为教师“总是”或“经常”补充教科书以外的练习题或者其他学习材料；学生反映，超过半数的老师不会随意删减教科书内容，他们“从不”或“极少”同时使用两本以上英语教科书。

教师问卷的调查结果也是相似的（见表 5.2），其中，教师“同时使用两个以上版本的教科书”和“选用以前教科书（指大纲版教科书）里的内容”的平均值低于中间值 3，即大部分教师从不或极少使用两个及两个以上版本的英语教科书或者选用以前教科书的内容，这与学生反映的情况基本一致。同样与学生卷反映的情况一致的是，其他选项的平均值都高于中间值 3，均有显著差异（显著系数 0.000）。

**表5.2 教师卷“实验教科书的使用与调整”的结果**

| 二级标题 | 具体项目 | 总数 | 平均值 | 标准差 | 与中间值3的T检验 | | | |
|---|---|---|---|---|---|---|---|---|
| | | | | | T值 | 显著性（双尾） | 95% 置信区间 | |
| | | | | | | | 低值 | 高值 |
| 实验教科书的使用与调整 | 在备课时使用教师用书 | 871 | 3.59 | 0.824 | 21.092 | 0.000 | 0.53 | 0.64 |
| | 教学基本按教科书进度 | 867 | 3.57 | 0.842 | 20.087 | 0.000 | 0.52 | 0.63 |
| | 采用大部分素材 | 857 | 3.70 | 0.750 | 27.429 | 0.000 | 0.65 | 0.75 |
| | 给学生补充很多课外阅读或听力材料 | 864 | 3.56 | 0.853 | 19.414 | 0.000 | 0.51 | 0.62 |
| | 语法教学主要按照教科书建议的方式进行 | 861 | 3.30 | 0.856 | 10.158 | 0.000 | 0.24 | 0.35 |
| | 给学生补充大量的语法练习 | 859 | 3.61 | 0.832 | 21.338 | 0.000 | 0.55 | 0.66 |
| | 对学生进行专门的语言学习策略训练 | 855 | 3.55 | 0.766 | 21.113 | 0.000 | 0.50 | 0.60 |
| | 同时使用两个以上版本的教科书 | 857 | 2.19 | 1.215 | –19.625 | 0.000 | –0.90 | –0.73 |
| | 选用以前教科书（指大纲版教科书）里的内容 | 860 | 2.49 | 1.109 | –13.403 | 0.000 | –0.58 | –0.43 |

将近 80% 的教师使用教学参考书（如图 5–2 所示），近 75% 的教师会参照教科书进度，超过半数的教师“总是”或“经常”采用教科书提供的大部分素材，70% 的教师“总是”或“经常”给学生补充大量语法练习，超过一半的老师补充课外阅读或听力材料，多数教师参照教科书

建议的方式进行语法教学，他们会进行语言学习策略的训练，而选用旧版教材或者同时使用两本教材的教师占少数。

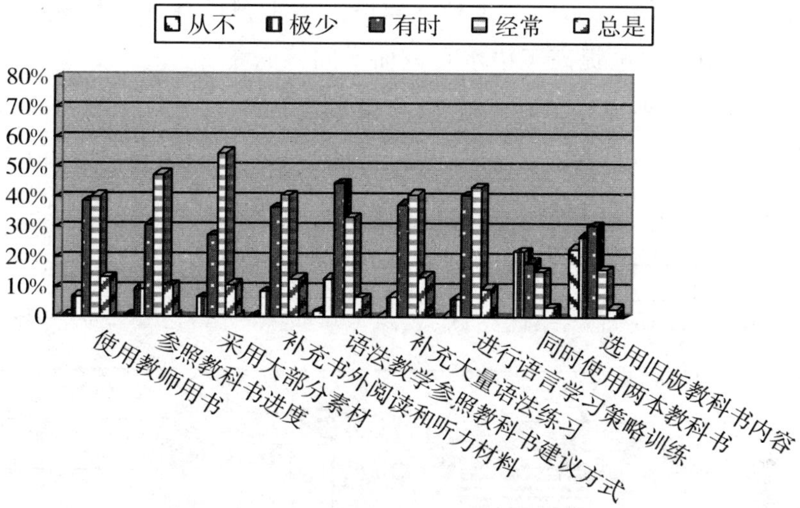


**图 5-2　教师卷“实验教科书的使用与调整”的选项分布**

实验课程标准鼓励高中英语教师根据学生的实际需求对教科书做出适当的调整，但并不提倡为了应对高考而大量增加练习题。然而，在调研中发现（如图 5-3 所示），近 31.5% 的学生指出，老师平时仅选择教科书上“少数”练习布置为作业，有 5.1% 的教师则基本不布置教科书上的作业。根据我们的观察与经验，高中英语实验教科书一般会为教师与学生在学生用书或者练习册上提供与所学课文和单元等紧密联系的学习任务和配套语言练习题。这些书中的学习任务本身就是学习过程的一部分，教师需要指导学生通过这些学习任务和练习等来完成学习目标。

教科书的配套练习主要是针对该课或者该单元的语言知识、技能的巩固和复习，或者是对学习策略、文化知识等的学习和渗透，一般是分项式逐层递进然后过渡到综合产出，采取多种形式，例如填空、完成句子、回答问题、阅读完成任务、口头讨论、小组合作完成项目等，“点、线、面”依次覆盖，且都是与所学内容的主题、话题或者能力目标紧密相关，能让学生在比较完整或者相关度较高的情境中去理解和掌握语言知识和技能。除了单元评价，这些任务与练习，如某些语法知识检测和单元测验，普遍比较适用于教师对所学内容的诊断性评价和对短期目标的成就评价，但不会与期末考试等体现中长期目标的成绩测试有题型或者内容方面的直接联系（尤其是大部分期末测试是在仿照高考形式进行检测的情况下），更不会与高考这种一般语言水平测试有直接联系，而是与积累学生知识和逐渐提高英语水平方面有间接联系。

本次调研结果显示，一些老师没有布置教科书中的练习，而是增加了课外习题和其他材料。他们有可能是认为这些练习的用处与他们理解的教学需要不符，但具体的原因还有待进一步考察。

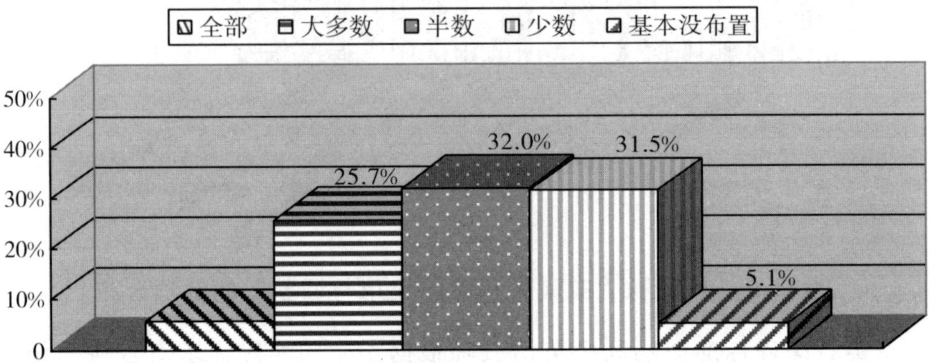


图 5-3 教师对教科书练习的布置

与此同时，学生问卷调查结果显示（如图 5-4 所示），40% 的学生做了“非常多”或“比较多”的课外练习，另有 40.1% 的学生指出，老师会补充“一些”课外练习。

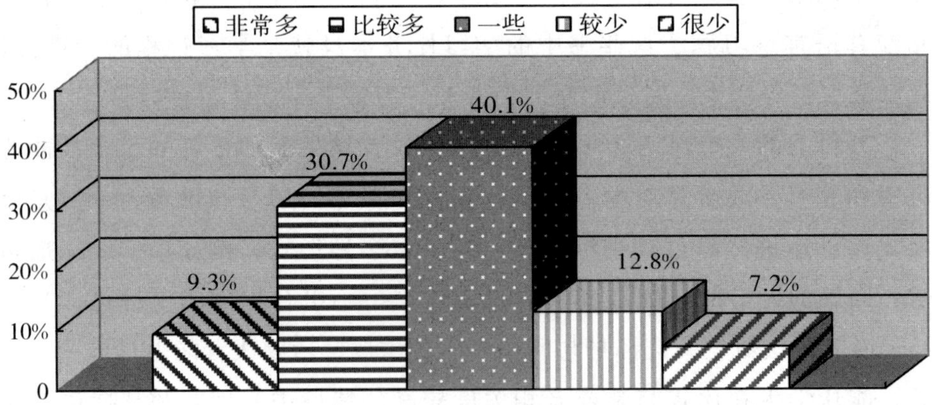


图 5-4 教师对课外练习的布置

学生与教师问卷调查结果均反映，教师根据其具体教学情境需要补充了较多的练习题和其他材料。这种做法在课程改革及素质教育中并不提倡，因为会增加学生的负担。但是这种做法为什么还会普遍存在？为什么教师们不太敢“动教材”，却增加许多教辅材料？是由于教师自身素质和理解因素，还是教科书内容本身不能满足需求，抑或是学生间的差异太大？这些问题还值得深究，教师对教科书使用与调整中的创造性和适切性仍值得普遍关注。教师问卷的部分开放式问题，能给我们提供更多的具体情况，从侧面给出了部分答案。

教师问卷调查结果显示（如图 5-5 所示），大部分教师（77.7%）调整过教科书内容的顺序。这里的内容顺序主要指一个单元内部的课与课之间的顺序，或者一课内的学习任务或活动的顺序。很多教师提到，调整教科书内容顺序的依据是学生“实际的学习情况和接受能力”和“认知水平”。这种内容使用顺序上的调整体现了教师能够依据具体教学情境进行教学，从实际情况和学生能力出发，不照本宣科，有以学生为中心的意识，体现出较强的自主能力和较大的自由度。

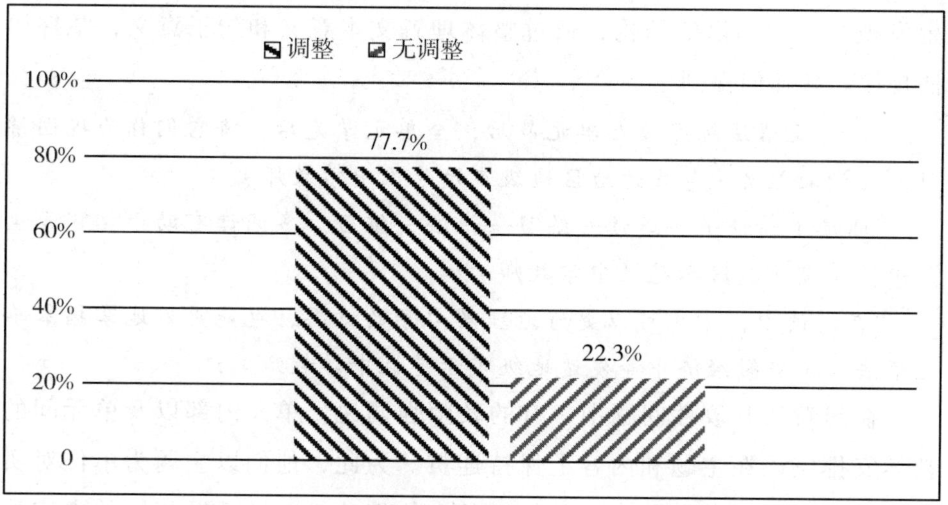


图 5-5　教师对教科书内容顺序的调整情况

教师对教科书内容的调整大致包括三种类型，第一种类型就是上文说到的调整教科书内容的使用顺序。例如，很多教师会先处理一个单元或一课内的语言形式（如语法和词汇），后处理语言意义（如阅读和综合学习任务）。也就是说，他们会把语言知识的内容放在阅读任务之前处理，如领读单词表、单词填空、完成句子等，然后再考虑如何激发学生的阅读理解兴趣，如通过提问引出话题等。他们认为，先处理语法项目，可以为文章阅读做好铺垫和准备，以便学生更好地理解文章。下面是从开放性问题中摘录的一些内容：

"词汇练习部分放到阅读材料前，先解决好词汇问题，学生才能有效阅读。"（浙江经济中等发达地区示范性中学教师）

"有时先讲一单元的语法知识，以便学生理解全单元的句子及句型。"（河南中等发达地区省级示范性中学教师）

"语言学习（词汇教学）—阅读。先词汇教学，再上课文。"（湖北欠发达地级市示范性中学教师）

"先讲定语从句，再阅读。学生对定语从句的理解几乎为零，影响对文章的理解。"（甘肃中等发达地级市示范性中学教师）

也有的教师会先处理语言意义，后处理语言形式。他们更倾向于先完成阅读和综合任务，再聚焦于语法和词汇的学习任务。还有一些教师把语言知识融入文本意义的处理中。他们认为，先阅读文章，可以让学生发现文章中的语法结构，通过整体理解文本意义和句子意义，掌握语法规律。教师们提到：

"词汇及语法练习放在单元最后，全单元学完后，将它们作为巩固练习。"（湖北经济中等发达地区地级市示范性中学教师）

"阅读（精读）—泛读—练习—语法—练习。多阅读有助于拓宽学生知识。"（湖北武汉示范性中学教师）

"在阅读中，学生可以更好地理解句子的意思，也能更好地掌握本单元语法。"（安徽经济中等发达地级市示范性中学教师）

在问卷的开放性问题中，有的教师强调说，单元内部以及单元间的教学安排应该在主题和内容上保持连贯。为此，他们以主题为单位对实验教科书的内容做较大的合并和调整。他们认为，把话题相同的内容放在一起讲，可以实现内容上的联系和意义上的过渡，使教学具有内部连贯性：

"有时会把 Warming up 和后面的听力或者 Using language 的内容整合到一起。主要是根据内容的安排来决定。把有联系的内容，如口语和听力，甚至写作放在一起训练。这样做是想让阅读课保持完整。"（浙江

经济中等发达地区示范性中学教师）

“听说课放在阅读课之前，便于故事保持连贯，学生容易理解。”（浙江经济中等发达地区示范性中学教师）

“Warming up，Pre-reading 和 Reading 教材内容有连贯性。”（河南中等发达地区地级市示范性中学教师）

“听力有时用来做引导，引发学生对某个话题的兴趣。”（湖北中等发达地区地级市示范性中学教师）

“教材整合、听力综合选择其一，使单元相对完整，突出系统性和整体性。”（甘肃经济发达地区地级市示范性中学教师）

“把写作直接安排在阅读后，增加活动的连贯性。”（北京市示范性中学教师）

第二种类型的调整是增加内容。教师们在教学中增加了很多实验教科书以外的内容材料，主要是系统的语法讲解和总结，包括对某个语法项目的集中讲解、对词汇和语法的复习、对几个板块语法统一的精讲，等等。他们认为，这样可以保证学生掌握语法的系统性、完整性和连续性，有利于提高学生的高考成绩：

“将一单元的语法与前一单元的语法一并讲解和练习。保证语法讲解和练习的整体性和连贯性，便于练习讲解。”（安徽经济中等发达地区地级市示范性中学教师）

“语法讲解更系统、更有条理、更符合学生的学习规律。”（安徽经济中等发达地区地级市示范性中学教师）

第三类调整指教师对教科书内容的删减，但从数据体现的频率看，教师对教科书内容的增加远远多于删减。他们提到，由于课时紧张和学生的能力有限，“让学生讨论无意义，没时间”，有些内容只能删掉：

“有时删减部分内容。内容难度大，不适合学生使用。”（河南中等发达地级市示范性中学教师）

“删减或调整，难度太大。”（湖北中等发达地区示范性中学教师）

“听力合并或减少，语法部分删减。”（湖北武汉示范性中学教师）

“省去 Warming up 的内容。依据课时量决定，因为内容多，有时上不完。”（甘肃省会城市示范性中学教师）

以上教师对教科书内容顺序的调整和内容增删与他们的教学理念及

教学需要有着密切的联系。教师对教科书的使用体现出一定的灵活性和自由度，这能弥补整个地区统一使用同一教材的一些局限性。

教师对教科书的使用和内容处理与他们的教学有直接联系，而教研员除了指导教师在课堂教学中使用和处理教材，还会涉及指导他们在评价和测试中使用或利用教科书等。教研员问卷统计结果显示（见表 5.3），该部分平均值为 4.027，明显高于中间值 3，且有显著差异。

**表5.3　教研员对实验教科书使用教研指导的结果**

| 二级标题 | 平均值 | 具体项目 | 总数 | 平均值 | 标准差 | 与中间值3的T检验 | | | |
|---|---|---|---|---|---|---|---|---|---|
| | | | | | | T值 | 显著性（双尾） | 95%置信区间 | |
| | | | | | | | | 低值 | 高值 |
| 教研指导 | 4.027 | 我指导教师在备课时合理利用教科书 | 43 | 4.09 | 0.648 | 11.063 | 0.000 | 0.89 | 1.29 |
| | | 我指导教师正确使用教科书中的课外语言实践活动资源 | 42 | 3.88 | 0.739 | 7.723 | 0.000 | 0.65 | 1.11 |
| | | 我指导教师深入研读和挖掘英语教科书 | 43 | 4.12 | 0.731 | 10.019 | 0.000 | 0.89 | 1.34 |
| | | 我在命制所在地区统一考试题时会参考教科书中的内容 | 43 | 4.21 | 0.888 | 8.930 | 0.000 | 0.94 | 1.48 |
| | | 我指导教师做科研 | 43 | 3.84 | 0.688 | 7.984 | 0.000 | 0.63 | 1.05 |

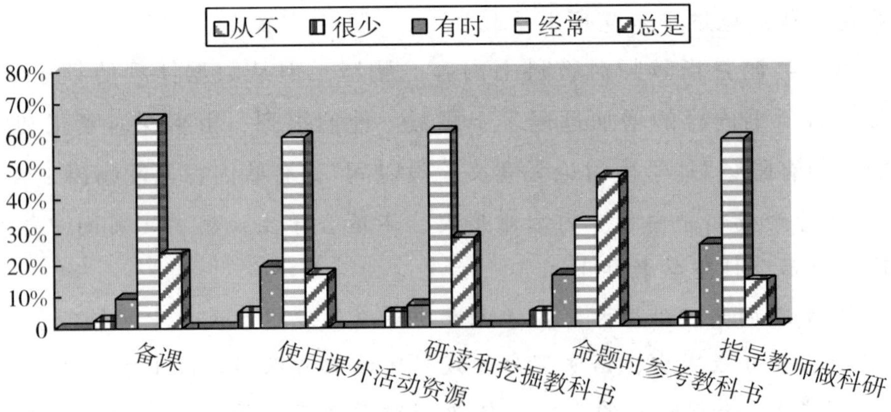


**图 5-6　教研员对实验教科书使用教研指导的选项分布**

绝大多数教研员选择了“经常”或“总是”的选项（如图 5-6 所示）。

超过 80% 的教研员“经常”或“总是”在命制所在地区统一考试题时会参考教科书的内容。他们“经常”指导教师在备课时合理利用教科书，深入研读和挖掘英语教科书。

总体来看，高中英语教师是围绕教科书来组织教学的。这从教科书使用的角度印证了第四章提到的教科书总体评价的结果，从侧面反映出教师在实践中对实验教科书持比较肯定的态度。然而数据也显示，除使用教科书外，接近 70% 的教师“总是”或“经常”补充教科书以外的练习题或其他学习材料。这个问题特别需要引起注意，因为在很多教师和学生都反映教科书容量偏大的情况下，教师却补充了很多教材以外的练习题或其他学习材料，于是，教科书本身的内容和练习题是否得到有效学习和使用，就成了一个问题。

## 二、对学生使用实验教科书策略的训练

教科书是教学的重要资源，开发和利用好教科书不论对促进学生学习还是对提高教学质量都非常重要。那么，学生在使用教科书方面有没有什么策略呢？教师有没有对学生进行这方面的训练呢？学生卷统计结果显示（见表 5.4），实验教科书使用策略训练部分的平均值为 3.743，明显高于中间值 3。

表5.4　学生卷对实验教科书使用策略训练的结果

| 二级标题 | 平均值 | 具体项目 | 总数 | 平均值 | 标准差 | 与中间值3的T检验 | | | |
|---|---|---|---|---|---|---|---|---|---|
| | | | | | | T值 | 显著性（双尾） | 95% 置信区间 | |
| | | | | | | | | 低值 | 高值 |
| 实验教科书使用策略的训练 | 3.743 | 老师要求在课前预习教科书 | 10197 | 3.87 | 1.083 | 80.844 | 0.000 | 0.85 | 0.89 |
| | | 老师教过阅读与使用英语教科书的方法 | 10190 | 3.59 | 1.149 | 51.613 | 0.000 | 0.57 | 0.61 |
| | | 课上让我们参与讨论 | 10260 | 3.64 | 1.098 | 59.386 | 0.000 | 0.62 | 0.67 |
| | | 老师要求课后仔细阅读课文 | 10243 | 3.88 | 1.008 | 88.152 | 0.000 | 0.86 | 0.90 |

大部分学生称，教师“总是”或“经常”指导教科书的使用策略（如图 5-7 所示），要求学生课前预习、课后仔细阅读课文，在课上让学生参

与讨论，指导学生阅读和使用教科书的方法。

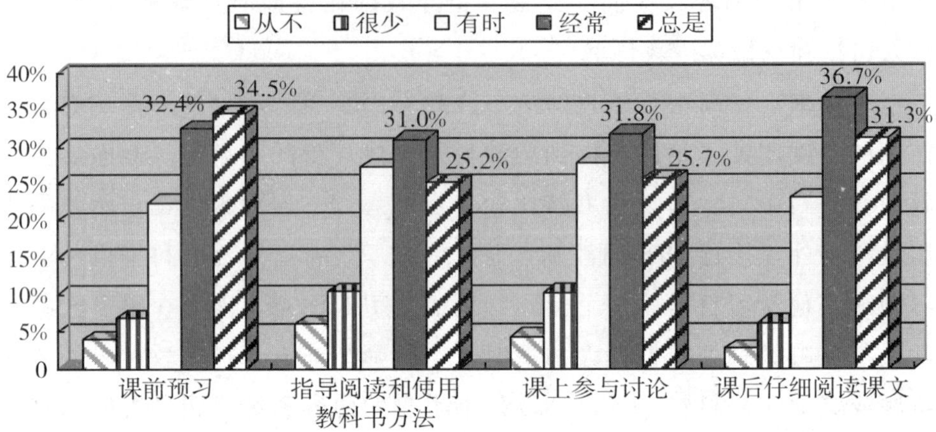


图 5-7 学生卷对实验教科书使用策略训练的选项分布

教师问卷统计结果显示(见表 5.5),该部分各项均明显高于中间值 3。其中,“要求学生课前预习教科书”和“让学生课后仔细阅读教科书中的内容”两项的平均值分别是 3.79 和 3.84，与学生卷这两项的平均值（分别是 3.87 和 3.88）接近。“指导学生使用教科书的方法”一项的平均值（3.75）则略高于学生卷的结果（3.59）。

表5.5 教师卷对实验教科书使用策略训练的结果

| 二级标题 | 具体项目 | 总数 | 平均值 | 标准差 | 与中间值3的T检验 | | | |
|---|---|---|---|---|---|---|---|---|
| | | | | | T值 | 显著性（双尾） | 95% 置信区间 低值 | 95% 置信区间 高值 |
| 实验教科书使用策略训练 | 要求学生课前预习教科书 | 866 | 3.79 | 0.970 | 23.964 | 0.000 | 0.73 | 0.85 |
| | 指导学生使用教科书的方法 | 865 | 3.75 | 0.825 | 26.695 | 0.000 | 0.69 | 0.80 |
| | 让学生课后仔细阅读教科书中的内容 | 864 | 3.84 | 0.818 | 30.367 | 0.000 | 0.79 | 0.90 |

绝大部分教师“总是”或“经常”要求学生课前预习、课后仔细阅读课文，并指导教科书的使用方法（如图 5-8 所示）。

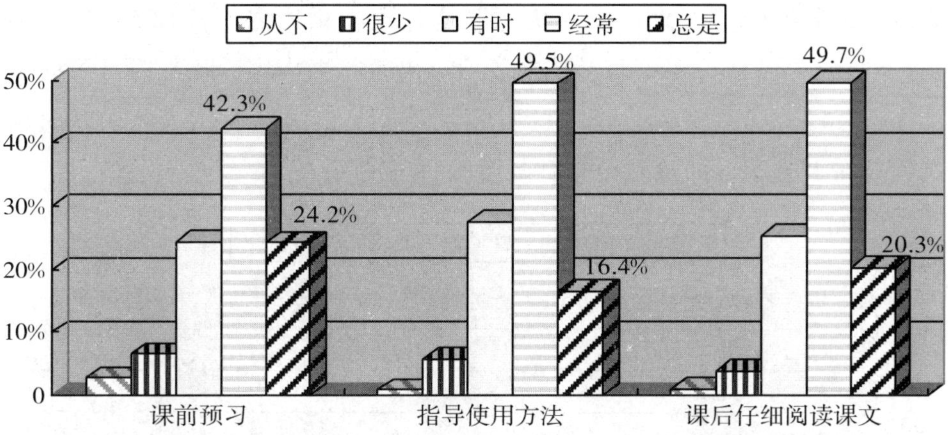


**图 5-8　教师卷对实验教科书使用策略训练的选项分布**

尽管大部分教师注重对教科书使用策略的指导和训练，但在调查中也发现，学生对教科书使用策略的掌握情况还不乐观。一方面（如图 5-9 所示），45.5% 的学生认为课前预习的作用很大或较大，39.1% 的学生认为课前预习作用一般，另有 15.4% 的学生认为课前预习的作用不大或基本没有作用。然而，这与学生的实际预习情况并不相符，78.8% 的学生课前预习的时间不超过半小时，预习时间不超过 1 小时的学生比重则占到 96.4%。

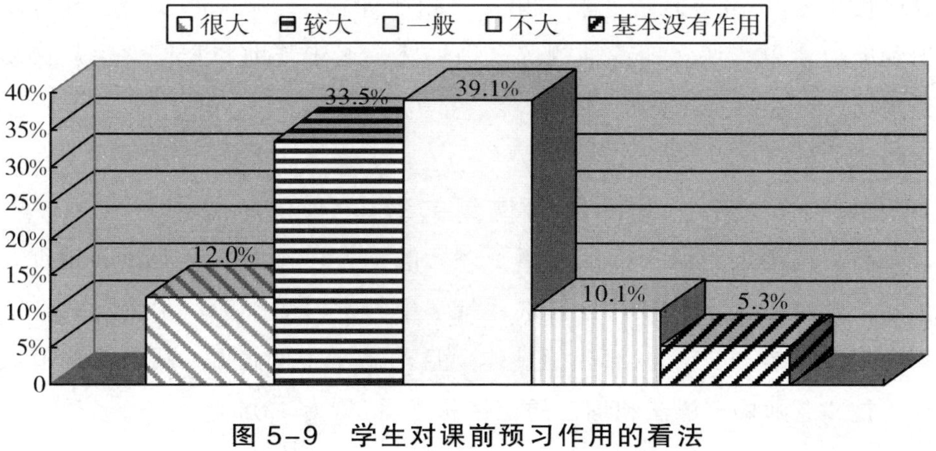


**图 5-9　学生对课前预习作用的看法**

另一方面，学生对教科书内容的复习情况也不太理想（如图 5-10 所示），“总是”或“经常”在课后复习所学内容的学生仅占 22.3%；21.6% 的学生“总是”或“经常”在学习教科书的基础上总结和梳理所学重点，

32.8% 的学生则“很少”或“从不”这样做。相比之下，42.5% 的学生“总是”或“经常”在单元考试前复习英语教科书内容，比平时复习的学生多出 20%。这就说明，学生的复习主要还是以通过考试为目的，而没有养成在平时学习的过程中自觉复习教科书的习惯。

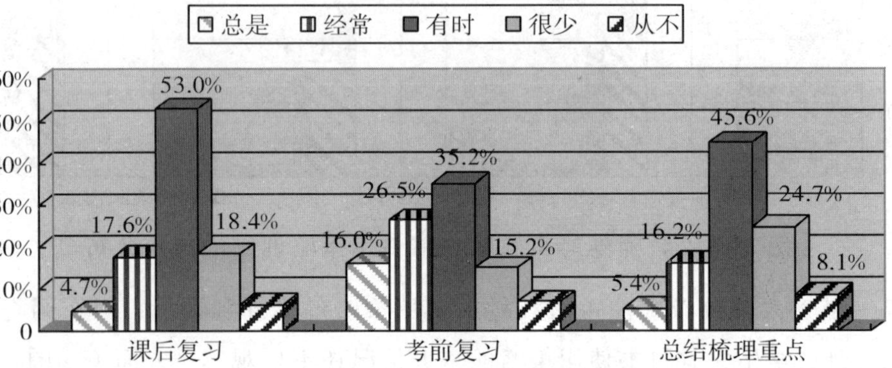


图 5-10 学生复习教科书内容的情况

由此可见，学生主动、自觉使用教科书的策略意识还很薄弱，他们主要还是被动地接受教科书提供的知识。数据表明，68.9% 的学生“很少”或“从不”质疑教科书的内容。在指导学生有效复习教科书内容方面，教师除了可以利用教科书中类似于 Round-up 的版块进行课内复习，还可以通过完成 Project 任务、填写单元自我评价表、绘制知识图谱、整理知识和能力清单、课文朗读抽测等多种形式，逐步帮助和督促学生从被动到主动，更好地复习教科书的内容。

## 三、教师经常使用的教学评价方式

高中英语实验课程标准介绍了多元的学习评价方式，但教师是否在实际教学中尝试运用多种方式来评价学生的学习效果呢？学生卷统计结果显示（见表 5.6），该部分的具体项目均高于中间值 3。其中平均值最高的是“老师检测语法和词汇的记忆和背诵”（为 4.05）。

表5.6　学生卷对实验教科书评价方式的使用情况结果

| 二级标题 | 具体项目 | 总数 | 平均值 | 标准差 | 与中间值3的T检验 | | | |
|---|---|---|---|---|---|---|---|---|
| | | | | | T值 | 显著性（双尾） | 95% 置信区间 低值 | 95% 置信区间 高值 |
| 学习效果评价 | 老师检测语法和词汇的记忆和背诵 | 10182 | 4.05 | 1.001 | 105.438 | 0.000 | 1.03 | 1.07 |
| | 老师采用教科书中的检测方式检验我们的学习效果（如Check your progress，Unit reflection，Test yourself等） | 10234 | 3.42 | 1.165 | 36.617 | 0.000 | 0.40 | 0.44 |
| | 老师采用多种不同的方式检验我们的学习效果（如考试、测验、自评、学生互评等） | 10243 | 3.77 | 1.114 | 70.305 | 0.000 | 0.75 | 0.80 |

73.0% 的学生指出，英语老师“经常”或“总是”检测语法、词汇的记忆和背诵（如图 5-11 所示），也有大约半数的老师“经常”或“总是”采用教科书中的检测方式检验学习效果，或采用多种评价方式。高中英语教师开始尝试使用检测记忆、背诵以外的评价方式，这是教师评价方式转变的表现。但很多教师还是非常注重语法和词汇的记忆，反映了成绩在高中英语教学中的重要性。

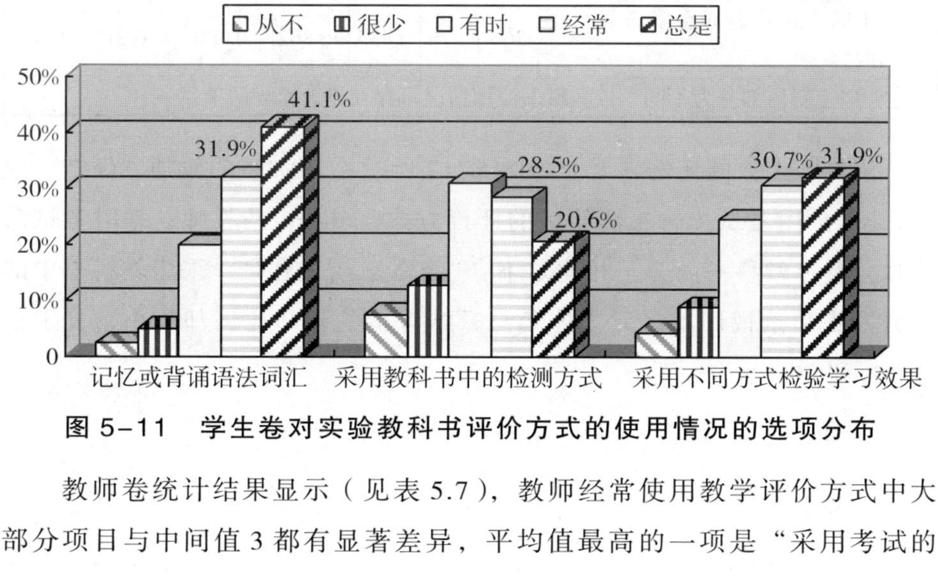


图 5-11　学生卷对实验教科书评价方式的使用情况的选项分布

教师卷统计结果显示（见表 5.7），教师经常使用教学评价方式中大部分项目与中间值 3 都有显著差异，平均值最高的一项是“采用考试的方式（含小测验）评价学生的学习效果”（为3.81）。平均值最低的一项是“采用教科书建议的方式对学生进行评价”（为3.03），学生问卷调查结果中此项的平均值（为3.42）也是最低的，但高于教师卷的结果。与此相关的“重视调动多元主体参与教学评价（如自评、同伴评、教师评、家长评等）”的平均值也只有3.19。

**表5.7　教师卷实验教科书评价方式的使用情况结果**

| 二级标题 | 具体项目 | 总数 | 平均值 | 标准差 | 与中间值3的T检验 | | | |
|---|---|---|---|---|---|---|---|---|
| | | | | | T值 | 显著性（双尾） | 95% 置信区间 | |
| | | | | | | | 低值 | 高值 |
| 学习效果评价 | *采用教科书建议的方式对学生进行评价（如Check your progress，Unit reflection，Test yourself等）* | *867* | *3.03* | *0.913* | *0.968* | *0.334* | *-0.03* | *0.09* |
| | 重视调动多元主体参与教学评价（如自评、同伴评、教师评、家长评等） | 868 | 3.19 | 0.955 | 5.968 | 0.000 | 0.13 | 0.26 |
| | 采用多种评价方式对学生的学习情况进行评价（如课堂观察、课堂测验、自测、笔试、口试等） | 862 | 3.63 | 0.885 | 21.059 | 0.000 | 0.58 | 0.69 |
| | 采用考试的方式（含小测验）评价学生的学习效果 | 862 | 3.81 | 0.764 | 31.304 | 0.000 | 0.76 | 0.87 |
| | 平时考试命题时会参考教科书内容 | 866 | 3.76 | 0.835 | 26.862 | 0.000 | 0.71 | 0.82 |
| 备注：以上斜体部分为不同学校教科书使用情况不存在显著差异的项目 | | | | | | | | |

从教师人数的比例来看（如图5-12所示），70.3%的教师“经常”或“总是”采用考试（含小测验）的评价方式，66.9%的教师在平时考试命题时会参考教科书内容。相比之下，“经常”或“总是”采用教科书中的检测方式和重视调动多元主体参与教学评价的教师比例却较小，分别占30.1%和36.5%。

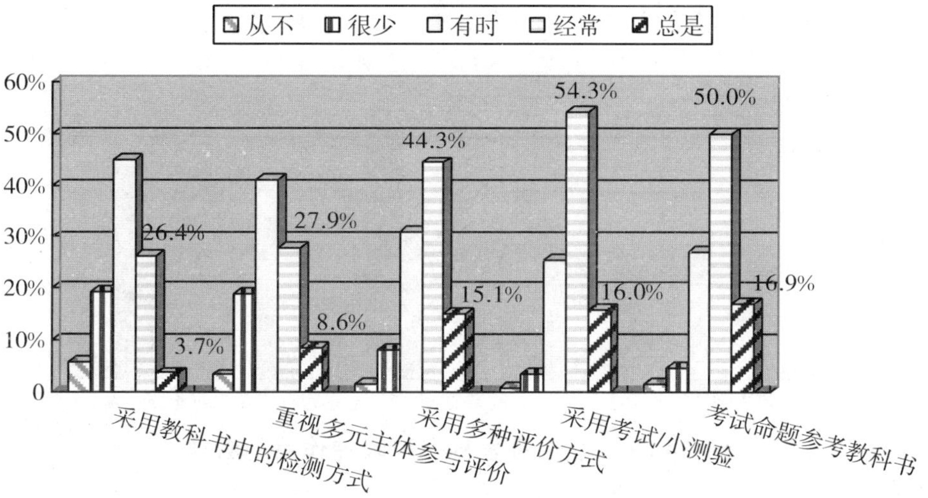


图 5-12 教师卷实验教科书评价方式的使用情况的选项分布

由此可见，教师卷和学生卷反映出相似的结果：高中英语教师在很大程度上依然看重以传统考试的方式检测学生的学习效果。课程改革中大力倡导的多元评价方式还没有得到教师足够的重视，实验教科书中可供参考的多元评价方式也未得到切实的利用。

## 四、教科书与教辅的作用比较

长期以来，高考是我国高中英语教学的指挥棒。所以，很多师生在完成教科书任务的同时，还大量增加教学辅助材料，“教辅”成为教科书以外非常重要的教学材料。关于教科书与教辅对英语学习的促进作用（如图 5-13 所示），44.7% 的学生认为，教辅材料对英语学习帮助更大，37.5% 的学生认为两者作用差不多，仅有 17.8% 的学生认为教科书的帮助更大。这就说明，增加教辅材料的传统已经被学生接受和认可。

学生们认为，教科书与教辅材料相比较（见表 5.8），教科书的内容更丰富、有趣，注重语言基本技能，有利于提高单词量和阅读速度，有利于培养英语学习兴趣。教辅材料则更注重对语法知识点的归纳总结与讲解注释，内容更加丰富、完善，有的还汇总以往的高考试题，对考试的作用很大，能够很好地与教科书互补。对高中学生来讲，英语教科书和教辅材料在学习中发挥着不同的功能，二者相辅相成。

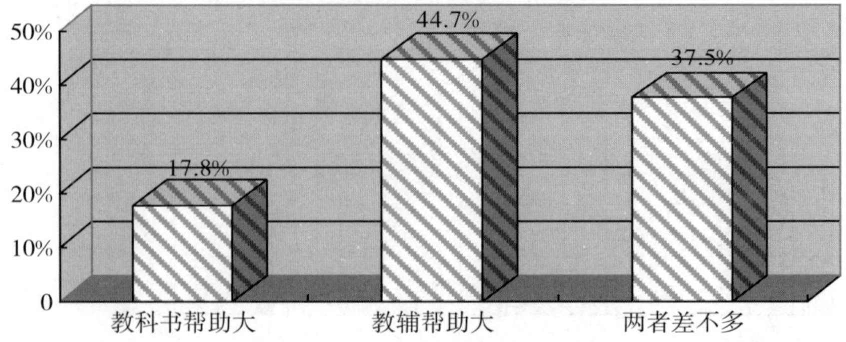


图 5-13 学生对教科书和教辅作用的看法

表5.8 学生对教科书和教辅作用的理解

| 教科书 | 教辅材料 |
| --- | --- |
| （1）教科书注重学生语言技能和学习兴趣的培养 | （1）教辅注重语言知识的学习和学生应试的需要 |
| （2）教科书注重语言的自然习得过程，强调对语言自下而上、归纳的学习 | （2）教辅注重语言的主动学习过程，强调对语言的自上而下、分析的学习 |
| 备注：本表结果基于对问卷第63题“你认为，英语教科书与英语教辅材料相比，哪个对你学习英语的帮助更大？……请简单解释原因。”的分析 | |

由此看来，学生能够较好地辨别教科书和教辅材料的不同功能。然而，学生倾向于忽略学习兴趣和知识积累等对英语学习的作用，而只是简单地把考试成绩与学习效果挂钩。

## 五、教师的备课情况

教师在备课时对实验教科书及其配套资源的理解和使用，在一定程度上会影响教科书的使用效果。调研发现（如图 5-14 所示），42.6% 的教师在备课时精细阅读教科书的全部内容，54.2% 的教师则是有选择地精细阅读。大部分教师重视教科书在备课过程中的重要作用，会在上课前做好基本的阅读准备。

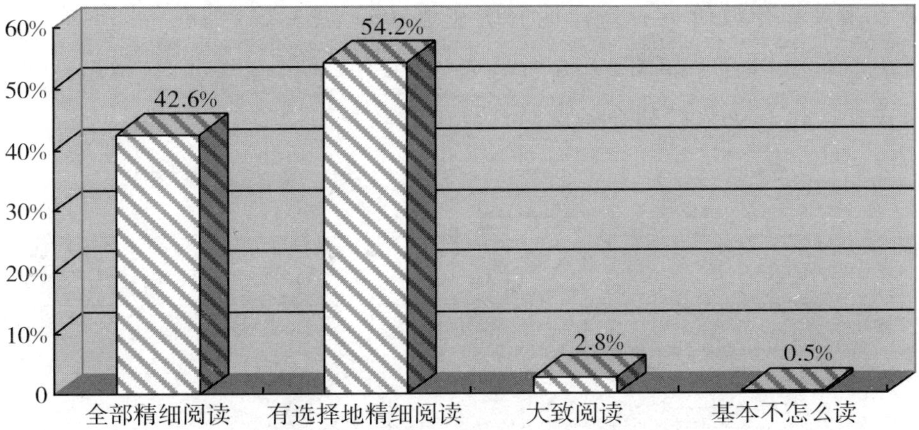


**图 5-14　教师备课时阅读实验教科书的方式**

除了教科书，教师在备课时还会参考其他资料（如图 5-15 所示），选择配套教参、练习辅导书及网络资源的教师人数较多，其次是选择参考优秀教案集和同校其他老师教案的人数。

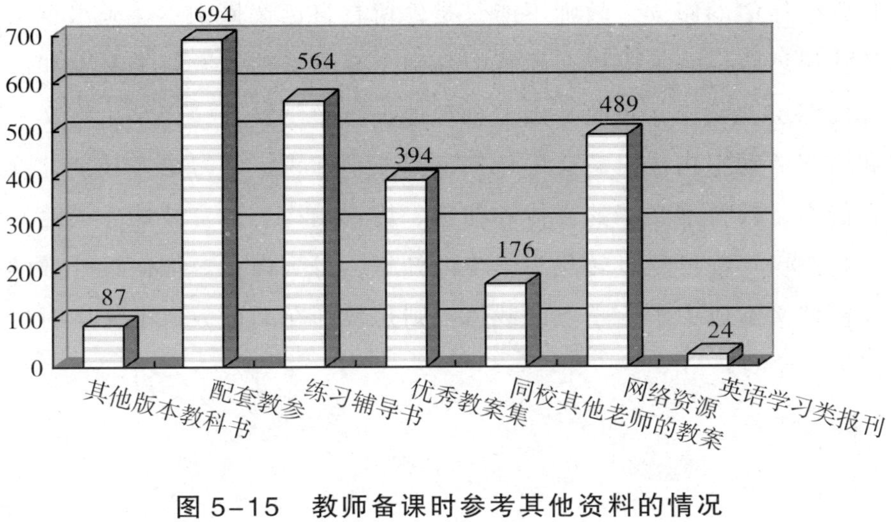


**图 5-15　教师备课时参考其他资料的情况**

此外，教师备一节新课所花的时间从 0.5 小时到 12 小时不等，备课时间在 2 小时、3 小时和 1 小时左右的教师人数较多，分别占 45.1%、22.3% 和 20%。如果备课时间不是特别充裕，教师能够进行教科书精细阅读的时间也会相应减少，备课质量也难免受到影响。

教师对实验教科书的研读和领悟，直接影响着教科书的实际使用效果。在大部分教研员看来，他们所在地区的大多数教师在备课时会认真研读教科书内容（如图 5-16 所示），但也有 18.6% 的教研员指出，他们所在地区仅有少数教师在备课时认真研读教科书。

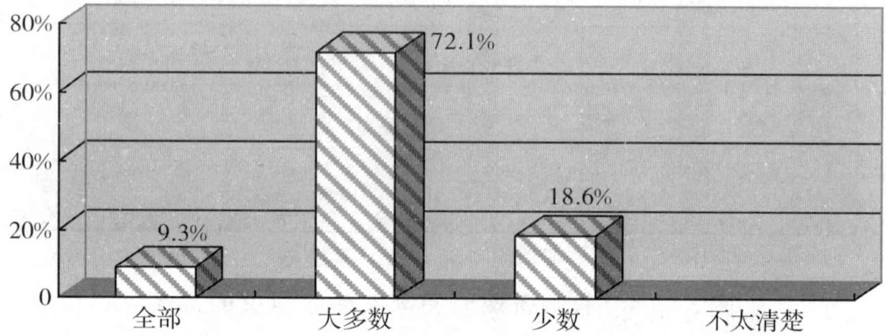


**图 5-16 教研员所在地区教师备课时认真阅读实验教科书的情况**

总的来看，大部分教师在备课时能够认真阅读教科书内容，并在此基础上参考其他资源进行教学设计。但是，教学中的文本阅读有别于一般日常生活中的阅读，教师不能只是停留在自己读懂文本、画出重点词句的浅层理解，而是应该在理解的基础上充分去挖掘教科书文本和活动设计的深层含义，并在此基础上合理地进行教学设计，让学生在文本理解和语言活动中构建对意义的认知，形成新知识，学习语言技能、发展综合能力。教科书文本的文体和体裁、篇章结构、语言技能、词汇知识和文化意识等都要尽量转化为学生的知识，得到内化。如何设计教学活动才能使文本成为学生学习的载体，则是教师在阅读教科书文本时更应该仔细考虑的。

# 第二节　影响实验教科书使用的因素分析

自 2004 年以来，高中英语课程标准实验教科书已经陆续在全国很多地区投入使用，各级教育行政部门开展了针对课程改革和实验教科书使用的专题培训，旨在促进教师深入了解课程标准及教科书提倡的教学理念，增强教师的教学能力，保障课程改革的实施效果，使实验教科书能更好地发挥作用。

然而，上一节列出的数据说明教科书的实际使用情况并不是很理想，还存在很多需要改进的地方。那么，实验教科书的实际使用效果到底受到哪些因素的影响？以下将从课程标准的实施与培训，教师自身因素和课时、评价及硬件条件等客观因素三个方面，呈现本次调研中征集的教师和教研员对影响教科书使用因素的看法。

## 一、课程标准的实施与培训

教师问卷统计结果显示（见表 5.9），“课程标准的实施与培训”获得的平均值为 3.546，具体项目平均值皆高于中间值 3，且有显著差异。绝大部分教师肯定了课程标准的实施及相关培训对实验教科书使用的积极作用（如图 5–17 所示）。他们认为，课标的相关培训和地区开展的教研活动都对实验教科书的使用效果发挥了积极的作用（平均值分别为 3.63 和 3.62）。教师同时认为，目前课程及教材培训的数量和形式还不能完全满足教师使用教科书的实际需求（平均值仅有 3.35），需要进一步改善。可以增加培训的数量，丰富培训的形式。

表5.9 教师对“课程标准的实施与培训”影响实验教科书使用的看法

| 二级标题 | 平均值 | 具体项目 | 总数 | 平均值 | 标准差 | 与中间值3的T检验 | | | |
|---|---|---|---|---|---|---|---|---|---|
| | | | | | | T值 | 显著性（双尾） | 95% 置信区间 | |
| | | | | | | | | 低值 | 高值 |
| 课程标准的实施与培训 | 3.546 | 课标培训提高了教师对实验教科书使用的效果 | 876 | 3.63 | 0.853 | 21.971 | 0.000 | 0.58 | 0.69 |
| | | 目前课标及教科书培训的数量和形式能够满足教师使用教科书的需要 | 874 | 3.35 | 0.889 | 11.600 | 0.000 | 0.29 | 0.41 |
| | | 随着课标的实施，教师对教科书的理解和使用更加到位 | 870 | 3.59 | 0.793 | 21.885 | 0.000 | 0.54 | 0.64 |
| | | 地区开展的教研活动对教师使用教科书发挥了积极作用 | 871 | 3.62 | 0.855 | 21.370 | 0.000 | 0.56 | 0.68 |

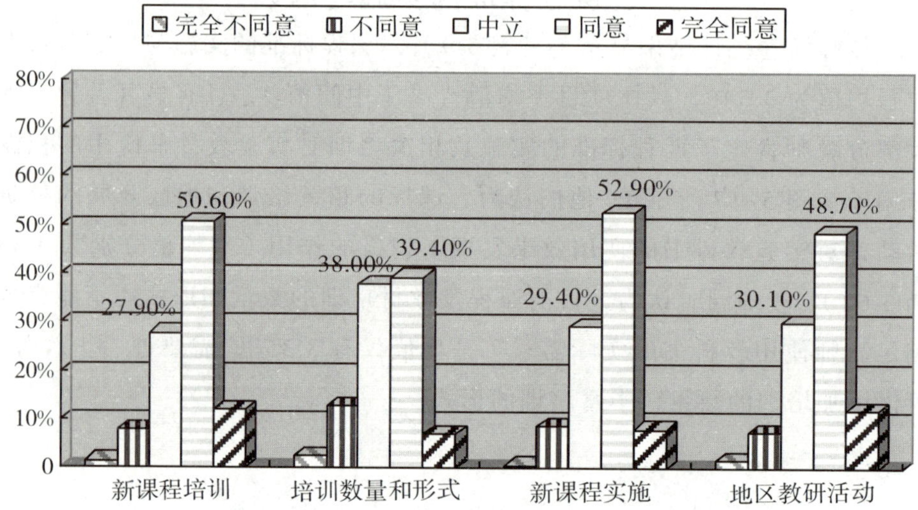


图 5-17 教师卷“课程标准的实施与培训”影响实验教科书使用的选项分布

影响教科书使用因素的总体情况也可以通过教研员的问卷结果来反映出来。教研员卷统计结果显示（见表 5.10），“课程标准的实施与培训”部分的平均值为 4.017。除“课标及教材培训数量、形式能满足教师使用教科书的需要”外，本部分的其他项目平均值均超过了 4，明显与中间值 3 有显著差异。教研员认为地区开展的教研活动（平均值 4.33）和课程标准的相关培训（平均值 4.12）对教科书的使用有积极作用（如图 5–18 所示）。随着课程标准的实施，教师对实验教科书的理解和使用更加到位（平均值 4.05），但目前培训的数量和形式还没有完全满足教师的实际需求，该项平均值最低（为 3.58）。

表5.10 教研员对“课程标准的实施与培训”影响实验教科书使用的看法

| 二级标题 | 平均值 | 具体项目 | 总数 | 平均值 | 标准差 | 与中间值3的T检验 | | | |
|---|---|---|---|---|---|---|---|---|---|
| | | | | | | T值 | 显著性（双尾） | 95% 置信区间 低值 | 95% 置信区间 高值 |
| 课程标准的实施与培训 | 4.017 | 课标培训提高了教师对教科书使用的效果 | 43 | 4.12 | 0.662 | 11.054 | 0.000 | 0.91 | 1.32 |
| | | 课标及教材培训数量、形式能满足教师使用教科书的需要 | 43 | 3.58 | 0.731 | 5.213 | 0.000 | 0.36 | 0.81 |
| | | 随着课标的实施，教师对教科书的理解和使用更加到位 | 43 | 4.05 | 0.688 | 9.968 | 0.000 | 0.83 | 1.26 |
| | | 地区开展的教研活动对教师使用教科书发挥了积极作用 | 43 | 4.33 | 0.606 | 14.336 | 0.000 | 1.14 | 1.51 |

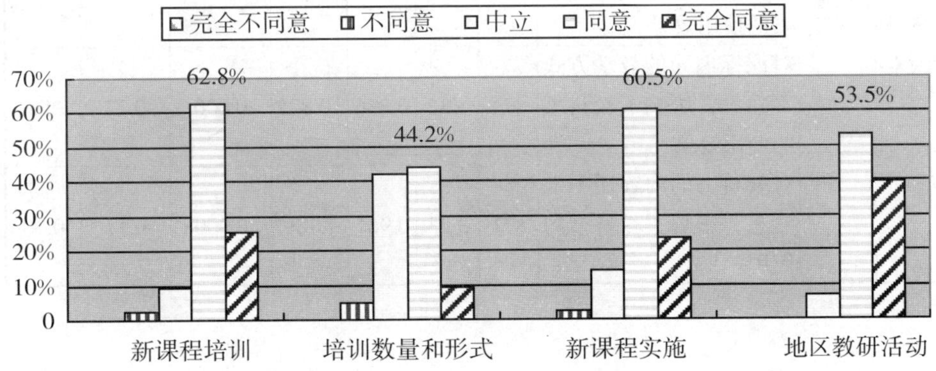


图 5–18 教研员卷“课程标准的实施与培训”影响实验教科书使用的选项分布

参与教师问卷调查的人数超过 870 人，而教研员的调查人数是 43

人，两者在数量上有很大的差异，但是教研员和教师对影响因素的看法在整体上是一致的。教师和教研员在肯定课程标准的相关培训及地区开展的教研活动对教科书的使用效果有促进作用的同时，也希望相关培训在数量和形式上能继续改进。

## 二、教师自身因素

教师卷调研结果显示，“教师自身因素”部分的平均值为3.452（见表5.11），高于中间值3，选择“同意”或“完全同意”的教师较多（如图5-19）。教师们认为，他们熟悉自己所使用的实验教科书的编写意图、教学方式和内容，但他们原有的教学观念和教学能力（平均值分别是3.71和3.64）是影响教科书使用效果的重要因素。

表5.11 教师对“教师自身因素”影响实验教科书使用的看法

| 二级标题 | 平均值 | 具体项目 | 总数 | 平均值 | 标准差 | 与中间值3的T检验 | | | |
|---|---|---|---|---|---|---|---|---|---|
| | | | | | | T值 | 显著性（双尾） | 95% 置信区间 | |
| | | | | | | | | 低值 | 高值 |
| 教师自身因素 | 3.452 | 教学观念影响教科书的使用效果 | 868 | 3.71 | 0.776 | 27.088 | 0.000 | 0.66 | 0.76 |
| | | 教学能力影响教科书的使用效果 | 868 | 3.64 | 0.838 | 22.356 | 0.000 | 0.58 | 0.69 |
| | | 对教科书编写意图还不十分清楚，影响了教科书的使用效果 | 871 | 3.35 | 0.889 | 11.620 | 0.000 | 0.29 | 0.41 |
| | | 对课标倡导的教学方式不熟悉，影响了教科书的使用效果 | 871 | 3.32 | 0.886 | 10.822 | 0.000 | 0.27 | 0.38 |
| | | 对教科书的内容还不太熟悉，影响了教科书的使用效果 | 871 | 3.23 | 0.961 | 7.189 | 0.000 | 0.17 | 0.30 |

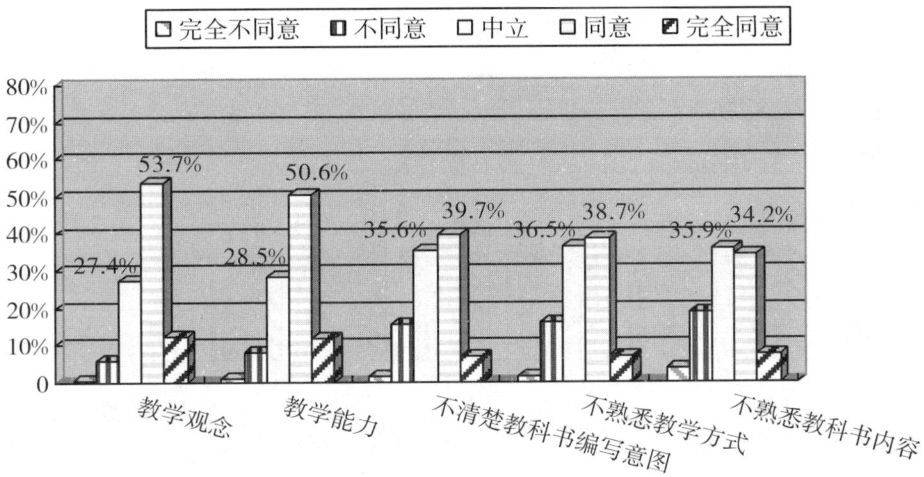


图 5-19　教师卷“教师自身因素”影响实验教科书使用的选项分布

教研员卷中“教师自身因素影响实验教科书使用”部分的平均值高于教师卷的结果，为 3.813，明显高于中间值 3（见表 5.12）。绝大多数教研员选择“同意”或“完全同意”的选项（如图 5-20 所示）。他们认为，教师自身的教学观念和教学能力（平均值分别高达 4.33 和 4.26）是影响实验教科书使用效果的重要因素。当前，教师还不太熟悉课程标准倡导的探究式学习理念（平均值 3.70），也不太习惯课堂师生讨论互动（平均值 3.72），在一定程度上阻碍了教科书发挥良好的作用。

表5.12　教研员对“教师自身因素”影响实验教科书使用的看法

| 二级标题 | 平均值 | 具体项目 | 总数 | 平均值 | 标准差 | 与中间值3的T检验 | | | |
|---|---|---|---|---|---|---|---|---|---|
| | | | | | | T值 | 显著性（双尾） | 95% 置信区间 | |
| | | | | | | | | 低值 | 高值 |
| 教师自身因素 | 3.813 | 教学观念 | 43 | 4.33 | 0.606 | 14.336 | 0.000 | 1.14 | 1.51 |
| | | 教学能力 | 42 | 4.26 | 0.665 | 12.302 | 0.000 | 1.05 | 1.47 |
| | | 不十分清楚教科书的编写意图 | 43 | 3.56 | 1.119 | 3.270 | 0.002 | 0.21 | 0.90 |
| | | 不熟悉课标倡导的探究式学习理念 | 43 | 3.70 | 0.989 | 4.626 | 0.000 | 0.39 | 1.00 |
| | | 不太习惯课堂师生讨论互动 | 43 | 3.72 | 0.959 | 4.928 | 0.000 | 0.43 | 1.02 |
| | | 不太清楚课标的考试要求 | 43 | 3.67 | 0.993 | 4.452 | 0.000 | 0.37 | 0.98 |
| | | 不太熟悉教科书的内容 | 43 | 3.47 | 1.099 | 2.776 | 0.008 | 0.13 | 0.80 |

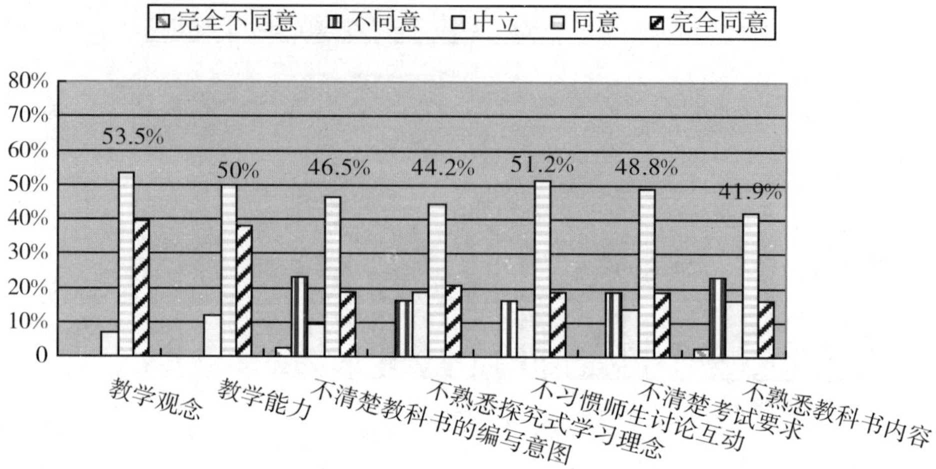


**图 5-20 教研员卷"教师自身因素"影响实验教科书使用的选项分布**

比较教师卷和教研员卷的结果，我们可以知道：教师更加肯定自己对实验教科书内容及编写理念的熟悉程度；而教研员则指出，教师对教科书倡导的探究式学习理念及师生讨论的课堂互动方式还不够熟悉，在一定程度上影响了实验教科书的使用效果。他们都认为，教师原有的教学理念和教学能力是影响教科书使用效果的重要因素。

## 三、客观因素

教师卷课时、评价及硬件等客观因素部分的平均值是 3.651（见表 5.13），明显高于中间值 3。大部分高中英语教师认为（如图 5-21 所示），当前课时安排（平均值 3.71）和评价方式（平均值 3.67）在很大程度上影响了实验教科书的使用效果。

**表5.13 教师对"客观因素"影响实验教科书使用的看法**

| 二级标题 | 平均值 | 具体项目 | 总数 | 平均值 | 标准差 | 与中间值3的T检验 | | | |
|---|---|---|---|---|---|---|---|---|---|
| | | | | | | T值 | 显著性（双尾） | 95% 置信区间 | |
| | | | | | | | | 低值 | 高值 |
| 客观因素 | 3.651 | 课时安排影响教科书使用 | 871 | 3.71 | 0.807 | 25.921 | 0.000 | 0.65 | 0.76 |
| | | 评价方式影响教科书使用 | 870 | 3.67 | 0.814 | 24.271 | 0.000 | 0.62 | 0.72 |
| | | 配套硬件设施影响教科书的使用效果 | 864 | 3.57 | 0.902 | 18.482 | 0.000 | 0.51 | 0.63 |

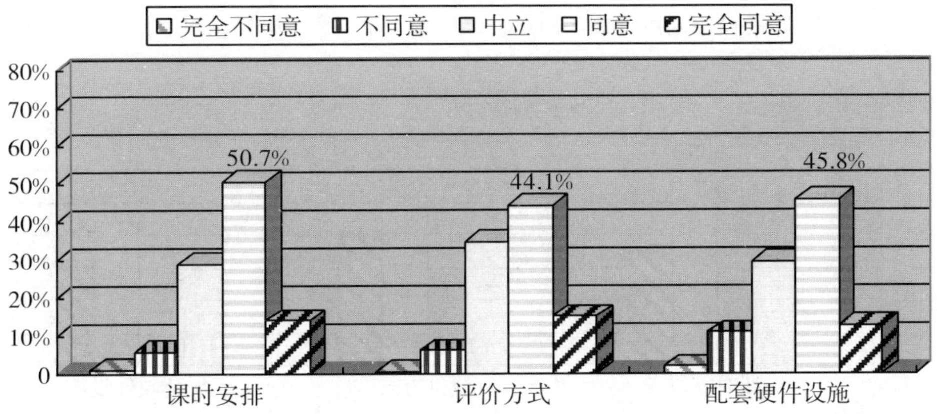


图 5-21　教师卷“客观因素”影响实验教科书使用的选项分布

教研员对课时、评价及硬件等客观因素的认同度更高，该部分的平均值高达4.147(见表5.14)。与教师一样，绝大部分教研员认为(如图5-22所示)，评价方式和课时安排是影响教科书使用效果重要的客观因素（平均值分别是4.28和4.22)。

表5.14　教研员对“客观因素”影响实验教科书使用的看法

| 二级标题 | 平均值 | 具体项目 | 总数 | 平均值 | 标准差 | 与中间值3的T检验 | | | |
|---|---|---|---|---|---|---|---|---|---|
| | | | | | | T值 | 显著性（双尾） | 95% 置信区间 | |
| | | | | | | | | 低值 | 高值 |
| 客观因素 | 4.147 | 课时安排 | 41 | 4.22 | 0.690 | 11.323 | 0.000 | 1.00 | 1.44 |
| | | 评价方式 | 43 | 4.28 | 0.701 | 11.961 | 0.000 | 1.06 | 1.49 |
| | | 配套硬件设施 | 43 | 3.95 | 0.925 | 6.762 | 0.000 | 0.67 | 1.24 |

鉴于教研员一般兼具自身教学和指导教师教学的经历，项目组希望从他们那里得到更细致的数据，因此在调研中要求教研员对可能影响教科书使用的因素进行排序。统计结果表明（见表5.15)，在教研员看来，影响实验教科书使用的前三个因素分别是教师的教学观念、教师的教学能力以及评价方式。这与问卷中李克特量表调查结果的比例分布是一致的（如图5-20和5-22所示)，有90%左右的教研员对这三项的选择是“同意”或“完全同意”。由此可见，要实现实验教科书的有效使用和课程标准理念的深化，关键在于英语教师教学观念的改变、教学能力的增强，以及评价方式的根本转变。

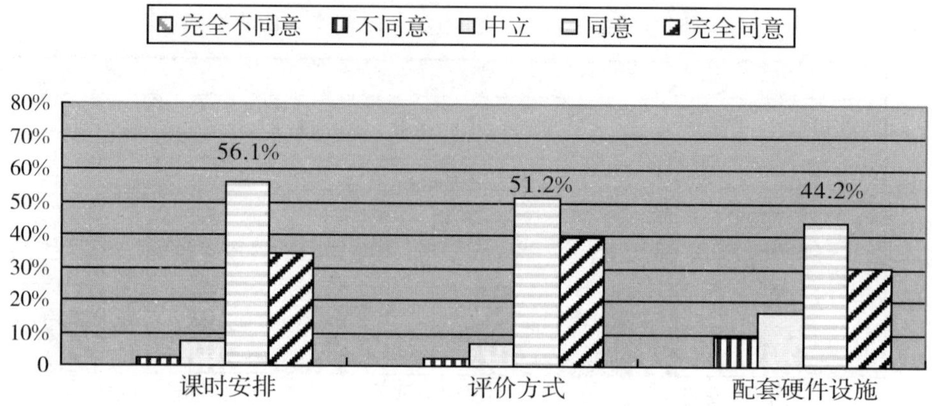


图 5-22 教研员卷“客观因素”影响实验教科书使用的选项分布

表5.15 教研员对影响实验教科书使用因素的排序情况

| 可能的影响因素 | 认为最重要的比例 | 认为次重要的比例 | 认为第三重要的比例 | 总体比例 |
|---|---|---|---|---|
| 教师教学观念 | 32.4% | 44.4% | 16.7% | 93.5% |
| 教师教学能力 | 21.6% | 19.4% | 36.1% | 77.1% |
| 教师培训 | 2.7% | 11.1% | 19.4% | 33.2% |
| 学生水平 | | 2.8% | 11.1% | 13.9% |
| 模块课程/课时安排 | 13.5% | 5.6% | — | 19.1% |
| 评价方式 | 27.0% | 16.7% | 13.9% | 57.6% |
| 配套硬件设施 | 2.7% | | 2.8% | 5.5% |

总体上来看，教师卷 12 项影响因素中平均值最高的两项是“教学观念”影响实验教科书的使用效果和“课时安排”影响教科书使用，平均值都是 3.71。平均值最低的两项是“对教科书的内容还不太熟悉，影响了教科书的使用效果”（平均值 3.23），以及“对课程标准倡导的教学方式不熟悉，影响了教科书的使用效果”（平均值 3.32）。在教师卷中，课时、评价和硬件条件等“客观因素”平均值最高。也就是说，大部分参与问卷调查的高中英语教师认为，当前课时安排、评价方式和配套硬件设施等“客观因素”对教科书的使用效果影响最大。平均值最低的是“教师自身因素”，教师的教学观念、教学能力、对教科书的编写意图及内容和对课程标准倡导的教学方式的熟悉程度等均有影响，且影响程度差异

较大。“课程标准的实施与培训”的影响程度居中。

教研员对教科书使用的影响因素的看法整体上是和教师一致的，课时、评价及硬件条件等“客观因素”的平均值最高(4.147)，“教师自身因素”平均值最低(3.813)，“课程标准的实施与培训”的平均值居中(4.017)。但是对单个因素的判断存在一定的区别，教研员认为影响最大的两个因素是“地区开展的教研活动”和教师的“教学观念”，平均值都是4.33；最低的两项则是教师“不太熟悉教科书的内容”(平均值3.47)和教师“不十分清楚教科书的编写意图”(平均值3.56)。

## 第三节 基于地区、学校类别、教科书版本等因素的差异分析

由于学生、教师所在地区的行政及经济状况、所属学校的类别、学生的英语能力水平以及使用的教科书版本不同，他们对实验教科书使用情况的反馈也不相同。项目组以方差分析结果为主要依据，详细总结了使教科书使用情况报告产生显著差异的影响因素。

### 一、地区差异

第四章已经提到，本次调研的问卷的地区影响因素包括学生和教师所在的具体省或直辖市、地区行政级别和经济状况。数据的差异结果显示，不同省或直辖市及行政级别或经济状况不同区域的学生对实验教科书的使用情况存在显著差异，但教师问卷只存在不同省、直辖市间的显著差异。以下将依次说明。

#### （一）不同省、直辖市差异

来自不同省、直辖市的学生对教科书使用情况的反馈存在显著差异（显著系数均为 0.000，见表 5.16）。其中，教师要求课前预习教科书（方差 $F$ 值 47.393）、上课时让学生参与讨论（$F$ 值 44.606）和补充其他英语学习材料（$F$ 值 43.254）三项的差异最明显。具体来说，甘肃、河南、云南三省的学生称，教师最注重要求学生课前预习教科书（平均值分别为 4.15、4.06 和 4.05），而北京学生卷该项目平均值相对较低（3.65）；北京和浙江的学生指出，教师在课堂活动中重视让学生参与讨论（平均值分别为 3.97 和 3.83），而安徽省的平均值最低（3.39）；浙江、北京、河南的学生卷结果显示，教师补充其他英语学习材料的频率（平均值分别为 4.07、3.99 和 3.93）明显高于甘肃的教师（平均值 3.36）。

表5.16 学生卷“实验教科书使用情况”的不同省、直辖市差异

| 维度 | 具体项目 | 平均值 | | | | | | | 方差分析 | |
|---|---|---|---|---|---|---|---|---|---|---|
| | | 安徽 | 北京 | 甘肃 | 湖北 | 河南 | 云南 | 浙江 | *F*值 | 显著系数 |
| 使用与调整 | 基本按教科书编排进度教学 | 3.94 | 3.97 | 4.05 | 4.09 | 4.07 | 3.94 | 4.17 | 12.245 | 0.000 |
| | 不会随意删减教科书内容 | 3.48 | 3.72 | 3.47 | 3.68 | 3.61 | 3.50 | 3.74 | 13.098 | 0.000 |
| | 同时使用两本以上教科书 | 2.37 | 2.86 | 2.48 | 2.53 | 2.32 | 2.37 | 2.30 | 31.240 | 0.000 |
| | 补充教科书以外的练习题 | 3.76 | 4.01 | 3.72 | 3.94 | 4.01 | 3.83 | 4.14 | 20.121 | 0.000 |
| | 补充其他英语学习材料 | 3.60 | 3.99 | 3.36 | 3.88 | 3.93 | 3.77 | 4.07 | 43.254 | 0.000 |
| 使用策略训练 | 要求课前预习教科书 | 3.98 | 3.65 | 4.15 | 3.72 | 4.06 | 4.05 | 3.94 | 47.393 | 0.000 |
| | 教过阅读与使用教科书方法 | 3.49 | 3.66 | 3.59 | 3.60 | 3.58 | 3.63 | 3.39 | 6.720 | 0.000 |
| | 上课时让我们参与讨论 | 3.39 | 3.97 | 3.65 | 3.60 | 3.55 | 3.50 | 3.83 | 44.606 | 0.000 |
| | 让我们课后仔细阅读课文 | 3.81 | 3.82 | 3.96 | 3.85 | 4.02 | 3.82 | 3.99 | 9.682 | 0.000 |
| 学习效果评价 | 检测语法/词汇的记忆背诵 | 3.93 | 4.04 | 4.01 | 4.03 | 4.12 | 3.97 | 4.32 | 14.928 | 0.000 |
| | 采用教科书中的检测方式检验学习效果（如Check your progress，Unit reflection，Test yourself等） | 3.24 | 3.55 | 3.43 | 3.51 | 3.32 | 3.30 | 3.39 | 14.962 | 0.000 |
| | 采用多种不同的方式检验学习效果（如考试、测验、自评、学生互评） | 3.52 | 3.96 | 3.47 | 3.86 | 3.78 | 3.64 | 3.76 | 29.979 | 0.000 |

在本次调研中，不同省、直辖市的教师对实验教科书使用情况及影响因素的反馈也在大部分项目中存在显著差异（显著系数<0.05，见表5.17）。其中，教师要求课前预习教科书（*F*值13.634）的差异最明显，浙江、河南的教师最注重要求学生课前预习教科书（平均值分别为4.10和4.08），而北京的教师并不经常这样做（平均值3.29）。其次，“地区开展的教研活动对教师使用教科书发挥了积极作用”这一项，北京教师的平均值也明显高于其他地方，云南省和湖北省教师在该项获得的平均值较低（分别为3.34和3.41）。北京作为首都，较早接触课程改革，对课程标准的了解较多，教研活动也相对丰富，取得的经验也值得借鉴，为其他省、直辖市起到一定的榜样作用。

表5.17 教师卷“实验教科书使用情况及影响因素”的不同省、直辖市差异

| 维度 | 具体项目 | 平均值 | | | | | | | 方差分析 | |
|---|---|---|---|---|---|---|---|---|---|---|
| | | 安徽 | 北京 | 甘肃 | 湖北 | 河南 | 云南 | 浙江 | F值 | 显著系数 |
| 使用与调整 | 给学生补充大量语法练习 | 3.57 | 3.70 | 3.55 | 3.45 | 3.72 | 3.69 | 3.62 | 2.164 | 0.044 |
| | 有专门的语言学习策略训练 | 3.40 | 3.72 | 3.57 | 3.48 | 3.68 | 3.51 | 3.47 | 2.937 | 0.008 |
| | 使用两个以上版本教科书 | 2.02 | 2.24 | 2.46 | 2.33 | 2.30 | 1.75 | 1.98 | 4.188 | 0.000 |
| | 选用以前教科书（指大纲版教科书）内容 | 2.43 | 2.46 | 2.61 | 2.72 | 2.74 | 2.11 | 2.09 | 7.131 | 0.000 |
| 学习效果评价 | 采用教科书建议的方式对学生进行评价 | 2.99 | 2.99 | 3.13 | 3.00 | 3.35 | 2.90 | 2.81 | 4.532 | 0.000 |
| | 采用多种评价方式 | 3.47 | 3.80 | 3.56 | 3.49 | 3.81 | 3.61 | 3.68 | 3.350 | 0.003 |
| | 用考试的方式（含小测验） | 3.83 | 3.95 | 3.76 | 3.70 | 3.94 | 3.74 | 3.80 | 2.480 | 0.022 |
| 使用策略 | 要求学生课前预习教科书 | 3.94 | 3.29 | 3.89 | 3.61 | 4.08 | 3.97 | 4.10 | 13.634 | 0.000 |
| | 指导学生使用教科书方法 | 3.73 | 3.60 | 3.84 | 3.64 | 4.01 | 3.72 | 3.81 | 3.935 | 0.001 |
| | 让学生课后仔细阅读教科书中的内容 | 3.88 | 3.77 | 3.97 | 3.68 | 4.03 | 3.94 | 3.82 | 3.304 | 0.003 |
| 新课程的实施与培训 | 课程标准的培训提高了教科书的使用效果 | 3.60 | 3.93 | 3.60 | 3.45 | 3.72 | 3.42 | 3.72 | 6.347 | 0.000 |
| | 目前课标及教材培训的数量和形式能够满足教师使用教科书的需要 | 3.29 | 3.66 | 3.28 | 3.32 | 3.38 | 3.09 | 3.26 | 4.889 | 0.000 |
| | 随着课程标准的实施，教师对教科书的理解和使用更到位 | 3.70 | 3.77 | 3.57 | 3.44 | 3.63 | 3.48 | 3.58 | 3.187 | 0.004 |
| | 地区开展的教研活动对教师使用教科书发挥了积极作用 | 3.65 | 3.90 | 3.52 | 3.41 | 3.84 | 3.34 | 3.66 | 8.640 | 0.000 |
| 客观因素 | 评价方式 | 3.64 | 3.73 | 3.47 | 3.62 | 3.62 | 3.77 | 3.84 | 2.282 | 0.034 |

学生卷和教师卷的差异分析结果显示，虽然课前预习都是差异最大的选项，但学生和教师的观点既有相似之处，又有不同之处。综合起来，浙江省和河南省的教师最注重要求学生课前预习教科书内容，而北京的教师对此并不那么看重。这可能与教师的教学方式及学生的能力差异有关，具体原因还需进一步调查。

**（二）行政、经济区域差异**

学生所在地区的行政级别不同，省会/直辖市地区、地级市、县城/

县级市以及乡镇地区的学生对实验教科书使用情况的反馈存在显著差异（见表 5.18）。其中，教师上课时让学生参与讨论、要求课前预习教科书、同时使用两本以上教科书、补充教科书以外的练习题及补充其他英语学习材料这几项的 $F$ 值较高，分别为 71.216、37.618、36.666、32.920 和 30.676。具体来说，省会 / 直辖市地区的学生反映，他们的英语教师注重让学生参与课上讨论（平均值 3.87），偶尔会同时使用两本以上教科书（平均值 2.70），补充教科书以外的练习题（平均值 4.00）和补充其他英语学习材料的频率较高（平均值 3.96）。而乡镇地区学生在这些方面的平均值都较低（分别为 3.44、2.51、3.56 和 3.53），明显低于城市地区学生的平均值。这一结果应该与学生的能力水平有直接的关系，也从侧面反映出我国城市与乡镇地区的高中英语教学不均衡的现状。在课前预习方面，县城 / 县级市学生的平均值最高（平均值 4.03），而乡镇地区和省会 / 直辖市学生的平均值较低，分别为 3.71 和 3.74。

**表5.18 学生卷"实验教科书使用情况"的行政区域差异**

| 维度 | 具体项目 | 省会/直辖市 | | 地级市 | | 县城/县级市 | | 乡镇 | | 方差分析 | |
|---|---|---|---|---|---|---|---|---|---|---|---|
| | | 平均值 | 标准差 | 平均值 | 标准差 | 平均值 | 标准差 | 平均值 | 标准差 | $F$值 | 显著系数 |
| 使用与调整 | 不会随意删减教科书内容 | 3.73 | 1.081 | 3.62 | 1.118 | 3.54 | 1.105 | 3.37 | 1.256 | 20.986 | 0.000 |
| | 同时使用两本以上教科书 | 2.70 | 1.380 | 2.38 | 1.353 | 2.44 | 1.305 | 2.51 | 1.300 | 36.666 | 0.000 |
| | 补充教科书以外的练习题 | 4.00 | 0.989 | 3.98 | 1.002 | 3.82 | 1.023 | 3.56 | 1.137 | 32.920 | 0.000 |
| | 补充其他英语学习材料 | 3.96 | 1.033 | 3.85 | 1.061 | 3.74 | 1.059 | 3.53 | 1.129 | 30.676 | 0.000 |
| 使用策略训练 | 要求课前预习教科书 | 3.74 | 1.117 | 3.88 | 1.066 | 4.03 | 1.029 | 3.71 | 1.186 | 37.618 | 0.000 |
| | 教过阅读与使用教科书方法 | 3.64 | 1.153 | 3.54 | 1.164 | 3.61 | 1.112 | 3.47 | 1.179 | 6.056 | 0.000 |
| | 上课时让我们参与讨论 | 3.87 | 1.036 | 3.57 | 1.104 | 3.50 | 1.115 | 3.44 | 1.143 | 71.216 | 0.000 |
| | 让我们课后仔细阅读课文 | 3.91 | 1.025 | 3.87 | 1.001 | 3.88 | 0.983 | 3.67 | 1.097 | 5.680 | 0.001 |

续表

| 维度 | 具体项目 | 省会/直辖市 | | 地级市 | | 县城/县级市 | | 乡镇 | | 方差分析 | |
|---|---|---|---|---|---|---|---|---|---|---|---|
| | | 平均值 | 标准差 | 平均值 | 标准差 | 平均值 | 标准差 | 平均值 | 标准差 | *F*值 | 显著系数 |
| 学习效果评价 | 检测语法/词汇的记忆背诵 | 4.09 | 0.991 | 4.07 | 0.995 | 4.01 | 0.993 | 3.60 | 1.122 | 26.328 | 0.000 |
| | 采用教科书中的检测方式检验学习效果（如Check your progress，Unit reflection，Test yourself 等） | 3.53 | 1.187 | 3.38 | 1.169 | 3.38 | 1.127 | 3.25 | 1.128 | 14.628 | 0.000 |
| | 采用多种不同的方式检验学习效果（如考试、测验、自评、学生互评等） | 3.89 | 1.091 | 3.75 | 1.124 | 3.72 | 1.103 | 3.37 | 1.161 | 28.011 | 0.000 |

一个地区的经济情况往往与它的行政级别紧密相连。一般来讲，行政级别越高的地区，经济就越发达；行政级别较低地区，经济发展情况则相对落后。在本次调研中，省会/直辖市经济相对发达，而乡镇地区经济情况则相对落后。方差分析结果显示，区域的经济情况对教科书使用情况的反馈也有显著的影响（见表5.19）。

**表5.19 学生卷“实验教科书使用情况”的经济区域差异**

| 维度 | 具体项目 | 发达地区 | | 中等地区 | | 欠发达地区 | | 落后地区 | | 方差分析 | |
|---|---|---|---|---|---|---|---|---|---|---|---|
| | | 平均值 | 标准差 | 平均值 | 标准差 | 平均值 | 标准差 | 平均值 | 标准差 | *F*值 | 显著系数 |
| 使用与调整 | 基本按教科书编排进度教学 | 4.08 | 0.942 | 4.08 | 0.894 | 3.98 | 0.887 | 3.97 | 0.904 | 10.625 | 0.000 |
| | 不会随意删减教科书内容 | 3.79 | 1.080 | 3.68 | 1.097 | 3.54 | 1.112 | 3.45 | 1.170 | 28.094 | 0.000 |
| | 同时使用两本以上教科书 | 2.67 | 1.405 | 2.55 | 1.372 | 2.34 | 1.303 | 2.59 | 1.328 | 28.598 | 0.000 |
| | 补充教科书以外的练习题 | 4.08 | 0.962 | 3.97 | 0.995 | 3.90 | 1.025 | 3.64 | 1.057 | 40.788 | 0.000 |

续表

| 维度 | 具体项目 | 发达地区 | | 中等地区 | | 欠发达地区 | | 落后地区 | | 方差分析 | |
|---|---|---|---|---|---|---|---|---|---|---|---|
| | | 平均值 | 标准差 | 平均值 | 标准差 | 平均值 | 标准差 | 平均值 | 标准差 | *F*值 | 显著系数 |
| 使用与调整 | 补充其他英语学习材料 | 4.04 | 1.001 | 3.87 | 1.056 | 3.82 | 1.057 | 3.55 | 1.093 | 43.660 | 0.000 |
| 使用策略训练 | 要求课前预习教科书 | 3.78 | 1.104 | 3.84 | 1.076 | 3.92 | 1.085 | 3.94 | 1.064 | 8.056 | 0.000 |
| | 教过阅读与使用教科书方法 | 3.64 | 1.172 | 3.61 | 1.138 | 3.53 | 1.160 | 3.60 | 1.117 | 4.326 | 0.005 |
| | 上课时让我们参与讨论 | 3.98 | 1.004 | 3.68 | 1.091 | 3.52 | 1.111 | 3.43 | 1.102 | 74.629 | 0.000 |
| | 让我们课后仔细阅读课文 | 3.90 | 1.026 | 3.91 | 1.006 | 3.83 | 1.004 | 3.85 | 0.997 | 4.390 | 0.004 |
| 学习效果评价 | 检测语法/词汇的记忆背诵 | 4.19 | 0.951 | 4.09 | 0.981 | 4.00 | 1.021 | 3.81 | 1.047 | 32.598 | 0.000 |
| | 采用教科书中的检测方式检验学习效果（如Check your progress，Unit reflection，Test yourself等） | 3.55 | 1.205 | 3.49 | 1.173 | 3.29 | 1.139 | 3.42 | 1.121 | 25.191 | 0.000 |
| | 采用多种不同的方式检验学习效果（如考试、测验、自评、学生互评等） | 3.98 | 1.056 | 3.79 | 1.129 | 3.72 | 1.109 | 3.60 | 1.102 | 27.146 | 0.000 |

其中，教师上课时让学生参与讨论、补充其他英语学习材料和补充教科书以外的练习题仍然是差异较显著的三个项目，*F*值分别达到74.629、43.660和40.788。由于学生的能力水平相对较高，经济发达地区的教师更加注重课上讨论（平均值3.98），补充的英语学习材料和课外练习题也更多（平均值分别为4.04和4.08）。相比之下，经济落后地区学生在以上三个项目中的平均值则明显偏低（分别为3.43、3.55和3.64）。

## 二、学校类别差异

参与本次问卷调查的学生分别来自各级示范校和非示范校，不同类别学校的学生对实验教科书使用情况的反馈存在显著差异（显著系数<0.05，见表5.20）。学生卷的反馈信息分析结果与基于地区因素的差异分析结果比较相似，差异较大的依然是教师补充教科书以外的练习题、同时使用两本以上教科书和补充其他英语学习材料三项，*F*值分别是54.307、42.772和30.976。此外，数据还显示，在教师检测语法/词汇的记忆背诵和采用多种不同的方式检验学习效果（如考试、测验、自评、学生互评等），不同类别学校学生的差异也比较明显，*F*值分别为11.311和19.623。

表5.20 学生卷"实验教科书使用情况"不同类别学校的差异

| 维度 | 具体项目 | 示范校 | | 非示范校 | | 方差分析 | |
|---|---|---|---|---|---|---|---|
| | | 平均值 | 标准差 | 平均值 | 标准差 | *F*值 | 显著系数 |
| 使用与调整 | 基本按教科书编排进度教学 | 4.04 | 0.901 | 4.00 | 0.901 | 3.926 | 0.048 |
| | 不会随意删减教科书内容 | 3.64 | 1.117 | 3.58 | 1.088 | 4.631 | 0.031 |
| | 同时使用两本以上教科书 | 2.45 | 1.357 | 2.67 | 1.335 | 42.772 | 0.000 |
| | 补充教科书以外的练习题 | 3.97 | 1.003 | 3.79 | 1.036 | 54.307 | 0.000 |
| | 补充其他英语学习材料 | 3.88 | 1.058 | 3.74 | 1.055 | 30.976 | 0.000 |
| 使用策略训练 | 上课时让我们参与讨论 | 3.66 | 1.098 | 3.59 | 1.099 | 6.877 | 0.009 |
| 学习效果评价 | 检测语法/词汇的记忆背诵 | 4.06 | 1.004 | 3.98 | 0.988 | 11.311 | 0.001 |
| | 采用多种不同的方式检验学习效果（如考试、测验、自评、学生互评等） | 3.80 | 1.122 | 3.68 | 1.078 | 19.623 | 0.000 |

从示范校学生的反馈来看，他们的老师补充的课外练习题（平均值3.97）和学习材料（平均值3.88）比非示范校的老师更多，这应该也归于示范校学生的能力水平较高的原因。在学习评价方式的使用方面，示范校学生反映，他们的老师经常采用不同的评价方式检验学生的学习效果（平均值3.80），但也非常重视语法/词汇的检测（平均值4.06），而非示范校学生的问卷中这两项的平均值较低（分别为3.68和3.98）。

## 三、学生英语能力水平差异

前面已经提到，不同地区、学校的学生整体能力水平是不同的，因此他们对实验教科书使用情况的反馈也有明显差异。即使是同一所学校的学生，由于英语能力水平不同，也会对教科书的使用情况有不同的反馈。数据分析结果显示，学生的英语能力水平会对问卷中“教科书使用情况”的结果产生显著影响（显著系数 <0.05，见表 5.21）。

**表5.21　不同能力水平的学生对“实验教科书使用情况”反馈的差异**

| 维度 | 具体项目 | 优秀 | | 良好 | | 及格 | | 不及格 | | 方差分析 | |
|---|---|---|---|---|---|---|---|---|---|---|---|
| | | 平均值 | 标准差 | 平均值 | 标准差 | 平均值 | 标准差 | 平均值 | 标准差 | *F*值 | 显著系数 |
| 教科书的使用与调整 | 基本按教科书编排进度教学 | 4.09 | 1.005 | 4.10 | 0.868 | 3.98 | 0.878 | 3.87 | 0.941 | 30.854 | 0.000 |
| | 不会随意删减教科书内容 | 3.76 | 1.069 | 3.69 | 1.092 | 3.62 | 1.088 | 3.43 | 1.153 | 27.439 | 0.000 |
| | 同时使用两本以上教科书 | 2.70 | 1.449 | 2.47 | 1.377 | 2.51 | 1.324 | 2.48 | 1.282 | 7.081 | 0.000 |
| | 补充教科书以外的练习题 | 4.08 | 1.035 | 4.04 | 0.963 | 3.90 | 0.989 | 3.63 | 1.085 | 77.388 | 0.000 |
| | 补充其他英语学习材料 | 4.01 | 1.065 | 3.96 | 1.016 | 3.78 | 1.042 | 3.57 | 1.086 | 66.440 | 0.000 |
| 教科书使用策略 | 要求课前预习教科书 | 3.79 | 1.204 | 3.90 | 1.060 | 3.81 | 1.075 | 3.85 | 1.094 | 5.289 | 0.001 |
| | 教过阅读与使用教科书方法 | 3.60 | 1.225 | 3.66 | 1.152 | 3.52 | 1.122 | 3.46 | 1.134 | 14.912 | 0.000 |
| | 上课时让我们参与讨论 | 3.75 | 1.102 | 3.79 | 1.042 | 3.51 | 1.098 | 3.40 | 1.138 | 67.964 | 0.000 |
| | 让我们课后仔细阅读课文 | 3.92 | 1.034 | 3.96 | 0.974 | 3.81 | 0.997 | 3.69 | 1.052 | 31.179 | 0.000 |
| 学习效果评价 | 检测语法/词汇的记忆背诵 | 4.12 | 1.035 | 4.16 | 0.951 | 3.96 | 1.008 | 3.84 | 1.050 | 47.794 | 0.000 |

续表

| 维度 | 具体项目 | 优秀 | | 良好 | | 及格 | | 不及格 | | 方差分析 | |
|---|---|---|---|---|---|---|---|---|---|---|---|
| | | 平均值 | 标准差 | 平均值 | 标准差 | 平均值 | 标准差 | 平均值 | 标准差 | $F$值 | 显著系数 |
| 学习效果评价 | 采用教科书中的检测方式检验学习效果（如Check your progress，Unit reflection，Test yourself 等） | 3.50 | 1.272 | 3.49 | 1.176 | 3.37 | 1.123 | 3.26 | 1.133 | 18.571 | 0.000 |
| | 采用多种不同的方式检验学习效果（如考试、测验、自评、学生互评等） | 3.91 | 1.175 | 3.90 | 1.078 | 3.70 | 1.087 | 3.51 | 1.140 | 57.461 | 0.000 |

其中，差异最明显的是教师补充教科书以外的练习题（$F$值77.388），其次是上课时让学生参与讨论（$F$值为67.964），然后是补充其他英语学习材料（$F$值为66.440），采用多种不同的方式检验学习效果（如考试、测验、自评、学生互评等）（$F$值为57.461），以及检测语法/词汇的记忆背诵（$F$值为47.794）。在这些方面，成绩优秀的学生问卷反馈的平均值都明显高于成绩在及格分数上下的学生。成绩优秀的学生对英语学习有较高的关注度，对实验课程标准中提倡的学习方式（如课堂讨论）和多种评价方式的认同度也更高。

## 四、教科书版本差异

本次调研覆盖了三个版本的高中英语实验教科书，即人教版、北师大版和译林版。由于不同版本教科书的编写理念和设计方式存在不同之处，使用不同版本教科书的学生和教师对教科书使用情况的反馈也存在显著的差异。

学生卷分析结果显示，使用不同版本教科书的学生对教科书使用情况的反馈存在显著差异（显著系数<0.05，见表5.22）。其中，教师采用

多种不同的方式检验学习效果（如考试、测验、自评、学生互评等）、上课时让学生参与讨论和补充其他英语学习材料的差异较大，$F$ 值分别为 51.607、38.360 和 34.541。使用北师大版教科书的学生反映，他们的英语老师经常采用教科书中的检测方式（平均值 3.42），使用不同的评价方式检验学生的学习效果（平均值 4.00），经常让学生参与课堂讨论（平均值 3.86），补充其他英语学习材料（平均值 4.01）。使用人教版教科书的学生在上述三项的平均值次之，而使用译林版教科书的学生的平均值最低。

表5.22　学生对不同版本实验教科书使用情况反馈的差异

| 维度 | 具体项目 | 人教版 | | 北师大版 | | 译林版 | | 方差分析 | |
|---|---|---|---|---|---|---|---|---|---|
| | | 平均值 | 标准差 | 平均值 | 标准差 | 平均值 | 标准差 | $F$值 | 显著系数 |
| 使用与调整 | 基本按教科书编排进度教学 | 4.03 | 0.897 | 4.11 | 0.882 | 3.89 | 0.985 | 12.724 | 0.000 |
| | 不会随意删减教科书内容 | 3.61 | 1.118 | 3.77 | 1.066 | 3.48 | 1.091 | 18.650 | 0.000 |
| | 同时使用两本以上教科书 | 2.49 | 1.348 | 2.60 | 1.399 | 2.35 | 1.335 | 7.617 | 0.000 |
| | 补充教科书以外的练习题 | 3.92 | 1.011 | 4.05 | 0.955 | 3.81 | 1.138 | 15.517 | 0.000 |
| | 补充其他英语学习材料 | 3.84 | 1.058 | 4.01 | 1.013 | 3.58 | 1.124 | 34.541 | 0.000 |
| 使用策略训练 | 教过阅读与使用教科书方法 | 3.58 | 1.148 | 3.65 | 1.147 | 3.47 | 1.159 | 5.432 | 0.004 |
| | 上课时让我们参与讨论 | 3.62 | 1.095 | 3.86 | 1.071 | 3.45 | 1.135 | 38.360 | 0.000 |
| | 让我们课后仔细阅读课文 | 3.88 | 1.004 | 3.92 | 1.013 | 3.73 | 1.042 | 7.754 | 0.000 |
| 学习效果评价 | 检测语法/词汇的记忆背诵 | 4.04 | 1.004 | 4.13 | 0.964 | 4.00 | 1.045 | 5.616 | 0.004 |
| | 采用教科书中的检测方式检验学习效果（如Check your progress，Unit reflection，Test yourself 等） | 3.44 | 1.147 | 3.42 | 1.236 | 3.22 | 1.225 | 9.212 | 0.000 |
| | 采用多种不同的方式检验学习效果（如考试、测验、自评、学生互评等） | 3.75 | 1.109 | 4.00 | 1.044 | 3.49 | 1.240 | 51.607 | 0.000 |

使用不同版本实验教科书的教师对教科书使用情况及影响因素也在一定范围内存在显著差异（显著系数 <0.05，见表 5.23）。其中，教科书的使用情况中唯一有显著差异的项目是“要求学生课前预习教科书”，使用译林版的教师的平均值最高（3.96），人教版次之（3.82），北师大版最低（3.57）。这或许反映了不同版本教科书对课前预习的不同侧重程度。课前

预习虽然有利于学生熟悉教学内容，但也会妨碍教师在阅读及听力教学中更好地执行读前及听前的预热任务，影响教学过程的完整性。因此，课前预习的做法既有利又有弊，对它的评价要看学习任务的具体目标需求。

**表5.23　使用不同版本教科书的教师对教科书使用情况及影响因素的差异分析**

| 维度 | 具体项目 | 人教版 | | 北师大版 | | 译林版 | | 方差分析 | |
|---|---|---|---|---|---|---|---|---|---|
| | | 平均值 | 标准差 | 平均值 | 标准差 | 平均值 | 标准差 | F值 | 显著系数 |
| 使用策略 | 要求学生课前预习教科书 | 3.82 | 0.980 | 3.57 | 0.920 | 3.96 | 0.912 | 5.301 | 0.005 |
| 课程的实施与培训 | 课程标准的培训提高了教师对教科书使用的效果 | 3.57 | 0.863 | 3.88 | 0.759 | 3.74 | 0.857 | 8.903 | 0.000 |
| | 目前课标及教材培训的数量和形式能满足教师使用教科书的需要 | 3.30 | 0.905 | 3.56 | 0.809 | 3.38 | 0.847 | 5.241 | 0.005 |
| | 随着课标的实施，教师对教科书的理解和使用更到位 | 3.54 | 0.793 | 3.72 | 0.783 | 3.76 | 0.775 | 4.797 | 0.008 |
| | 地区开展的教研活动对教师使用教科书发挥了积极作用 | 3.53 | 0.861 | 3.95 | 0.726 | 3.76 | 0.872 | 15.795 | 0.000 |
| 教师自身因素 | 教学观念 | 3.66 | 0.767 | 3.88 | 0.784 | 3.84 | 0.784 | 5.605 | 0.004 |
| | 不熟悉教科书的内容 | 3.29 | 0.949 | 3.05 | 0.996 | 3.12 | 0.962 | 4.383 | 0.013 |

在影响实验教科书使用的因素方面，差异最大的项目是“地区开展的教研活动对教师使用教科书发挥了积极作用”（*F* 值 15.795），其次是“课程标准的培训提高了教师对教科书使用的效果”（*F* 值 8.903）。使用北师大版教科书的教师在这两项的平均值最高（分别为 3.95 和 3.88），使用译林版的教师次之（分别为 3.76 和 3.74），而使用人教版的教师的平均值则明显偏低（分别为 3.53 和 3.57）。这在一定程度上表明，使用北师大版教科书地区的教研部门能够和教科书编者合作开展针对教科书使用的培训和研究工作，这种培训和交流有利于教师更好地理解教科书的编写理念和其中提倡的教学方式，有利于保障教科书的使用效果，值得借鉴。

## 五、小结

纵观本章的数据分析结果，参与调研的学生、教师、教研员在教师对教科书内容的使用与调整、学习评价方式的转变以及教科书使用策略的训练等方面，对实验教科书的使用情况做出了比较客观的反馈。在实际教学过程中，教师基本上按照教科书的编排进度组织安排教学，对教科书内容有所调整，但仍以增加教科书以外的习题或材料为主，对内容删减、顺序调换、相同话题内容整合等策略的使用还相对较少。大部分教师注重培养学生使用教科书的策略，鼓励学生课前预习以及课后认真阅读。一些教师开始尝试采用教科书中提供的多样的评价方式，但还有不少教师注重检测语法及词汇的记忆和背诵。教研员对教师使用教科书的过程给予了一定的指导，尤其体现在深入研读教科书内容及在备课中合理利用教科书这两个方面。总之，教科书的整体使用情况可谓喜忧参半，既体现了教师在改进教学方式上取得的成绩，也反映出教师对教科书内容挖掘不够深入、过分关注考试成绩等问题。

调查结果还显示高中英语课程设置中存在一些问题，如课时量的问题。教育部规定，高中英语课时量为每周 4 节，学生卷和教师卷的调查结果都显示，目前包括补课在内的实际周课时量大多在 4 ～ 15 节之间，大部分学校的课时量是 5 ～ 8 节。对于实际课时量的问题（如图 5-23 所示），大部分学生、教师、教研员认为，当前的实际英语周课时量比较适中，还有 20% 以上的教师和教研员认为目前的英语课时量偏少。

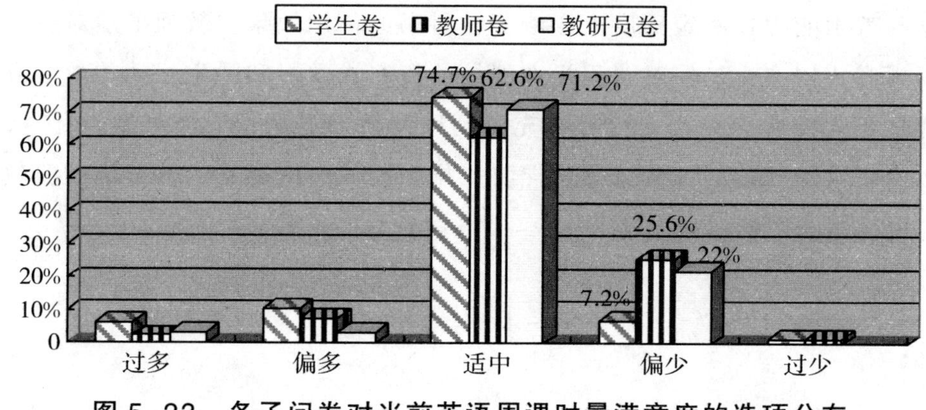


**图 5-23　各子问卷对当前英语周课时量满意度的选项分布**

此外，实验教科书的使用也给学生和教师带来了一定的负担（如图 5-24 所示）。62.6% 的教师认为，教科书给学生带来的负担很大或较大。66.7% 的教研员认为，教科书的使用给当地教师带来了很大或较大的负担。这与第四章对教科书整体评价的调查结果相似。一方面，在课程改革初期，教师对实验教科书还不熟悉，备课、培训等多种从头开始的工作势必为教师带来一定负担；另一方面，这也说明我国基础教育中还存在较大的地区差异性，各地学生能力和师资水平参差不齐，一些地区还没有在技术和心理上对课程改革做好充足的准备。

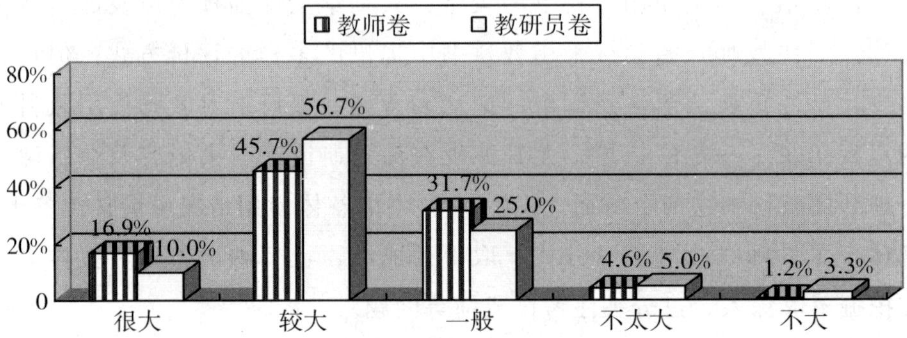


**图 5-24 教师卷和教研员卷对实验教科书给学生和教师带来的负担的选项分布**

教师和教研员对影响实验教科书使用因素的看法较为一致，教研员卷在此部分的平均值更高（如图 5-25 所示）。课程标准的实施和培训对教科书的使用具有积极作用，地区开展的教研活动起到了促进作用，但培训的数量和形式还需改进。教师和教研员都认为，教师现有的教学观念与教学能力在一定程度上影响了教科书的使用效果。教师虽然对教科书内容比较熟悉，但对课程标准倡导的探究式学习和师生互动的教学方式还不太熟悉，在深入挖掘及充分利用教科书方面还有所欠缺。此外，以高考为指挥棒的评价方式、课时安排和硬件设施也是目前影响实验教科书使用的主要客观因素。

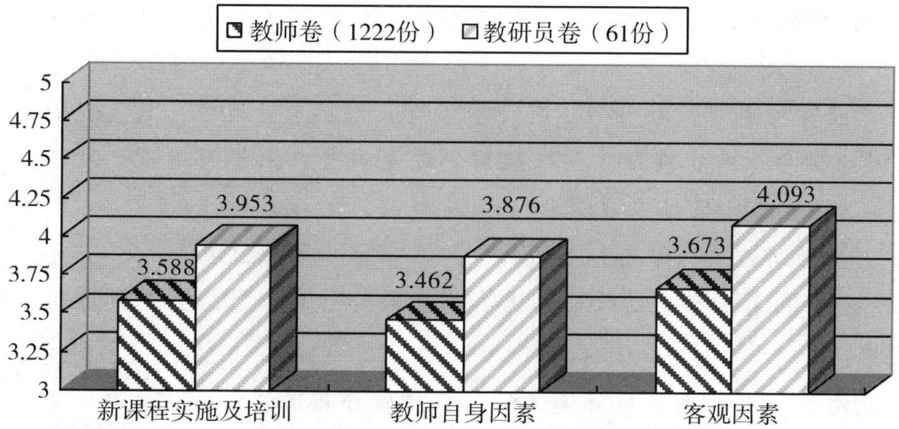


**图 5-25　教师卷和教研员卷对影响实验教科书使用因素的平均值分布**

在学生问卷的末尾，项目组利用主观题征询了学生对教科书使用情况的总体感受，即“关于教科书有两种观点：一种认为英语教科书本身编得不太好，另一种认为是教科书没有被利用好。对此你有什么看法？”大部分学生认为，主要是教科书没有被利用好。其中一个突出的问题是教科书没有得到足够重视，使用率不高，“教师只挑（书中）重点传授知识”“很多有趣的活动我们不经常做”“教科书只充当了单词表”。以下是直接引自学生的一些反馈：

“老师会直接给同学知识点，直接让我们背单词，中间的课文略过。”（北京市示范性中学学生）

“现在我所学的英语只是老师一味地讲，学生记，记过背，背过默，默过忘，这样的流程对提高英语水平没有多大用处。”（安徽经济中等发达地级市示范性中学学生）

“教科书没有用好，其实教科书上有很多趣味性的活动，但老师没有用到，很少组织这种活动。”（湖北经济中等地级市示范性中学学生）

“学习英语教材似乎只为学几个新单词。某些时候跳出几个语法、句型，感觉零乱，没有系统学习，容易忘掉。”（浙江经济落后乡镇示范性中学学生）

“没有被用好，老师用讲旧课本的方式讲新课本。”（河南郑州市示范性中学学生）

“我认为是教科书没有被用好。教科书上有很多互动讨论的栏目，可是老师从来没有让我们互动讨论，只是一味地讲语法和词汇知识之类的

东西，导致我们对英语这门学科几乎不感兴趣。”（河南开封市示范性中学学生）

“没有被用好，教科书中有许多值得我们思考的地方，只是我们来不及深入思考，不能链接，也不能用发散式的思维来想问题。”（湖北经济欠发达地级市示范性中学学生）

“用得到的只有课文和单词表。”（北京市示范性中学学生）

还有的学生提到，教科书内容不能被充分利用是因为受到课时量的限制：

“书太多了，内容挤得满满的，要想好好利用就很难，把课上完，一学期两本书最后还要赶课。”（湖北经济发达地级市示范性中学学生）

此外，教师对教科书的使用受到高考的影响很大，高考的存在也影响学生对教科书编写和使用的期待。

“编得还马虎（可以），只是高考不考，（在）高考辅导资料中，教科书俨然成为辅导材料。”（湖北经济发达地级市示范性中学学生）

“现在的考试完全脱离了课本，与课本基本没联系，除了单词表，复习也很少复习课本。”（湖北经济中等地区示范性中学学生）

“教科书本身编得不太好，里面的测试与考试毫无关系而且废话过多，而且作为一本教科书，亦可能完全按照里面的内容来学习，主要不是教什么决定考什么，而是考什么决定教什么。”（浙江经济发达地级市示范性中学学生）

“没有被用好，考试不考，都考跟书没关系的东西。”（北京市非示范性中学学生）

“目前较好的学校普遍认为英语书只是辅助材料，对高考没太多作用。虽然我个人比较喜欢英语书，有时候觉得快乐学英语没错，但高考才是硬道理。”（北京市示范性中学学生）

也有部分学生认为，实验教科书编写得不好，主要问题包括“英文太多，汉语太少，不合实际”“知识点太散，语法不系统”。

“同学们大多数人英语基础特别差，几乎是英盲。教科书内容再好，我们不认识、不理解，都是白搭。所以我觉得英语教科书最好能适当出现一些汉字。”（甘肃经济落后地级市非示范性中学学生）

“我认为这本教科书编得不太好，上面对语法的注解并不详细，点到为止，让一些英语水平中下等的同学很不理解。”（甘肃经济欠发达地级

市示范性中学学生）

“本身编得不太好，每个单元的内容脉络不是太清晰，知识点太零散，不能让同学抓住一个单元的重点。书中所能利用的知识不多，且课后单元练习题太难，不适合我们。”（安徽中等发达地级市示范性中学学生）

实验教科书根据课程标准的理念，在编写上遵循了“功能－意念”式大纲理论，突出语言的意义和使用，以语言表达的意念（notions）和功能（functions）为基础组织教材内容，突出话题和意义的连贯性，强调学生对语言知识自然、间接的习得。然而，高中生长期习惯于“语法－结构”式大纲及以此为原则编写的教科书，对实验教科书的内容编排还有些不适应，仍然期待教科书对语法点进行系统的归纳总结，期待教师详尽解释语法和其他知识点。

“既然是英语教科书，一学期下来就该学到许多关于英语语法的知识，可我感觉每节课都在讲故事。虽然这样感觉上舒服，但对英语的真正学习是不利的。”（北京市非示范性中学学生）

“课后注释没讲到重点语法，文章不是很典型。”（湖北经济发达省会城市示范性中学学生）

“我认为教科书没有被用好，对基本知识很少总结归纳，达不到最大利用率。”（北京市示范性中学学生）

关于教科书编写和课程设置上存在的问题，教师的回答反映了不容乐观的现状。首先，教科书编写上的突出问题是内容偏多，难度偏大，不适合英语能力水平不够高的学生，尤其是非示范性学校的学生使用，因此教师建议编写适合这部分学生的专用教科书。有的教师还提到，教科书的难度、梯度安排不够合理，板块太多，可以把每两个板块合并成一个，还有些板块的话题和内容需要更新。其次是在课程设置方面，由于高中英语课时不足，教科书的丰富内容在课堂上处理得较为仓促，很多语言任务和活动没有时间在课堂上展开。课时和学生能力的限制导致很多教学内容无法完成。特别是在高三年级，英语教学以复习基础知识为主，教科书的使用明显减少。有的教师认为，教科书应服务于高考，与高考配套。由此可见，虽然实验标准和教科书中原本都包含针对水平较高或学有余力的学生的内容和要求，但是受应试教育的影响，很多学校都不为学生开设这些教学活动，也就扼杀了英语学科优等生发展的潜力。这部分学生也不得不把大量的精力投入题海大战，或转向国际学校，筹划出国。需要引起各方注意的是，如果教学中的应试倾向不改变，这一现状则难以改变。

教研员从自己的视角分析了当前教科书存在的问题。关于教科书的编写，有的教研员提到，教科书难度的梯度设计有待加强，包括各个模块之间的衔接及初、高中学段的跨度（如在词汇量的要求上）。也有一些教研员提到，教科书的话题应该及时更新，与时俱进；有的听力材料过长、过难，有待调整。还有的教研员提到，教科书中语法项目不够系统，不符合高考要求。由于评价制度改革的滞后，很多教师对教科书提倡的教学方法还持有观望和猜疑的态度。很多教研员提到，实验教科书的内容量大，但高中英语课程的课时少，教师压力大，“赶时间、赶进度”的现象很突出。一些教研员建议整合教科书的板块设置，最好一个年级只用一册教科书。很多教研员认为，实验教科书的词汇量、阅读量和话题量都偏大，而整合教科书内容对教师的语言专业知识及教学能力的要求又很高，很多教师对教科书的驾驭能力还有限，不敢大胆取舍，他们二次开发利用教科书的能力还急需提高。因此，增加地方教师的培训经费和培训机会就显得非常有必要。

# 第六章　研究发现与结论

第四章和第五章对本次调研中回收的问卷进行数据统计和分析，呈现了学生、教师、教研员对高中英语课程标准实验教科书的整体评价以及他们对教科书使用情况的反馈意见，分析和讨论了影响教科书使用效果的因素，还针对地区、学校类别及学生能力水平、教科书版本等变量进行了数据结果的差异性分析。本章将总结本研究的主要发现，并尝试对高中英语课程改革中教科书评价研究的相关主题进行理论方面的梳理与整合，以期与以往的研究对接，发掘本研究的意义，为今后教科书的编写、修订、使用提供启示。

# 第一节　学生、教师和教研员对高中英语实验教科书的整体评价

学生、教师和教研员对高中英语实验教科书的整体评价主要包括四个方面：(1) 实验教科书与课程标准的一致性；(2) 学生、教师和教研员对实验教科书编写质量的评价；(3) 与旧版教科书的比较；(4) 实验教科书对学生、教师和教研活动的作用。下面是本次调研的主要研究发现。

## 一、实验教科书与课程标准的一致性

高中英语课程标准指出，教科书的设计与教学的实施应“有利于学生优化英语学习方式，使他们通过观察、体验、探究等积极主动的学习方法，充分发挥自己的学习潜能，形成有效的学习策略，提高自主学习的能力”“使学生在英语学习的过程中，提高独立思考和判断的能力，发展与人沟通和合作的能力，增进跨文化理解和跨文化交际的能力，树立正确的人生观、世界观和价值观，增强社会责任感，全面提高人文素养”。为了更好地实现全面发展的课程目标，实验教科书的编写需要与课程标准保持内在的一致性，通过系统、科学的内容选择，语言学习活动设计，学习评价方式等，促进学生发展综合的语言运用能力，树立正确的价值观。

参与调研的高中学生、英语教师及教研员基本上肯定了实验教科书与课程标准的一致性，其中，教研员的认同度最高。大部分学生、教师、教研员认为，实验教科书符合课程标准的核心理念，以课程标准规定的语言知识与技能作为编写基础，反映了课程标准发展学生综合语言运用能力的总体目标，有助于学生培养主动的学习态度和树立正确的价值观。多数教师和教研员，特别是经济发达地区和示范性高中的教师，认为实验教科书比较适合自己所在学校或地区的学生。

## 二、学生、教师和教研员对教科书编写质量的评价

外语教科书的编写往往是综合多个环节的复杂工作，既要考虑目标

使用群体的认知特点和情感需求，又要涵盖与时俱进的话题、真实地道的语言和丰富的跨文化、跨学科知识体系。本研究从内容选择、语言学习活动设计、版式设计、容量和难度、学习评价方式等几个维度（教师卷和教研卷还包括教科书对实际教学的指导性以及与旧版教科书比较两个维度），综合考究实验教科书的编写质量，为教科书的修订工作提出切实、可靠的建议。

参与本次调研的学生、教师和教研员整体上肯定了实验教科书的编写质量。他们认为教科书的选文体裁多样，选材能够结合学生的实际生活，还肯定了教科书注重跨文化及跨学科知识的整合、语言真实地道等方面的优势。同时，学生、教师和教研员基本认同实验教科书的语言学习活动设计，尤其肯定了小组活动和对子活动对发展学生自主、合作学习能力的促进作用。此外，参与调研的学生、教师及教研员还从总体上肯定了教科书的版式设计。他们认为，教科书选配的插图与文字搭配美观，清晰的目录便于读者从整体上把握内容布局。对于教科书的容量和难度，总体来看，经济发达地区和示范性高中的学生、教师、教研员均比较认可实验教科书所包含习题的数量和难度。最后，学生、教师、教研员都肯定了实验教科书对实际教学的指导作用，特别是教科书能够为教师留有自主使用的空间，有利于教师丰富跨文化知识和提高英语水平。他们还认为，教科书提供了多样化和具有情境性的学习评价方式，为课程改革提倡的多元的、过程性的评价方式在教学中的实际应用搭建了平台。

然而，本次调研也发现教科书不少需要改进的地方。在不少教师和教研员看来，教科书在编写上的突出问题是内容偏多，难度偏大，梯度安排不够合理；板块太多，有些板块的话题和内容需要更新；语法项目不够系统，不符合高考要求，导致教师大量增补课外材料和习题。加上高中英语课时不足和学生能力有限等原因，教科书中丰富的内容只能在课堂教学中仓促处理，很多需要学生参与的语言任务和活动没有时间在课堂上展开，特别是高三年级，教科书的使用率更低。教科书的整合对教师能力提出了很高的要求，而大部分教师不具备二次开发使用教材的能力，不敢大胆取舍。

再者，不少学生感觉实验教科书在内容选择方面的趣味性需要加强。

他们希望编者更多地从学生的角度考虑选材的内容，了解他们这个年龄段学生的特点和兴趣爱好，增加更有趣的学习内容。教师和教研员也指出，实验教科书对初、高中英语学习的衔接性和对不同学习风格的兼容性方面都还值得改进，如何解决好初中进入高中的学习跨度，还需要引起教科书编者的注意。这就需要编者认真研究初中学生截至毕业时的学习内容和学习特点，思考并选择符合该阶段学生兴趣的内容，设计有针对性的教学活动，做到既能有效地帮助学生复习和整合初中所学的内容，又能为顺利开展高中学习奠定良好的语言知识、语言技能、学习方式和学习情感方面的基础，在内容的选择和组织上做到自然、有梯度的衔接。

此外，调查还发现，教科书在为学生创设成功体验的机会和建立充足的信心方面还需要加强。这些是保障学生英语学习效果的重要情感因素。当然，这也和教师在课堂教学中对学习活动的指导和反馈有着密切的关系，教师应该以鼓励学生参与作为出发点，引导他们关注活动的过程，而避免过度重视对结果的点评。教师和教研员都认为，教科书设计的语言学习活动在某些方面不便于操作，还要增强活动的情境性。

对于实验教科书的版式设计等问题，学生认为，多数版本的教科书排版间距略小，未留出足够空间供他们书写。值得关注的是，学生、教师和教研员都指出，实验教科书的大小、形状在便携性方面需要改善。

## 三、与旧版教科书的比较

和以往高中英语教学中使用的大纲版教科书相比，课程标准实验教科书在内容的组织编排和学习活动的设计方面都有了改进。

与大纲版高中英语教科书对比，教师和教研员都认为，实验教科书较成功地反映了课程标准提倡的新的学习理念和方式，更加注重学生的主动参与意识和体验式语言学习过程，模块设计理念也更加科学合理。

然而，教师并没有表现出更喜欢实验教科书的态度。也许是两个版本教科书在设计理念及组织编排方面都各有所长，并不能简单断定孰优孰劣；加之不少教师对实验教科书的使用还在摸索阶段，面临很多的挑战，有这样的反馈也是合情合理的。与教师不同，教研员大多更喜欢实验教科书。

## 四、实验教科书对学习、教学及教研活动的作用

教科书本质上是推动教学效果的工具和资源，因此，评估实验教科书对学生的学习、教师的教学及教研员的教研活动是否发挥了促进作用对了解课程改革的实施情况至关重要。在本研究中，学生、教师和教研员基本肯定了实验教科书对学习、教学和教研质量的促进作用。学生认为，教科书对他们理解不同文化及提高英语阅读能力起到了积极的作用。教师和教研员也都指出，教科书的使用促进了教师更好地了解课程标准的理念，增强自身的教学能力。

绝大部分教研员认为，实验教科书在一定程度上促进了地区教研活动质量的整体提高，激发了教研工作者的思考并提升了教研水平。自进入课程改革和使用实验教科书以来，高中教师更加积极地参与教研活动。各级教育行政部门非常重视课程改革，重视教研活动和教师专业发展，通过国培、说课等形式鼓励教师参与教研活动。这也会对教科书的使用发挥积极的影响。由此可见，教科书的使用、教研活动与教师专业发展是相互影响、相互制约的，他们共同作用于复杂的课程改革进程。

但是我们在调研中也发现了一些不足。例如，不少教师和教研员指出，教科书在培养学生的学习兴趣及创造性、批判性思维方面还有改进的空间。兴趣是学生学习的原动力，而创造性和批判性思维是新时代公民应该具备的人文素质，实验教科书在这两方面的欠缺需要编写者和教师特别注意。同时，教师和教研员也反映，实验教科书的使用没有减轻教师的备课负担，而是增加了很多负担。课程改革的实行和实验教科书的使用增加了高中教师的工作量，客观上也增加了他们的备课负担。教材编者除了给教师适应与调整的时间，还应设法为教师提供更多的资源和指导，努力减轻教师的备课负担，缓解他们的心理焦虑，以便他们将更多的精力放到挖掘教科书的深层意义上去，更快、更好地发挥教科书的中介作用。

## 第二节 学生、教师和教研员对实验教科书使用情况的评价

在新型的课程关系体系中，教科书是教学的中介工具，要通过主体的使用才能发挥促进学习的功效，而教科书最直接的使用主体就是学生和教师，他们对教科书的理解和使用是课堂教学过程的核心。此外，教科书的使用过程发生在由多个因素相互作用、共同构成的复杂的课程体系和教育环境中（Richards，2008），教师自身的认知和教学能力、学生的语言能力、学校环境及所在地区的教育条件等因素都可能对教科书的使用和课程改革实施产生影响。因此，了解真实的课堂教学过程，对保证课程改革的成功有着关键的作用。

早期的教科书研究大多关注静态的教科书文本评价，而忽略了教科书使用者的反馈意见。近年来，随着以学习者为中心的教学方法获得肯定以及教师在课程实施过程中的重要地位得到界定，教科书评价研究也开始关注学生（Breen et al. 1987）和教师（Masuhara，1998；俞红珍，2006）在教科书使用中及使用后的真实的感受和反馈。如果说整体评价是保障教科书质量的基础，那么了解真实的教科书使用过程就是保障课程改革顺利实施的必要之举。

本研究结合大范围的问卷调查，邀请高中英语课程改革实施最前线的主体成员，即学生、教师、教研员，结合实际的教学情境及具体的教与学的需求，对课程标准实验教科书的使用情况做出评价。通过数据统计和分析，我们得到了很多有意义的研究发现。这些发现可以帮助我们更好地认识问题和总结问题，也为课程改革在全国范围内的深化和推行，教科书的编写、修订和使用，以及问卷调查的研究方式等提供了一定的启示。

调研发现，我国高中英语课程标准实验教科书的编写质量整体上得到了学生、教师、教研员的肯定，但也存在改进的空间。事实上，研究者早已指出，外语课程的实施是一个由多个因素相互影响的、复杂的活

动系统（Richards，2008），一套能够满足全部使用者不同需求的万能教科书是不存在的。教科书本质上只是教学工具，需要通过教师和学生的合理使用和调整才能对课堂教学产生促进作用。教科书本身的编写质量只是前提保障，教师和学生在使用过程中结合自身的个性特点、能力水平及情境需求充分发挥教科书的中介作用，才是保障课程成功推进的基础。本次调查研究也证明了以上结论。尽管学生、教师、教研员基本认同实验教科书，但是教科书在使用过程中还是出现了一些问题，这些问题要求整个课程系统相互协作，共同解决。

## 一、教师的教科书使用情况

研究发现，大部分教师认为，实验教科书的使用在一定程度上促进了教师教学观念的改进和教学能力的增强。他们大部分人在使用教科书的过程中，能够基本按照其内容编排顺序进行教学。同时也有教师提到，他们会根据“学生实际的学习情况和接受能力”及“认知水平”替换或删减一些教科书内容，特别是阅读和听力材料及语法练习题。比较遗憾的是，由于课时有限，不少教师舍弃了学生的讨论学习活动。有些教师采用较传统的做法，先处理语法和词汇等语言形式，然后通过阅读和其他形式的任务引导学生关注语言的意义；有些教师则正好相反；还有些教师将语言知识融入文本意义的处理中。为了保持话题内容的连贯性，很多教师根据主题调整教科书的内容顺序。教师们坦诚地反馈，为了保证学生系统地掌握语法知识，进而提高考试成绩，他们往往在教学中利用集中的时间专门讲解语法项目、复习词汇等。此外，教师对教科书中的很多资源使用得并不充分，多数教师将教材内容一带而过，没有做仔细的研读和分析。

## 二、教科书使用中的问题

首先，教师对教科书的使用不充分。本次调研发现，课程改革以来，各高中使用的教科书版本主要由上级教育行政部门指定，教师虽然基本上围绕教科书展开教学，即按照教科书的编排顺序设计和实施教学，但由于时间和精力的制约，教师一般不会参考其他版本的教科书，选择和使用教科书的灵活度不高。大部分教师大致遵循统一的教学进度来教授教科书的内容，很少自行做出调整。学生卷调查结果显示，很多教师放弃了教科书中配套的练习，却补充其他学习材料，还增加了大量教辅练习题。大部分教师主要采用考试的检测方式，注重学生对单词和语法的记忆，而这些做法在一定程度上阻碍了教师真正接受和践行课程标准倡导的教学理念。

这种做法为什么会普遍存在？为什么教师们不太敢“动教材”，却又补充了许多教辅材料或专项的语法及词汇讲解？课程改革鼓励教师参与课程资源的开发，转变将教科书奉为权威的观念，发展“用教材教”的理念。在这样的背景下，教科书使用过程中出现的这些问题值得探究，教师在教科书的使用和调整过程中的创造性和适切性问题值得深入关注。

不少教师对实验教科书的理解还不够深入，教师培养学生主动、自觉使用教科书的策略意识也很薄弱。受教师教学观念和方式的影响，学生主要是被动地接受教科书提供的语言知识和技能，自主学习的意识很薄弱。尽管部分学生肯定了课前预习的作用，但绝大多数学生的实际预习时间都很短。他们缺少积极主动的学习精神，也不能有效利用教科书进行复习。另外，学生大多是在单元考试前对教科书内容进行复习，也就是说，学生的复习还是以备考为主要目的，而不是为了养成自主学习的习惯。大部分学生没有对教科书内容提出过质疑。

此外，各地区学生语言能力、师资水平和教学配套资源存在很大差异，这些因素都影响了实验教科书的使用效果。例如，乡镇地区和非示范性中学的学生和教师反映，教科书的内容难度偏大，不符合当地或本校的学生实际语言水平和教学状况。教师如何根据所在地区或学校的特点和学生的实际能力，适当调整教科书的内容和教学进度，尽量保持学生的学习兴趣和热情，成为巨大的挑战。高中英语教师对教科书的驾驭能力和教学设计方面的创新能力都还有待加强，而教师的教学能力和教学理念都是影响教科书实际使用效果的重要因素。

在教科书的容量和难度方面，学生、教师和教研员的意见并不完全统一。部分学生和教师认为教科书所选的阅读文章偏长、词汇量偏大；但也有学生觉得阅读文章的长度适中，对听力材料的长度和难度也基本认可。多数情况下，教师对教材的处理方式不同，导致学生的体验不同。例如，有的教师为了降低听力任务的难度，通常会让学生先阅读一遍材料再听。当然，也有的教师认为阅读文章难度尚可，于是没有做出特别的处理，这可能给学生造成了比较大的学习困难。可见，教师是连接教科书与学生的桥梁，是教科书内容的转译者，他们对学生有效利用教科书达成学习目标起到关键的作用。

教师检验学生学习效果还是以考试的评价方式为主。课程改革中大力倡导的多元评价方式还没有得到教师足够的重视，实验教科书中可供参考的多元评价方式也未得到切实的利用。由此可见，高考对高中英语教科书的使用和教学组织的指挥棒作用依然很突出。不少教师为了提高学生的高考成绩，放弃了教科书中鼓励学生参与但需要占用较多时间的学习活动，而是将教科书中一些注重培养学生语言综合运用能力的课后实践替换为考试练习题。这也说明，教学方式与学习评价方式有密切的联系，评价方式在一定程度上制约教学方式的灵活性。

本研究还发现，教研活动和教师培训是直接影响教科书使用效果的因素。自从课程标准实施以来，各级教育部门组织了丰富多彩的培训和教研活动，教师和教研员都肯定了课程标准的实施及相关培训对教科书使用的促进作用。他们认为，所在地区开展的教研活动促使教师对实验教科书的理解和使用更加到位，在一定程度上增强了教师的教学能力，保障了教科书的使用效果。但是，一部分教师认为，目前与课程及教科书相关的培训的数量和形式还不能满足教师的实际需求，培训的数量还需增加，形式还需改进。相关部门不仅要组织涉及课程标准基本理念的通识培训及理论讲座，还应结合教师在教学中遇到的实际困难、困惑进行深入的、个性化的指导。

最后，一些地区还面临硬件配套设施匮乏和课时安排不合理等客观问题，这些外在因素对于实验教科书的使用也有一定的消极影响。

以上问题既是教科书研究领域关注的重要话题，也是广大教师、教研部门以及教育管理者应该密切关注的问题。

## 第三节 地区、学校类别、培训等差异对实验教科书使用的影响

客观地讲，任何一套大范围使用的教科书都很难满足所有学生和教师的能力水平及实际教学情境的具体需求。特别是我国幅员辽阔，各个地区的经济水平和教育发展都还不均衡。目前普通高级中学分为各级示范性中学和非示范性中学，教师的教龄和职称各有不同，这意味着他们的教学经验也存在差异。具体到每一个班级的学生，他们之间也存在着英语语言能力水平的差异。加之自从课程改革以来，各地培训方式各有不同，还有多个版本教科书投入市场，这些因素都成为影响学生、教师和教研员评价和使用实验教科书的潜在因素。为了更细致地了解使调研结果产生显著差异的变量因素，项目组在各子问卷中设计了多个可能影响问卷结果的变量因素，并对回收的数据进行了以方差分析为主的差异分析。

除教研员卷因为数量过少而无法进行统计意义的差异分析外，调研结果发现，学生、教师所在地区的行政级别和经济水平、所在学校的类别和学生语言能力以及教科书版本对问卷结果差生了显著影响，而教师的教龄、职称、文化程度对问卷结果的影响并不显著。这对课程标准及教科书在未来的修订中如何照顾更广范围的学生和教师需求有一定的启示。

### 一、地区差异

本次调研选取了我国列为课程改革实验区的七个省、直辖市，主要分布在华北、华东、西北、西南等区域。它们使用实验教科书的时间未必相同。学生卷和教师卷基于不同省、直辖市的方差分析结果表明，来自北京市的学生和教师对教科书整体评价的平均值较高，来自云南省的则较低。这两个地方开始课程改革的时间不同，北京市是最早开始课程改革的地区之一，而云南省则是最晚开始的地区之一。或许由于这个原因，

北京市的学生和教师对教科书的感受和理解相对深入，对它的认同感也就相对较高，而云南省的学生和教师则相反。当然，为了更客观地了解这一差异，今后还需要进行跟踪调查或访谈。

不同地区的行政级别和经济水平各不相同，这些实际上也在一定程度上导致了学生和教师能力水平的差异。从总体上看，经济较发达的城市学生和教师对实验教科书更加认同。他们认为，教科书的理念导向、内容选择、学习活动设计和版式设计都给他们带来了新的感受。教科书考虑到了学生的兴趣，能够促进学生理解不同文化，增强学习能力。相比之下，经济欠发达的地/县级市及乡镇地区的学生和教师则普遍认为，教科书的容量和难度偏大，不太适合他们的实际情况。造成这种情况的原因很多，其中之一可能是我国城市和乡镇地区的生活水平有很大的差异，统一的教科书很难做到分层分类设计，而主要以城市学生作为主体编写对象，因此也就无法满足所有地区，特别是乡镇地区的学生和教师的需求。这也提醒教科书编写者在修订工作中应尽可能考虑乡镇地区学生的实际需求，增加一些符合他们生活实际的内容。

## 二、学校类别及学生差异

在本次调研中，绝大部分的学生和教师都来自各级别的示范性高中，与非示范性中学的学生和教师相比，他们对实验教科书的认同感更强；由于学习能力和教学能力整体较强，他们也更能体会到教科书为英语教学带来的变革。与此相对，非示范性中学总的来说学生能力欠佳，师资力量也相对薄弱，教科书的容量和难度就显得有些偏大，学生学起来比较困难，教师又不敢或不知道如何降低教学材料的难度，因此，他们对实验教科书的认同度就不会太高。

学生对教科书的整体看法与他们的成绩显著相关，越是成绩优秀的学生，越认同和喜爱实验教科书，而成绩不佳的学生则觉得实验教科书偏难。教师在使用教科书过程中要照顾不同学生的能力水平和情感需求，通过调整教科书内容、设置有梯度的教学目标和任务等方式，鼓励能力较差的学生积极参与到英语学习中来，使他们在体验中增强学习信心。

## 三、教科书版本差异

本次调研涉及人教版、北师大版和译林版三个版本的教科书，但它们的样本量相差较大，其中人教版的数据量最大。应该说，三个版本的教科书都很好地落实了课程标准的教育理念，但在设计和编写方面又各有所长。调研发现，译林版教科书在版式设计上做得比较好，北师大版在教学指导及对教学的促进方面做得比较好。北师大版、人教版教科书的容量和难度相对偏大。

总之，本次调研发现，影响实验教科书使用的因素很多，地区差异、学校类别的差异、学生能力水平的差异以及教材版本的差异都对教科书的使用效果产生重要的影响。从总体来看，经济发达地区、示范性学校、能力较强的学生对教材持肯定态度的比例要比经济欠发达地区、非示范性学校及能力较差的学生要高很多。从这里可以推断，经济发达地区由于对教育的投入大，重视教师培训，因此教师的整体专业能力强，也必然会对学生的学习产生积极的影响。教材版本之间的差异也非常值得关注。教材的编者在今后修订教材的工作中，可以汲取不同教材的优点，确保教材能满足不同学生的兴趣并联系学生的实际生活。但要说明的是，本次调查的取样不够均匀，这会在一定程度上影响研究结果的准确性。

## 第四节　对问卷调查研究的反思

课题组在本次研究中回收了上万份调查问卷，并将数据录入 SPSS 软件进行筛选和统计分析，从定量研究角度得出了较为宏观的结论：学生、教师、教研员基本认同高中英语课程标准实验教科书的总体编写质量，认为其内容多样、外表美观、学习活动设计科学，有利于学生综合语言运用能力和教师教学能力的增强。在教学实施过程中，教师基本按照课程标准的建议使用教科书，但也做出了不少调整。教科书的使用效果不仅受到教师自身专业能力及教学理念的制约，也受到课程培训、评价方式、教育环境等客观因素的影响。

课题组在统计分析的工作收尾后，对所收集到的数据和数据分析的结果进行了一定的反思。大范围问卷调查的结果固然具有统计学意义，得出的结论具有一定的普适性。但是面对大量准确的数值，课题组并不能明确、清晰地勾勒出具体的课堂教学情境中教师、学生利用教科书互动的具体画面，很难解析多种因素相互影响而形成的复杂的课程实施系统及其本质特征。这就说明本研究单纯采用定量的问卷调查方式具有一定的局限性，缺乏一些引导学生、教师、教研员深入解析教科书使用方式、剖析行为依据的数据收集方式。今后的研究应适当融合深入的质性研究方法，通过访谈、案例分析等方法深入挖掘学生和教师对教科书的评价和使用情况。

本研究在研究工具的研制和研究对象的抽样方面也存在一定的缺憾。例如，本研究在研制调查问卷时为了探讨调查中存在的差异性，请参与者对自己所在地区的政治、经济状态及所属学校的类别做出判断，但数据回收后，课题组发现，这些判断具有极大的主观性。尤其是对高中生来说，他们的判断没有统一的标准，这在一定程度上干扰了后期的差异分析结果。在抽取教科书版本的样本方面，本次调研没有抽取到市面上现有的全部高中英语教科书版本，各版本数量的比例也没能达到与实际使用比例相符的理想状态。

当然，以上不足也为今后的研究提供了一定的启示。质性研究与定量研究结合的研究模式将有利于分析复杂的课程改革进程及这一过程中教科书的使用状况，该模式值得进一步探索。

# 第七章 课程改革的成绩、问题、启示与展望

本章在第六章的研究发现的基础上，思考课程和教材改革所带来的启示。同时，结合新时期高中课程改革的新目标，特别是中国学生发展核心素养目标，展望下一阶段的高中课程改革的深化给英语教师带来的挑战。

# 第一节 课程改革取得的成绩与存在的问题

本次调查研究发现，高中英语课程改革在实施过程中成绩与问题共存。对此，我们应该保持清醒的认识，肯定成绩，正视问题，为深化下一阶段的课程改革提供新思路。

## 一、课程改革取得的成绩

在本研究实施期间，高中英语课程改革已走过了许多个年头，实验课程标准所阐述的课程目标、课程理念和课程分级标准为改革指明了方向，实验教科书成为教师践行新的课程理念的中介工具。教师作为课程的直接实施者，经过了学习、培训和发展，积极贯彻课程标准的理念，运用实验教科书开展教育教学创新，在实践中取得了可喜的成绩。

首先，在课程改革中，教师通过学习课程标准，合理使用实验教科书，参加各种教师培训和观摩研讨活动，将所持的课程理念从过去以词汇和语法知识的教学为本，转向以培养学生综合语言运用能力为目标。他们的教学方式也从过去以传授和讲解为主转为注重激发学生积极的学习情感，采用体验、参与、实践、探究等学习方式，培养学生的学习兴趣，调动学生学习的主动性与积极性，采用多元评价的方式，鼓励和培养学生的自主学习能力。

从参与调研的学生、教师、教研员对实验教科书本体和使用的反馈来看，教科书作为连接课程理念和教学实践的中介，体现了对学生英语学习兴趣的培养，传递乐观向上的情感态度与价值观。同时，英语教科书努力做到了跨文化、跨学科知识的融合。由此可见，课程改革实施的主体已经逐渐突破以英语知识和技能为主的语言学习观，开始认识到英语在文化传播及塑造学生情感、态度、价值观等方面发挥的不可替代的作用。

在调研中，学生、教师、教研员对教科书中反映的新的学习理念都表示认同。实验课程标准改变了只把英语作为国际交流工具的狭隘的语言观，确立了“培养用英语获取信息、处理信息、分析和解决问题的能力”的理念，重视学生的语言综合运用能力，要求教师鼓励学生参与活动，为学生创设实践英语的情境。很多教师认同实验教科书在内容选择上注重体裁和题材的多样化，注重综合跨学科、跨文化的知识体系，提供多种多样的学习活动设计和注重学生的主动参与和相互合作。这些都说明，经过课程改革，教师的理念已经悄然改变。教师在教学中开始关注不同学生的语言水平和学习风格，意识到教学要满足学生的多样性发展。

从教学方式看，实验教科书提倡更加符合外语学习规律的、既重视学习过程又重视学习结果的新型教学方法，强调发展学生的综合语言运用能力。在教科书的使用过程中，教师也注意发挥自身在课程实施过程中的主体作用，通过调整教科书的内容和开发校本资源等方式来满足学生的实际需求。在教学实践中，越来越多的高中英语教师开始尝试探究式、合作式的新型学习方式，以此来促进学生的学习兴趣和自主学习能力的培养。

此外，课程标准和实验教科书鼓励教师采用形成性评价与终结性评价相结合的多元评价体系。单一的测试对培养学生英语学习兴趣非常不利。它使得很多学生只为考试而学，抹杀了英语学习的真正目的，也在一定程度上助长了我国长期以来存在的“哑巴式”英语学习现象。课程改革以来，尽管这种情况还客观存在，但我们也发现，开始有越来越多的教师在教学中尝试采用多种评价方式，注意调动学生参与互动活动，这些都是好的开端。

## 二、课程改革过程中存在的问题

当然，课程改革并非一蹴而就的举动。虽然改革中取得的成绩令人深受鼓舞，但教育部门、教师及研究者还要保持清醒的头脑，要看到改革中客观存在的问题，并切实、有效地解决这些问题。只有这样，课程改革在深化过程中才能够取得更大的成功。从本次调研所反映的课程改革实施的真实情况及效果来看，高中英语课程改革还面临各种各样的问题。厘清过去十几年课程改革中的问题，将有利于实验课程标准及教科书的修订和完善，也关系着新一轮课程改革的继续推进和深化。

我们在调研中发现，不同地区、不同类别学校高中生的英语语言运用能力参差不齐，统一编写的教科书无法照顾不同学生的个体需求；而教师为了照顾大多数学生的能力水平，难以实践教科书所设计的全部学习活动和评价方式，这在一定程度上影响了教科书的使用效果。此外，我国大部分地区高中课堂的学生容量偏大，学生的英语能力水平存在明显的差异，特别是农村学校和非示范性中学学生的综合语言运用能力欠佳，这给教师对教科书内容和教学活动的选用及讲解难易度的均衡方面带来了很大压力，很多教师因此放弃了大多数需要学生参与的教学活动。学生的学习方式变化不大，他们对“自己应该学什么”和“怎么学”等问题缺少批判性的思考和反思。很多学生为了追求高分，采用题海战术，学习负担很重。教师、学生都疲于应对以考试成绩为基础的考核。

其次，有的教师无法很好地驾驭教科书，其自身的专业知识和能力素养都需要不断提高。教师在课程改革中的关键作用不容忽视，他们负责将实验教科书的教学理念运用到课堂实践中并有效促进学生学习。然而，本次调研显示，不少高中英语教师的教学理念与教学行为不一致。尽管他们普遍认同实验教科书以学生为中心及发展综合语言运用能力的理念，但在具体的实践中，他们却不知道如何驾驭教科书，如何将新的教学理念“内化为自己的教育教学观，仍处于‘浅层适应’状态”（郭静，2009）。高中英语教师无法摆脱高考的枷锁，在使用实验教科书的过程中尤其关注词汇和语法知识，以及注重考试这种检测方法。

此外，高中英语教师二次开发教科书的能力还比较薄弱。他们或是对教科书内容照本宣科，或是对教科书内容的处理比较随意。教师根据学生水平和教学需要对教科书进行调整，是需要遵循一定的原则和采取有效的策略的，因此，教师需要科学、系统的培训。教师也需要通过培训，更好地认识课程实验教科书的设计理念和编写特点，理解其内涵和理念。实验教科书内容新颖，侧重语言的交际功能并将教学材料情境化，话题式的模块编写模式取代了以往以语法体系为线索呈现学习内容的编写模式。但很多教师认为实验教科书对语法的梳理不清晰，因此在实际教学中专门增加了词汇和语法的讲解。一些教师认为实验教科书的容量和难度偏大，特别是对于英语能力较薄弱的高中学生来说更是如此。虽然实验课程标准要求教师能够根据学生的具体需求来调整教科书的内容，但一些教师不熟悉调整策略，不敢或不知道怎样对教科书内容做出合理的取舍。教师创造性地整合和处理教科书的能力还亟待提高。

从本次调研看出，课程改革和教科书的有效开发和利用主要受到应试的束缚。不少教师受到应试的压力，没有很好地挖掘和利用教材内容，而是补充了大量的习题。这也导致了课时压力大，师生在有限的课时内很难完成教科书的所有教学内容和活动要求。很多教师反映的负担加重的问题，也需要辩证地分析。在调研中我们发现，一方面教师抱怨课时偏少，没有足够的时间处理教材的内容；另一方面，教师又给学生补充大量的应试习题，占用不少课堂时间来练习和讲解，也占用了学生很多课下时间做专门训练。学生英语学习的负担来源到底是课程标准、教科书，还是课堂教学的实施方式和过程，还需要更深入的实证研究。

从对上述问题的分析我们可以获得几点启示：首先，教科书的编写在形式上要更多考虑学生的需求，特别是考虑到学生所在的地区存在很大差异，学生自身的家庭背景、英语水平等也存在很大差异，教科书如何体现对这些差异的关照将是一个巨大的挑战。或许，可以考虑让教科书在基本满足最低水平要求的基础上，增加弹性资源，方便教师根据学生的水平、兴趣和需要进行选用。第二，有关部门要培养和指导教师对教材和学生进行深入的分析，通过教师对教科书的二次开发和调整来满足不同地区、不同层次、不同兴趣的学生的需求。第三，教师要避免盲目补充练习题类的教辅资料，要在充分确保教材内容深度处理的基础上，选择有质量的阅读和练习材料帮助学生巩固所学内容。

## 三、对有效开展教师培训的建议

21 世纪基础教育课程改革实施以来，教师的教育理念、知识储备、学科知识结构及教学能力都受到很大的挑战，这些因素不仅直接影响教科书的使用效果，还可能影响高中英语教学质量的整体提升。教师专业化能力和水平的提升是课程改革深化阶段面临的重要问题。根据本次调研的统计结果，超过半数的高中英语教师指出，课程改革以来，实验教科书的使用给教学设计带来的负担和压力明显增加，教师备课的时间增长，需要参考、补充的课程材料也明显增多。此外，现有的课堂教学依然无法突破传统的说教式教学方法，仍有很多教师按照应试模式开展教学。部分教师即使能够完成教科书规定的内容，也不能做到自由、创新地使用教科书。教师能力和教学观念成为影响教科书使用的重要因素。而教师对新的教学方式、课程评价方式和教科书编写理念的理解还不够深入，这也在很大程度上影响了实验教科书的使用。

从本次调研中可以看到，过去十几年，教育部及各级教育行政部门在改革的过程中投入了大量的人力和物力，开展了多种形式的在职教师培训，特别是针对课标、教材和教学方法的培训，这对课程改革的推进起到了积极的作用。如果在职教师的学科知识和教学技能没能根据实际需求进行调整和补充，就会在很大程度上阻碍基础教育的发展。自从实施新课程改革以来，教师培训在内容和形式上都得到了不少改进，但是课程实施过程也反映出教师培训方面一些有待改进的问题。

在这次课程改革中，教师培训主要有两种形式：一种是国家层面对全国骨干教师的培训。以各地的“国培计划”为代表，这种培训形式规模大、层次高，课程设置相对系统、完整，但辐射面也相对狭窄，很难使每位教师都从中受益。另外一种形式是地区性的学科教研活动。规模小、层次低，且课程设置缺乏系统性，但便于教师参与，覆盖面更广，对教师个人的帮助很大。总体来说，目前我国教师培训在地区、规模等方面还存在不均衡状况，在职教师的专业化发展还存在较大的困难。

调研发现，广大教师和教研员对教师培训都给予了很高的期望。为了缓解教师的压力，提升他们的专业发展水平，教育行政部门应进一步健全和完善教师培训制度，丰富培训的内容和方式，照顾到大多数教师的实际需求，进而促进新课程实验教科书的合理使用和教师教学水平的全面提高。基于以上分析，课题组提出了以下建议：

1. 建立完善的教师培训制度，努力推行常规化的培训。目前，全国范围内课程改革教师培训的工作已经大力推进，但各地开展工作的程度和水平差异很大，因此必须建立一套完整的教师培训制度，从培训时间、频次、资金来源等方面加以保证，将其作为我国中学教师在职教育的必修内容。

2. 构建更加科学的培训课程体系，深入研究教师的知识构成和专业发展的有效途径，丰富培训内容，建立课程之间的有机联系；组建专业化的培训队伍，融合注重参与、理论引领、实践取向的培训优势，立足于帮助教师解决实践中存在的各种问题。在以往的实践中，中学教师培训主要由大学教授来承担，以讲授理论知识居多。但一线教师普遍认为，只有将理论与实践相结合，才能更好地理解其内涵。一支专业化的教师培训队伍，应包括大学教授、地方教研员、一线教师、教科书编写人员以及教育政策制定者等众多成员，以便对中学教师进行全方位的、更加专业的培训。

3. 因地制宜开辟多元化的教师培训形式。在推行教师培训的过程中，实地的培训效果毋庸置疑，但我国不同地区的教育资源配置差异非常大，各地教师培训的人力、物力和财力的保证力度也参差不齐。这就要求因地制宜地开辟多元化的教师培训方式，通过“一传十、十传百”的经验交流、网络授课、资料培训等多种形式，最大限度地实现让每位教师都接受专业化培训的目标。

## 第二节 深化高中英语课程改革所面临的挑战

2014年，教育部印发了《关于全面深化课程改革 落实立德树人根本任务的意见》，首次提出了“核心素养体系”的概念。当前，“核心素养”已经成为我国教育界倍受关注的“热词”，也是下一阶段国家推动基础教育课程改革深入发展的新目标。2014年底，在教育部统一指导下，各学科开始修订高中课程标准。经过三年的研究，完成了各学科核心素养体系的研究构建。高中英语课程标准（2017年版）的修订以教育部公布的“中国学生发展核心素养”为指导，明确了高中英语学科核心素养由四个要素构成，即语言能力、文化意识、思维品质和学习能力。修订后的高中英语课程标准最重要的变化就是突出强调了学科的育人价值。也就是说，学习英语并不仅是学习语言，也要通过英语语言的学习，学会理解和表达情感、态度及价值观，发展思维品质、塑造文化品格，形成学习能力，在教学中通过整合、关联学习活动，将语言、思维、文化和学习能力的发展有机融合。

以核心素养为目标的新一轮课程改革对教师提出了更高的要求，教科书的修订和教师对体现核心素养的新教材的把握和使用即将成为下一阶段深化课程改革的重心，教科书修订和教师培训的重要性也进一步突出。为此，我们有必要基于本次所收集的数据，为修订教材并通过教材的修订落实立德树人的根本任务，培养学生英语学科的核心素养，以及有效地开展教师培训提供建议。

### 一、课程改革要求给教师带来的挑战

核心素养是在国际大背景下，国家对未来教育发展提出的新目标。“学生发展核心素养”的概念最早于1997年由经济合作与发展组织（OECD）提出，之后，世界各国（地区）与国际组织相继建立学生核心素养模型，深化课程改革，优化教学评价模式，以及提升教师专业水平。OECD从四个维度构建了学生发展核心素养的框架，包括思维方式、工作方式、

工作工具和生活方式，分别涉及创新思维与问题解决，以及沟通、交流、团队合作等（Katerina et al. 2009）。美国、澳大利亚、新加坡等国家也都纷纷研究制定了本国21世纪学生发展的核心素养标准。从全球范围来看，核心素养的要素选取都反映了社会经济与科技信息发展的最新要求，强调创新思维与创造力、问题解决、信息素养、国际视野、沟通交流、团队合作、社会参与（责任）、自我规划等。它们的表述虽不尽相同，但都指向一些共同之处，以使师生适应21世纪的挑战。

我国制定的“中国学生发展核心素养”框架经过反复征求意见和修改完善，于2016年在北京发布。该框架以培养“全面发展的人”为核心，分为文化基础、自主发展、社会参与三个方面，综合表现为人文底蕴、科学精神、学会学习、健康生活、责任担当、实践创新六大素养，具体细化为国家认同等18个基本要点。根据所发布的信息，学生发展核心素养指学生应具备的，能够适应终身发展和社会发展所需要的正确的价值观、必备品格和关键能力。它是对学生知识、技能、情感、态度、价值观等多方面要求的综合体现，是每一名学生获得成功生活、适应个人终生发展和社会发展都需要的、不可或缺的共同素养；其发展是一个持续终身的过程，可教可学，最初在家庭和学校中培养，随后在一生中不断完善。

我国明确把学生发展核心素养作为深化课程改革的目标，研究制定各学科的学科核心素养，为下一个十年的课程改革指明了方向。英语课程需要通过引领和促进教师的专业发展，改变当前存在的“学科本位”和“知识本位”现象，通过引领教师转变观念，把学科育人放在首位，帮助学生明确未来的发展方向，并激励学生朝着这一目标不断努力。

英语学科的四个核心素养要素，即语言能力、文化意识、思维品质和学习能力，恰恰是在总结过去十几年英语课程改革及实验教科书使用过程中存在的主要问题的基础上提出来的，力求改变以知识为本、碎片化的教学方式，重视解决学生思维培养欠缺、交流合作能力不足、解决问题能力薄弱、情感态度价值观有偏差等问题。这些问题都必须通过深化课程改革的方式来解决。

## 二、英语教科书的修订原则

创新精神是知识经济时代的一个显著标志，是国家和民族进步的不竭动力，也是一个现代人应该具备的基本素质。教育是知识创新、传播和应用的主要基地，也是培育具有创新精神的人才的重要途径。然而，长期以来，我国的中学教育体制往往以考试分数作为衡量学习成果的唯一标准，大部分学校盛行教师灌输知识的教学模式，忽视学生的学习兴趣和主动参与课堂活动的热情，极大地妨碍了学生创新精神和创新能力的发展。课程改革的推进使我们不断意识到，要想让创新型人才辈出，就要呼吁教学内容与教学方式的进一步创新。

教科书的修订要充分考虑学生已有的生活、学习经验，要符合学生的认知规律；教师要渗透、培养学生创新精神的教育理念，在课堂上利用合作式、探究式的教学活动，调动学生批判、自主的学习意识。本次调查结果表明，高中英语实验教科书内容丰富，选材广泛，涉及跨学科、跨文化知识，有助于开拓学生的视野；编写原则体现了课程标准的基本理念，有利于改变教师原有的教学方式和学生惯用的学习方式，有利于发展创新精神；活动设计体现了情境化和生活化的特点，既对教学设计具有指导性，又为教师的自主使用留有空间。

然而，当前高中教师和学生的创新能力从总体上来说还很欠缺。超过一半的教师没有突破旧的教学观念，实际教学活动依然主要围绕高考的指挥棒进行，多以教师讲授、学生记忆的传统方式开展，课后大量增加习题，着重使用单一的测试方式评价学习效果，忽视学习探究活动。能够自由创新地驾驭实验教科书的教师不足30%，正如一个学生所说的那样："在教科书上有很多互动讨论的栏目，可是老师从来没有让我们互动讨论，只是一味讲语法和词汇知识之类的东西，导致我们对英语这门学科几乎毫无兴趣。"同样，仅有1/3的学生善于运用学习策略实现自主学习，绝大多数学生极少对教科书和教师的权威提出质疑或批判。由此可见，培养创新型人才任重道远，这将对我国基础教育改革提出多重挑战。

## 三、对进一步修订教科书的建议

为了落实培养学生核心素养的目标，我们对高中英语课程标准实验教科书的修订方向等提出以下建议：

1. 在教科书修订过程中，编者要更加重视所选材料的思想性和多样性，为学科育人提供丰富的素材资源。同时，还要注意语篇类型的丰富性和多样性，使学生接触到真实、自然、生活中常见的英语语篇。编者还要注意引导教师在使用教科书的过程中改变只关注语言形式及表层意义的教学方式，使他们不仅能利用自身的语言专业知识与能力挖掘教学材料的文化内涵和育人价值，而且通过实践符合学生兴趣爱好和认知特点的学习任务，有效地帮助学生在英语学习过程中逐步获得深层的文化涵养。

2. 教科书的修订需要特别关注如何培养学生良好的思维习惯和思维品质。通过对主题意义的探究和多种形式的语言实践活动的设计，让学生通过语言、文化、思维三位一体的学习活动，增强学生的逻辑思维、批判思维和创新思维能力，引导学生学习分析和解决问题的方法和思路，构建新知识体系，形成正确的人生观和价值观，提高理解和表达意义、意图和情感态度的水平，尝试用英语理解跨文化知识，增强文化自信，学会用英语讲好中国故事。

3. 教科书的修订应更多考虑学生的情感需求，增强内容的趣味性和活动的可操作性。兴趣是提高学生创新能力的原动力和基础，教科书内容和活动的设计应该充分照顾不同学生的认知水平和学习风格，不断更新话题，突出内容的趣味性；并为教师创新地组织开展教学任务提供足够的原始语言材料，增加教学参考资源（如教学实例电子资源），引导他们逐步尝试新的教学方式。

4. 开发多学科教学的整体教育功能，优化课堂教学结构，开展课外社会实践活动。教科书应该继续发扬整合多学科、跨文化知识的优势，增加课外实践的内容。课外社会实践为学生将课堂所学知识学以致用创造了有利条件，有助于培养学生探索发现、全面分析、灵活运用、大胆实践等创造性能力。高中英语教师应该树立以实践活动促专业发展的理念，创新地设计课外学习活动，使学生在实践和真实的生活情境中联系和运用学科知识，学会学习，学会交往，学会发展。

5. 完善在职教师的培训制度，使高中英语教师深入理解课程改革倡导的教学理念，转变原有的陈旧教学方式。教师是教科书的实际使用者，也是教科书内容的转译者。要培养学生的创新精神，教师首先要在教科书使用过程中发挥自身的创新潜能，为学生树立榜样示范作用。教师必须转变单一的说教式教学习惯，灵活、创新地参与课程的开发和实施，结合特定的教育情境，满足学生的实际需求，切实地实践创新的英语语言教学理念。

# 参考文献


AMIRYOUSEFIA M, KETABIB S, 2011. Anti-textbook arguments revisited : a case study from Iran [ J ] . Procedia social and behavioral sciences ( 15 ) : 215–220.

APPLE M W, 1991. Regulating the text : The socio-historical roots of state control [ M ] // ALTBACH P G, KELLY G P, PETRIE H G, WEIS L ( Eds. ) . Textbooks in American society : politics, policy, and pedagogy. Albany : State University of New York Press : 7–26.

APPLE M W, CHRISTIAN-SMITH L K ( Eds. ), 1991. The politics of the textbook [ M ] . London : Routledge.

ARONOWITZ S, GIROUX H A, 1991. Textual authority, culture, and the politics of literacy [ M ] // APPLE M W, CHRISTIAN-SMITH L K ( Eds. ) . The politics of the textbook. london : Routledge : 213–241.

AUERBACH E R, BURGESS D, 1985. The hidden curriculum of survival ESL [ J ] . TESOL Quarterly ( 19 ) : 475–495.

AZIZIFAR A, KOSSHA M, LOTFI A R, 2010. An analytical evaluation of Iranian high school ELT textbooks from 1970 to the present [ J ] . Procedia social and behavioral sciences ( 3 ) : 36–44.

BASTURKMAN H, 1999. A content analysis of ELT textbook blurbs : reflections of theory-in-use [ J ] . RELC Journal, 30 ( 1 ) : 18–38.

BORG S, 2003. Teacher cognition in language teaching : a review of research on what language teachers think, know, believe, and do [ J ] . Language teaching, 36 ( 2 ) : 81–109.

BREEN M P, CANDLIN C N, 1987. Which materials? A consumer's and designer's guide [ M ] // SHELDON L E ( Ed. ) . ELT textbooks and materials: problems in evaluation and development. London: Modern English Publications in Association with the British Council: 13–28.

BROWN J D, 2001. The elements of language curriculum: a systematic approach to program development [M]. Beijing: Foreign Language Teaching and Research Press, Heinle & Heinle.

CANNIVENG C, MARTINEZ M, 2003. Materials development and teacher training [M] // Tomlinson B (Ed.). Developing materials for language teaching. London: continuum: 479–489.

CHAPELLE C A, 2009. A hidden curriculum in language textbooks: are beginning learners of French at U. S. universities taught about Canada? [J]. The modern language journal, 93 (2): 139–152.

CLANDININ D J, CONNELLY F M, 1988. Teachers as curriculum planners: narratives of experience [M]. Toronto: Teacher College Press.

CUNNINGSWORTH A, 2002. Choosing your coursebook [M]. Shanghai: Foreign Language Education Press.

DUDLEY-EVANS T, ST JOHN M J, 1998. Developments in English for specific purposes: a multidisciplinary approach [M]. Cambridge: Cambridge University Press.

ELLIS R, 1997. The empirical evaluation of language teaching materials [J]. ELT Journal, 51 (1): 36–42.

ELLIS R, 1998. The evaluation of communicative tasks [M] // TOMLINSON B (Ed.). Materials development in language teaching. Cambridge and New York: Cambridge University Press: 217–238.

FENG A W, BYRAM M, 2002. Authenticity in college English textbooks—an intercultural perspective [J]. RELC Journal, 33 (2):58–84.

FULLAN M, 1993. Change forces: probing the depths of educational reform [M]. London: The Falmer Press.

FULLAN M, 2000. The return of large-scale reform [ J ] . Journal of educational measurement, 20 ( 1 ) : 259–270.

FULLAN M, 2001. The new meaning of educational change ( 3rd ed. ) [ M ] . New York : Teacher College Press.

FULLAN M, HARGREAVES A, 1992. Teacher development and educational change [ M ] // FULLAN M, Hargreaves A ( Eds. ) . Teacher development and educational change. London : The Falmer Press : 1–9.

GRANT N, 1987. Making the most of your textbook [ M ] . London: Longman.

GRAY J, 2000. The ELT coursebook as cultural artifact : How teachers sensor and adapt [ J ] . ELT Journal, 54 ( 3 ) : 274–283.

GRAY J, 2010. The branding of English and the culture of the new capitalism : Representations of the world of work in English language textbooks [ J ] . Applied linguistics, 31 ( 5 ) : 714–733.

HARTMAN P, JUDD E, 1978. Sexism and TESOL materials [ J ] . TESOL Quarterly, 12 ( 4 ) : 383–393.

HUTCHINSON T, TORRES E, 1994. The textbook as agent of change [ J ] . ELT Journal, 48 ( 4 ) : 315–328.

HUTCHINSON T, WATERS A, 1987. English for special purpose [ M ] . Cambridge : Cambridge University Press.

KATERINA A, MAGDALEAN C. 2009. 21st Century skills and competences for new millennium learners in OECD countries [ J ] . OECD education working papers, 41.

KIRKGÖZ Y. 2009. Evaluating the English textbooks for young learners of English at Turkish primary education [ J ] . Procedia social and behavioral sciences ( 1 ) : 79–83.

LITTLEJOHN A L, 1998. The analysis of language teaching materials : Inside the Trojan horse [ M ] // Tomlinson B ( Ed. ) . Materials development in language teaching. Cambridge : Cambridge University Press : 190–216.

MALEY A, 1998. Squaring the circle-reconciling materials as constraint with materials as empowerment [M] // Tomlinson B (Ed.). Materials development in language teaching. Cambridge: Cambridge University Press: 279–294.

MARKEE N, 1997. Managing curricular innovation [M]. Cambridge: Cambridge University Press.

MASUHARA H, 1998. What do teachers really want from coursebooks? [M] // TOMLINSON B (Ed.). Materials development in language teaching. Cambridge: Cambridge University Press: 239–260.

MATSUDA A, 2003. Incorporating world Englishes in teaching English as an international language [J]. TESOL quarterly, 37 (4): 719–728.

MCDONOUGH J, SHAW C, 1993. Materials and methods in ELT[M]. Cambridge and Mass: Blackwell.

MCGRATH I, 2002. Materials evaluation and design for language teaching [M]. Edinburgh: Edinburgh University Press.

MCGRATH I, 2004. The representation of people in educational materials [J]. RELC journal, 35 (3): 351–358.

MCKAY S L, 2003. Eil curriculum development [J]. RELC Journal, 34 (1): 31–47.

MISHAN F, 2005. Designing authenticity into language learning materials [M]. Bristol & Portland: Intellect.

NGUYEN M T, 2011. Learning to communicate in a globalized world: To what extent do school textbooks facilitate the development of intercultural pragmatic competence? [J]. RELC Journal, 42 (1): 17–30.

NUNAN D, 1991. Language teaching methodology: A textbook for teachers [M]. Herts: Prentice Hall.

ORNSTEIN A C, 1994. The textbook-driven curriculum [J].

Peabody Journal of Education, 69 ( 3 ) : 70–85.

PEACOCK M, 1997. The effect of authentic materials on the motivation of EFL learners [ J ] . ELT Journal, 51 ( 2 ) : 144–156.

PORRECA K L, 1984. Sexism in current ESL textbooks [ J ] . TESOL Quarterly, 18 ( 4 ) : 705–724.

RICHARDS J C, 2008. Curriculum development in language teaching [ M ] . Beijing : Foreign Language Teaching and Research Press, People's Education Press & Cambridge University Press.

RICHADRS J C, LI B, TANG A, 2000. Exploring pedagogical reasoning skills [ M ] // RICHARDS J C. Beyond training. Beijing : Foreign Language Teaching and Research Press & Cambridge University Press : 86–102.

RICHARDS J C, RODGERS T S, 2001. Approaches and methods in language teaching ( 2nd ed. ) [ M ] . Cambridge : Cambridge University Press.

RISAGER K, 2007. Language and culture pedagogy [ M ] . Clevedon : Multilingual Matters.

SCHMIDT W H, PORTER A C, FODERN R, FREEMAN D J, SCHWILLE J, 1987. Four patterns of teacher content decision-making [ J ] . Journal of curriculum studies, 19 ( 5 ) : 439–455.

SHELDON L E,1988. Evaluating ELT textbooks and materials [ J ] . ELT Journal, 42 ( 4 ) : 237–246.

SHULMAN L S, 1987. Knowledge and teaching : Foundations of the new reform [ J ] . Harvard educational review, 57 ( 1 ) : 1–22.

SÖYLEMEZ A S, 2010. A study on how social gender identity is constructed in EFL coursebooks [ J ] . Procedia Social and Behavioral Sciences ( 9 ) : 747–752.

TOMLINSON B ( Ed. ), 1998. Materials development in language teaching [ M ] . Cambridge : Cambridge University Press.

TOMLINSON B, 2005. The future for ELT materials in Asia [ J ] .

Electronic journal of foreign language teaching, 2 (2): 5–13.

UR P, 1996. A course in language teaching: Practice and theory[M]. Cambridge: Cambridge University Press.

VAN DIJK T A, ATIENZA E, 2011. Knowledge and discourse in secondary school social science textbooks [J]. Discourse Studies, 13 (1): 93–118.

VAN ELS T (Ed.), 1984. Applied linguistics and the learning and teaching of foreign languages [M]. London: Edward Arnold.

WANDEL R, 2001. Teaching India in the EFL classroom: A cultural or an intercultural approach? [M] // BYRAM M, Grundy P (Eds.). Context and culture in language teaching. Clevedon: Multilingual Matters: 72–80.

WRIGHT T, 1987. Roles of Teachers and Learners [M]. Oxford: Oxford University Press.

YAKHONTOVA T, 2001. Textbooks, contexts, and learners [J]. English for Specific Purposes (20): 397–415.

YUEN K M, 2011. The representation of foreign cultures in English textbooks [J]. ELT Journal, 65 (4): 458–466.

曹开秋，2010. 社会控制视野下的教科书内容透视 [J]. 教育与考试 (2): 83–86.

陈月茹，2009. 教科书应该是权威吗？[J]. 教育研究 (7): 100–103.

程晓堂，2002. 英语教材分析与设计 [M]. 北京：外语教学与研究出版社.

程晓堂，孙晓慧，2011. 英语教材分析与设计（修订版）[M]. 北京：外语教学与研究出版社.

高凌飚，2002a. 关于教材评价体系的建议 [J]. 全球教育展望 (4): 46–50.

高凌飚，2002b. 基础教育教材评价体系的构建问题 [J]. 华南师范大学学报（社会科学版）(6): 90–96.

高凌飚，2007a. 基础教育教材评价体系的构建问题［J］. 科学教育研究（5）：12–15.

高凌飚，2007b. 教材评价维度与标准［J］. 教育发展研究（6）：8–12.

龚亚夫，2010. 重构基础教育英语教学目标［J］. 课程·教材·教法（12）：55–60.

郭静，2009. 高中英语教师新课程适应状况的调查与分析［J］. 基础英语教育（4）：19–21，39.

郭晓明，2001. 从“圣经”到“材料”：论教师教材观的转变［J］. 高等师范教育研究（6）：17–21.

何安平，2002. 中学英语教材评价工具［M］. //高凌飚. 基础教育教材评价：理论与工具. 北京：人民教育出版社.

何安平，2008. 语料库视角下的高中英语教材与教法研究［M］. 北京：人民教育出版社.

何东，2014. 教科书研究的实证分析：以 61 篇博士论文为对象［J］. 华南师范大学学报（3）：69–73.

黄甫全，2006. 当代课程与教学论：新内容体系与教材结构［J］. 课程·教材·教法（1）：6–14.

黄建滨，于书林，2009. 20 世纪 90 年代以来我国大学英语教材研究：回顾与思考［J］. 外语界（6）：77–83.

江淑玲，郑志恋，2009. 新版高中英语教材使用情况的调查与分析［J］. 基础英语教育（2）：56–62.

教育部，2003. 普通高中英语课程标准（实验）［S］. 北京：人民教育出版社.

金立鑫，2009.“教师、教材、教法”内涵和外延的逻辑分析［J］. 语言教学与研究（5）：53–58.

靳玉乐，王洪席，2012. 十年教材建设：成就、问题及建议［J］. 课程·教材·教法（1）：12–16.

课程教材研究所，2001. 20 世纪中国中小学课程标准·教学大纲汇编外国语卷英语［M］. 北京：人民教育出版社.

课程教材研究所，2010. 新中国中小学教材建设史：1949–2000 研究丛书（英语卷）[M]. 北京：人民教育出版社.

邝丽湛，2002. 教材评价的本质及其价值分析 [J]. 教育研究（7）：33–36.

李福新，刘丽萍，2009. 新课程背景下教材观的重新厘定及有效践行 [J]. 当代教育科学（14）：25–28.

刘道义，2004. 浅议英语教材的评价标准 [J]. 课程教材改革（12）：14–17.

刘岩，2008. 还“教材权威”一个真实的视角[J]. 教育教学月刊（11）：81–83.

柳华妮，2011. 国内英语教材发展 150 年：回顾与启示 [J]. 山东外语教学（6）：61–66.

鲁红霞，2007. 国内外英语教材评价研究 [J]. 基础教育外语教学研究（4）：20–24.

马卫东，王世伟，2003. 教材概念的辨析[J]. 太原教育学院学报（6）：38–40.

平克虹，孙静，2008. 群芳竞艳才是春：普通高中英语课程标准实验教材综合评介 [J]. 教育理论与实践（4）：11–14.

钱瑗，1995. 介绍一份教材评价一览表 [J]. 外语界（1）：17–19.

任丹凤，2002. 论教材的知识结构 [J]. 课程·教材·教法（2）：5–8.

任平，2009. 新课标角度下英语教材中中国文化意识的缺失：以人教版高中第一册英语教科书为个案 [J]. 当代教育科学（10）：13–16.

单卫平，2005. 高中英语新教材实施调查报告 [J]. 教学与管理（6）：25–26.

束定芳，华维芬，2009. 中国外语教学理论研究六十年：回顾与展望 [J]. 外语教学（6）：37–44.

孙平华，2006. 论我国中小学英语教材的评价标准 [J]. 课程·教材·教法（4）：49–55.

王进军，冯增俊，2009. 外语教材发展的历程及其规律探析 [J]. 河北师范大学学报（教育科学版）（6）：60–64.

王立忠，2010. 改革开放 30 年我国基础教育英语教科书建设研究：

以人教版教科书为范本［D］. 湖南师范大学 .

王蔷，2009. 用改革的方式解决英语课程改革面临的困难［J］. 基础教育外语教学研究（1）：4–6.

王世伟，2008a. 小学教师使用教科书的情况及影响因素研究［D］. 香港中文大学 .

王世伟，2008b. 论教师使用教科书的原则：基于教学关系的思考［J］. 课程 · 教材 · 教法（5）：13–17，22.

王文琴，2008. 基于语境的教材评价模式的构建［D］. 南京师范大学 .

吴宗杰，2005. 课程知识与教师话语［M］. 北京：外语教学与研究出版社 .

夏纪梅，2001. 现代外语教材的特征及其意义［J］. 外语界（5）：37–40.

夏纪梅，2008. 现代外语课程设计理论与实践［M］. 上海：上海外语教育出版社 .

夏纪梅，孔宪煇，1999. 试论外语教材的功能等有关问题［J］. 外语教学（1）：1–5.

徐浩，2010. 教学视角下的英语教材与教材使用研究［J］. 基础英语教育（2）：3–6.

杨启亮，2002. 教材的功能：一种超越知识观的解释［J］. 课程 · 教材 · 教法（12）：10–13.

俞红珍，2005a. 教材的“二次开发”：含义与本质［J］. 课程·教材·教法（12），9–13.

俞红珍，2005b. 课程内容、教材内容、教学内容的术语之辨：以英语学科为例［J］. 课程 · 教材 · 教法（8）：49–53.

俞红珍，2006. 论教材的二次开发——以英语学科为例［D］. 华东师范大学 .

曾天山，1995. 论教材的心理化［J］. 西北师大学报（社会科学版）（2）：62–68.

张恰，2005. 基于新课程的教材本质特性探析［J］. 东北师大学报（哲学社会科学版）（4）：153–156.

钟启泉，2007. 确立科学教材观：教材创新的根本课题［J］. 教育发展研究（6）：1-7.

庄智象，2006. 构建具有中国特色的外语教材编写和评价体系［J］. 外语界（6）：49-56.

# 附 录

## 调查问卷

### 高中英语课程标准实验教科书使用情况调查问卷（学生卷）

各位同学：

你好。英语教科书是学习英语的重要工具，为了了解同学们对英语教科书的看法及使用情况，以改进和帮助同学们用好教科书，我们特进行此问卷调查。问卷匿名，请根据你的实际情况填写。谢谢！

1. 性别________。

A 男　B 女

2. 你的学校位于________。

A 省会（或直辖市）　B 地级市　C 县级市或县城　D 乡镇

3. 你的学校位于________。

A 经济发达地区　B 经济中等地区　C 经济欠发达地区　D 经济落后地区

4. 你的学校处于________。

A 汉族地区　B 少数民族地区

5. 你的学校属于________。

A 国家级示范性中学　B 省级示范性中学　C 地（市）级示范性中学　D 县级示范性中学　E 非示范性中学

6. 你所使用的英语教科书是________。

A 人教版　B 北师大版　C 外研版　D 译林版　E 其他

7. 你现在已经或打算选择文科还是理科？

A 文科　B 理科　C 还没想好

8. 你中考英语成绩是________。

A 优秀　B 良好　C 及格　D 不及格

9. 你高中英语平时考试成绩一般是________。（刚进入高一的不填）

A 优秀　B 良好　C 及格　D 不及格

10. 你正在使用的教科书模块是________。

A 必修模块 1　　B 必修模块 2　　C 必修模块 3　　D 必修模块 4

E 必修模块 5　　F 选修模块 6　　G 选修模块 7　　H 选修模块 8

I 选修模块 9　　J 选修模块 10　　K 选修模块 11

## 一、对实验教科书的整体看法调查（请在相应的等级上打钩）

注：表格内所说的“教科书”均指“实验教科书”。（下同）

| 编号 | 题目（只针对你正在使用的那本教科书） | 完全同意 | 同意 | 中立 | 不同意 | 完全不同意 |
|---|---|---|---|---|---|---|
| 1 | 教科书有助于我形成积极主动的学习态度和正确的价值观 | 5 | 4 | 3 | 2 | 1 |
| 2 | 教科书中有培养学习方法及自学能力的内容 | 5 | 4 | 3 | 2 | 1 |
| 3 | 教科书中所选择的课文难度适中 | 5 | 4 | 3 | 2 | 1 |
| 4 | 教科书中的语法术语和概念容易理解 | 5 | 4 | 3 | 2 | 1 |
| 5 | 从英语教科书中可以了解或学习到其他学科知识 | 5 | 4 | 3 | 2 | 1 |
| 6 | 教科书内容趣味性强 | 5 | 4 | 3 | 2 | 1 |
| 7 | 教科书中文章体裁（如小说故事、新闻报道等）多种多样 | 5 | 4 | 3 | 2 | 1 |
| 8 | 教科书的话题和生活联系紧密 | 5 | 4 | 3 | 2 | 1 |
| 9 | 教科书内容可以帮助我了解当今社会和科技的发展 | 5 | 4 | 3 | 2 | 1 |
| 10 | 教科书中语言活动的题目要求简洁明晰 | 5 | 4 | 3 | 2 | 1 |
| 11 | 教科书中的语言真实地道 | 5 | 4 | 3 | 2 | 1 |
| 12 | 从教科书中可以了解到其他国家的文化和风俗 | 5 | 4 | 3 | 2 | 1 |
| 13 | 教科书中的语言活动包括听、说、读、写各方面能力 | 5 | 4 | 3 | 2 | 1 |
| 14 | 教科书中的语言活动促使我在生活中思考和使用英语 | 5 | 4 | 3 | 2 | 1 |
| 15 | 教科书中有让我发表自己观点的活动 | 5 | 4 | 3 | 2 | 1 |

续表

| 编号 | 题目（只针对你正在使用的那本教科书） | 完全同意 | 同意 | 中立 | 不同意 | 完全不同意 |
|---|---|---|---|---|---|---|
| 16 | 教科书中设计了很多小组活动和结对活动 | 5 | 4 | 3 | 2 | 1 |
| 17 | 教科书中设计的学习效果检验方式可以检测我的实际语言运用能力 | 5 | 4 | 3 | 2 | 1 |
| 18 | 教科书目录清晰，便于我们整体把握教科书内容 | 5 | 4 | 3 | 2 | 1 |
| 19 | 教科书的插图对我们学习英语有帮助 | 5 | 4 | 3 | 2 | 1 |
| 20 | 教科书的字距、行距、段距合适，留有足够书写的空间 | 5 | 4 | 3 | 2 | 1 |
| 21 | 教科书图文搭配和谐、美观 | 5 | 4 | 3 | 2 | 1 |
| 22 | 教科书大小、形状便于携带 | 5 | 4 | 3 | 2 | 1 |
|  | **题目（只针对你正在使用的那本教科书）** | **过大** | **偏大** | **适中** | **偏小** | **过小** |
| 23 | 教科书的容量 | 5 | 4 | 3 | 2 | 1 |
| 24 | 教科书内容的难度 | 5 | 4 | 3 | 2 | 1 |
| 25 | 教科书习题的数量 | 5 | 4 | 3 | 2 | 1 |
| 26 | 教科书习题的难度 | 5 | 4 | 3 | 2 | 1 |
| 27 | 教科书阅读材料的长度 | 5 | 4 | 3 | 2 | 1 |
| 28 | 教科书听力材料的长度 | 5 | 4 | 3 | 2 | 1 |
| 29 | 教科书的词汇量 | 5 | 4 | 3 | 2 | 1 |

## 二、实验教科书对学习的促进作用调查（请在相应的等级上打钩）

| 编号 | 题目（只针对您正在使用的那本教科书） | 完全同意 | 同意 | 中立 | 不同意 | 完全不同意 |
|---|---|---|---|---|---|---|
| 30 | 教科书能够提高我学习英语的兴趣 | 5 | 4 | 3 | 2 | 1 |
| 31 | 教科书中的习题能够帮助我巩固所学的语言知识和技能 | 5 | 4 | 3 | 2 | 1 |
| 32 | 教科书能够培养我的英语听说能力 | 5 | 4 | 3 | 2 | 1 |
| 33 | 教科书能够培养我的英语阅读能力 | 5 | 4 | 3 | 2 | 1 |
| 34 | 教科书能够培养我的英语写作能力 | 5 | 4 | 3 | 2 | 1 |
| 35 | 教科书能够培养我的创造性和批判性思维 | 5 | 4 | 3 | 2 | 1 |

续表

| 编号 | 题目（只针对您正在使用的那本教科书） | 完全同意 | 同意 | 中立 | 不同意 | 完全不同意 |
|---|---|---|---|---|---|---|
| 36 | 教科书能够增强我对不同文化的理解 | 5 | 4 | 3 | 2 | 1 |
| 37 | 教科书使我的英语学习方法和策略得到了发展 | 5 | 4 | 3 | 2 | 1 |
| 38 | 教科书使我对语法和词汇知识的掌握增强了 | 5 | 4 | 3 | 2 | 1 |
| 39 | 教科书中提供的多种学习效果的检验方式（如Check your progress，Unit reflection，Test yourself等）可以鼓励我的学习，增强我的信心 | 5 | 4 | 3 | 2 | 1 |
| 40 | 我喜欢我的英语教科书 | 5 | 4 | 3 | 2 | 1 |

## 三、实验教科书的使用情况调查（请在相应的等级上打钩）

| 编号 | 题目（只针对您正在使用的那本教科书） | 总是 | 经常 | 有时 | 极少 | 从不 |
|---|---|---|---|---|---|---|
| 41 | 老师基本按教科书的编排进度进行教学 | 5 | 4 | 3 | 2 | 1 |
| 42 | 老师对教科书内容不会随意进行删减 | 5 | 4 | 3 | 2 | 1 |
| 43 | 老师同时使用两本以上的英语教科书 | 5 | 4 | 3 | 2 | 1 |
| 44 | 老师给我们补充教科书以外的练习题 | 5 | 4 | 3 | 2 | 1 |
| 45 | 老师要求我们在课前预习教科书 | 5 | 4 | 3 | 2 | 1 |
| 46 | 老师教过我们阅读与使用英语教科书的方法 | 5 | 4 | 3 | 2 | 1 |
| 47 | 老师上课时让我们参与讨论 | 5 | 4 | 3 | 2 | 1 |
| 48 | 老师让我们在课后仔细阅读课文 | 5 | 4 | 3 | 2 | 1 |
| 49 | 老师给我们补充其他英语学习材料 | 5 | 4 | 3 | 2 | 1 |
| 50 | 老师检测我们对语法和词汇的记忆和背诵 | 5 | 4 | 3 | 2 | 1 |
| 51 | 老师采用教科书中的检测方式检验我们的学习效果（如Check your progress，Unit reflection，Test yourself等） | 5 | 4 | 3 | 2 | 1 |
| 52 | 老师采用多种不同的方式检验我们的学习效果（如考试、测验、自评、学生互评等） | 5 | 4 | 3 | 2 | 1 |

**四、其他（请在相应的等级上打钩）**

53. 你现在每个星期上几节英语课？________节（含补课）。

54. 你认为，现在每个星期的英语课时数是否合适？

A 过多　B 偏多　C 适中　D 偏少　E 过少

55. 你在上课前预习的时间大概是________小时。

56. 你认为在新课前预习英语教科书作用大吗？

A 很大　B 较大　C 一般　D 不大　E 基本没作用

57. 老师平时一般布置多少教科书上的练习作为作业？

A 全部　B 大多数　C 半数　D 少数

E 基本没布置课后的练习

58. 除了教科书上的练习，你还做了多少课外练习？

A 非常多　B 比较多　C 一些　D 较少　E 很少

59. 学完新课后，你是否会复习相应的内容？

A 总是　B 经常　C 有时　D 极少　E 从不

60. 每次单元考试前，你是否会复习英语教科书上的内容？

A 总是　B 经常　C 有时　D 极少　E 从不

61. 你是否会在学习了教科书内容的基础上,自己总结和梳理所学重点？

A 总是　B 经常　C 有时　D 极少　E 从不

62. 你是否质疑过教科书内容有错误？

A 经常　B 有时　C 极少　D 从不

63. 英语教科书与英语教辅材料相比，你认为哪个对你学习英语的帮助更大？

A 英语教科书　B 英语教辅材料　C 两者差不多

请简单解释原因。

______________________________________________

64. 关于教科书有两种观点：一种认为英语教科书本身编得不太好，另一种认为是教科书没有被利用好。对此你有什么看法？

______________________________________________

______________________________________________

问卷到此结束。谢谢！

## 高中英语课程标准实验教科书使用情况调查问卷（教师卷）

各位老师：

您好！为了跟踪了解英语实验教科书在一线教学中的实际使用情况，收集广大教师对教科书的看法，我们特进行本次问卷调查。问卷不署名，请根据您的实际情况填写。谢谢您的大力支持！

1. 性别________。

A 男　B 女

2. 您的学校位于________。

A 省会（或直辖市）　B 地级市　C 县级市或县城　D 乡镇

3. 您的学校位于本省/直辖市的________。

A 经济发达地区　B 经济中等地区　C 经济欠发达地区

D 经济落后地区

4. 您的学校处于________。

A 汉族地区　B 少数民族地区

5. 您的学校属于________。

A 国家级示范性中学　B 省级示范性中学　C 地（市）级示范性中学

D 县级示范性中学　E 非示范性中学

6. 您最后的学历是________。

A 中专　B 大专　C 本科　D 硕士　E 博士　F 其他

7. 您的教龄是（　　）年。

8. 您的高中英语教龄是（　　）年。

9. 您现在的职称是________。

A 处于试用期　B 中教二级　C 中教一级　D 中教高级

E 中教特级

10. 您现在使用的高中英语教科书是________。

A 人教版　B 北师大版　C 外研版　D 译林版　E 其他

11. 您使用高中英语实验教科书的年限是（　　）年。

12. 您现在所教年级________。（可多选）

A 高一　B 高二　C 高三

13. 您已经使用过的教科书模块有________。（可多选）

A 必修模块 1　B 必修模块 2　C 必修模块 3　D 必修模块 4
E 必修模块 5　F 选修模块 6　G 选修模块 7　H 选修模块 8
I 选修模块 9　J 选修模块 10　K 选修模块 11

## 一、您对实验教科书的整体看法调查（请在相应的等级上打钩）

| 编号 | 题目（只针对您正在使用的那本教科书） | 完全同意 | 同意 | 中立 | 不同意 | 完全不同意 |
|---|---|---|---|---|---|---|
| 1 | 教科书适合我所在学校的学生 | 5 | 4 | 3 | 2 | 1 |
| 2 | 教科书整体上有利于促进学生综合语言运用能力的发展 | 5 | 4 | 3 | 2 | 1 |
| 3 | 教科书注重引导学生形成积极主动的学习态度 | 5 | 4 | 3 | 2 | 1 |
| 4 | 教科书注重引导学生形成正确的价值观 | 5 | 4 | 3 | 2 | 1 |
| 5 | 教科书中的重要概念（如语法概念）能够被学生所理解 | 5 | 4 | 3 | 2 | 1 |
| 6 | 教科书内容体现了跨学科知识整合，加强了与其他学科的关联性 | 5 | 4 | 3 | 2 | 1 |
| 7 | 教科书充分考虑了学生的学习兴趣 | 5 | 4 | 3 | 2 | 1 |
| 8 | 教科书充分考虑了不同学生的学习风格 | 5 | 4 | 3 | 2 | 1 |
| 9 | 教科书充分考虑了学生已有的知识与经验 | 5 | 4 | 3 | 2 | 1 |
| 10 | 教科书中文章体裁（包括故事类、应用文、新闻报道等）多种多样，有利于拓展学生的知识面 | 5 | 4 | 3 | 2 | 1 |
| 11 | 教科书选材注意了与现代社会以及科技发展的联系 | 5 | 4 | 3 | 2 | 1 |
| 12 | 教科书选材注意了与学生生活实际的联系 | 5 | 4 | 3 | 2 | 1 |
| 13 | 教科书指示语符合学生的英语水平 | 5 | 4 | 3 | 2 | 1 |
| 14 | 教科书的词汇量符合英语课程标准的要求 | 5 | 4 | 3 | 2 | 1 |
| 15 | 教科书所呈现的语言真实地道 | 5 | 4 | 3 | 2 | 1 |
| 16 | 教科书语言学习内容的编排梯度合理 | 5 | 4 | 3 | 2 | 1 |

续表

| 编号 | 题目（只针对您正在使用的那本教科书） | 完全同意 | 同意 | 中立 | 不同意 | 完全不同意 |
|---|---|---|---|---|---|---|
| 17 | 教科书的内容关注文化的多元性和差异性，有助于扩展学生的国际视野 | 5 | 4 | 3 | 2 | 1 |
| 18 | 教科书对教师实际教学具有指导作用 | 5 | 4 | 3 | 2 | 1 |
| 19 | 教科书对教学的设计能促进教师教学理念和教学方式的转变 | 5 | 4 | 3 | 2 | 1 |
| 20 | 教科书的使用能促进教师英语水平的提高 | 5 | 4 | 3 | 2 | 1 |
| 21 | 教科书的使用能丰富教师的跨文化知识 | 5 | 4 | 3 | 2 | 1 |
| 22 | 教科书为教师自主使用教科书留有空间 | 5 | 4 | 3 | 2 | 1 |
| 23 | 教科书配套的教学资源（如书目、图片、网络资源等）容易获得 | 5 | 4 | 3 | 2 | 1 |
| 24 | 教科书能为教师开展多样化的评价提供有效的资源 | 5 | 4 | 3 | 2 | 1 |
| 25 | 教科书对学习活动的设计能够做到情境化 | 5 | 4 | 3 | 2 | 1 |
| 26 | 教科书中的学习活动有助于学生听、说、读、写能力均衡发展 | 5 | 4 | 3 | 2 | 1 |
| 27 | 教科书中的学习活动有助于学生养成在生活中观察和使用英语的习惯 | 5 | 4 | 3 | 2 | 1 |
| 28 | 教科书中的学习活动有助于培养学生的创造性和批判性思维 | 5 | 4 | 3 | 2 | 1 |
| 29 | 教科书中的学习活动有助于学生发展有效的学习策略，形成自主学习的意识与能力 | 5 | 4 | 3 | 2 | 1 |
| 30 | 教科书中的活动设计有助于学生开展合作学习 | 5 | 4 | 3 | 2 | 1 |
| 31 | 教科书中的活动设计注意为学生创造成功体验的机会，增强学习的信心 | 5 | 4 | 3 | 2 | 1 |
| 32 | 教科书所设计的学习活动具有可操作性 | 5 | 4 | 3 | 2 | 1 |
| 33 | 教科书目录清晰，便于学生整体把握 | 5 | 4 | 3 | 2 | 1 |
| 34 | 教科书的插图对学生学习英语有帮助 | 5 | 4 | 3 | 2 | 1 |

续表

| 编号 | 题目（只针对您正在使用的那本教科书） | 完全同意 | 同意 | 中立 | 不同意 | 完全不同意 |
|---|---|---|---|---|---|---|
| 35 | 教科书的字距、行距、段距合适，为学生圈点、勾画、批注留有足够空间 | 5 | 4 | 3 | 2 | 1 |
| 36 | 教科书图文搭配和谐、美观 | 5 | 4 | 3 | 2 | 1 |
| 37 | 教科书大小、形状便于学生携带 | 5 | 4 | 3 | 2 | 1 |
| 38 | 教科书价格在大多数学生可接受的范围之内 | 5 | 4 | 3 | 2 | 1 |
| | **题目（只针对您正在使用的那本教科书）** | **过大** | **偏大** | **适中** | **偏小** | **过小** |
| 39 | 教科书的容量 | 5 | 4 | 3 | 2 | 1 |
| 40 | 教科书内容的难度 | 5 | 4 | 3 | 2 | 1 |
| 41 | 教科书习题的数量 | 5 | 4 | 3 | 2 | 1 |
| 42 | 教科书习题的难度 | 5 | 4 | 3 | 2 | 1 |
| 43 | 教科书阅读材料的长度 | 5 | 4 | 3 | 2 | 1 |
| 44 | 教科书听力材料的长度 | 5 | 4 | 3 | 2 | 1 |
| 45 | 教科书的词汇量 | 5 | 4 | 3 | 2 | 1 |
| | **题目〔与旧版（大纲版）教科书的比较〕** | **完全同意** | **同意** | **中立** | **不同意** | **完全不同意** |
| 46 | 教科书更重视学生体验式的语言学习过程 | 5 | 4 | 3 | 2 | 1 |
| 47 | 教科书更注重学生的主动参与 | 5 | 4 | 3 | 2 | 1 |
| 48 | 教科书学习活动更注重帮助学生形成良好的英语学习习惯 | 5 | 4 | 3 | 2 | 1 |
| 49 | 教科书对教师备课更有帮助 | 5 | 4 | 3 | 2 | 1 |
| 50 | 教科书对教师实施课堂教学更有帮助 | 5 | 4 | 3 | 2 | 1 |
| 51 | 教科书对学生课后复习更有帮助 | 5 | 4 | 3 | 2 | 1 |
| 52 | 与以前的教科书相比，我更加喜欢现在的教科书 | 5 | 4 | 3 | 2 | 1 |
| 53 | 与以前相比，我认为现在的学生更加喜欢他们的教科书 | 5 | 4 | 3 | 2 | 1 |

## 二、实验教科书对教学的促进作用调查（请在相应的等级上打钩）

| 编号 | 题目（使用教科书后……） | 完全同意 | 同意 | 中立 | 不同意 | 完全不同意 |
|---|---|---|---|---|---|---|
| 54 | 教科书有利于教师更好地理解新课程理念 | 5 | 4 | 3 | 2 | 1 |
| 55 | 教科书中的素材在一定程度上为教师的备课减轻了负担 | 5 | 4 | 3 | 2 | 1 |
| 56 | 教科书促进了教师教学方式的改进 | 5 | 4 | 3 | 2 | 1 |
| 57 | 教科书的使用促进了教师的教研活动 | 5 | 4 | 3 | 2 | 1 |
| 58 | 教科书的使用促进了教师自身教学能力的增强 | 5 | 4 | 3 | 2 | 1 |
| 59 | 教科书的习题和评价方式能促进教师改进评价思路 | 5 | 4 | 3 | 2 | 1 |

## 三、实验教科书实际使用情况调查（请在相应的等级上打钩）

| 编号 | 题目（只针对您正在使用的那本教科书） | 总是 | 经常 | 有时 | 极少 | 从不 |
|---|---|---|---|---|---|---|
| 60 | 我在备课过程中使用教师用书 | 5 | 4 | 3 | 2 | 1 |
| 61 | 我基本按教科书安排的进度进行教学 | 5 | 4 | 3 | 2 | 1 |
| 62 | 在实际教学中，我采用教科书所提供的大部分素材 | 5 | 4 | 3 | 2 | 1 |
| 63 | 除教科书外，我还给学生补充很多课外阅读或听力材料 | 5 | 4 | 3 | 2 | 1 |
| 64 | 我对语法的教学主要按照教科书建议的方式进行 | 5 | 4 | 3 | 2 | 1 |
| 65 | 除教科书外，我还给学生补充大量的语法练习 | 5 | 4 | 3 | 2 | 1 |
| 66 | 我在课堂教学中对学生进行专门的语言学习策略训练 | 5 | 4 | 3 | 2 | 1 |
| 67 | 我采用教科书建议的方式对学生进行评价（如Check your progress，Unit reflection，Test yourself等） | 5 | 4 | 3 | 2 | 1 |
| 68 | 我重视调动多元主体参与教学评价（如自评、同伴评、教师评、家长评等） | 5 | 4 | 3 | 2 | 1 |
| 69 | 我采用多种评价方式对学生的学习情况进行评价（如课堂观察、课堂测验、自测、笔试、口试等） | 5 | 4 | 3 | 2 | 1 |

续表

| 编号 | 题目（只针对您正在使用的那本教科书） | 总是 | 经常 | 有时 | 极少 | 从不 |
|---|---|---|---|---|---|---|
| 70 | 我采用考试的方式（含小测验）评价学生的学习效果 | 5 | 4 | 3 | 2 | 1 |
| 71 | 我同时使用两个以上版本的英语教科书 | 5 | 4 | 3 | 2 | 1 |
| 72 | 我还选用以前教科书（指大纲版教科书）里的内容 | 5 | 4 | 3 | 2 | 1 |
| 73 | 我要求学生在课前预习教科书 | 5 | 4 | 3 | 2 | 1 |
| 74 | 我指导学生使用英语教科书的方法 | 5 | 4 | 3 | 2 | 1 |
| 75 | 我让学生在课后仔细阅读教科书中的内容 | 5 | 4 | 3 | 2 | 1 |
| 76 | 我在平时进行考试命题时，会参考实验教科书的内容 | 5 | 4 | 3 | 2 | 1 |

## 四、影响实验教科书使用的因素调查（请在相应的等级上打钩）

| 编号 | 题 目 | 完全同意 | 同意 | 中立 | 不同意 | 完全不同意 |
|---|---|---|---|---|---|---|
| 77 | 课程标准的培训提高了教师对教科书使用的效果 | 5 | 4 | 3 | 2 | 1 |
| 78 | 目前课标及教科书培训的数量和形式能够满足教师使用教科书的需要 | 5 | 4 | 3 | 2 | 1 |
| 79 | 随着课标的实施，教师对教科书的理解和使用更加到位 | 5 | 4 | 3 | 2 | 1 |
| 80 | 地区开展的教研活动对教师使用教科书发挥了积极的作用 | 5 | 4 | 3 | 2 | 1 |
| 81 | 当前教师的教学观念影响了教科书的使用效果 | 5 | 4 | 3 | 2 | 1 |
| 82 | 当前教师的教学能力影响了教科书的使用效果 | 5 | 4 | 3 | 2 | 1 |
| 83 | 当前的课时安排影响了教科书的使用效果 | 5 | 4 | 3 | 2 | 1 |
| 84 | 当前的评价方式影响了教科书的使用效果 | 5 | 4 | 3 | 2 | 1 |
| 85 | 当前的配套硬件设施影响了教科书的使用效果 | 5 | 4 | 3 | 2 | 1 |

续表

| 编号 | 题　目 | 完全同意 | 同意 | 中立 | 不同意 | 完全不同意 |
|---|---|---|---|---|---|---|
| 86 | 教师对教科书的编写意图还不十分清楚，影响了教科书的使用效果 | 5 | 4 | 3 | 2 | 1 |
| 87 | 教师对课标倡导的教学方式不熟悉，影响了教科书的使用效果 | 5 | 4 | 3 | 2 | 1 |
| 88 | 教师对教科书的内容还不太熟悉，影响了教科书的使用效果 | 5 | 4 | 3 | 2 | 1 |

**五、其他（请在相应的等级上打钩）**

89. 您所教班级每周英语课时数：________课时（含补课）。

90. 您认为您所教年级的课时数是否合适？

A 过多　　B 偏多　　C 适中　　D 偏少　　E 过少

91. 您在备一节新课时是如何阅读教科书的？

A 全部精细阅读　　B 有选择地精细阅读　　C 大致浏览

D 基本不怎么阅读教科书

92. 您在备一节新课时，一般还会参考什么资料？（可多选）

A（若参考，请填）________版的英语教科书　　B 配套教参

C 练习辅导书　　D 优秀教案集　　E 同校其他老师的教案

F 网络资源　　G 英语学习类报刊　　H 其他________

93. 您平均备一节新课所花的时间为________小时。

94. 您在教学中是否调整过教科书内容的顺序？　A 是　　B 否

如果是，请举例说明您调整了什么顺序。________________________

________________________________________

您调整的依据是什么？

________________________________________

________________________________________

95. 您认为使用教科书给学生带来的负担_______。

A 很大　　B 较大　　C 一般　　D 不太大　　E 不大

96. 最后，请您谈谈当前教科书存在的问题。这些问题主要是教科书

编写上的问题、课程设置上的问题，还是教科书使用上的问题？

______________________________________________

______________________________________________

______________________________________________

______________________________________________

______________________________________________

______________________________________________

问卷到此结束。谢谢！

## 高中英语课程标准实验教科书使用情况调查问卷（教研员卷）

各位老师：

您好！为了跟踪了解英语实验教科书在一线教学中的实际使用情况，收集广大教研员对教科书的看法，我们特进行本次问卷调查。问卷匿名，请根据您的实际情况填写。谢谢您的大力支持！

1. 您的性别是_______。 A 男 B 女

2. 您最后的学历是_______。

   A 中专 B 大专 C 本科 D 硕士 E 博士 F 其他

3. 您所在的教研部门位于_______。

   A 省会（或直辖市） B 地级市 C 县级市或县城 D 乡镇

4. 您所在的教研部门位于_______。

   A 经济发达地区 B 经济中等地区 C 经济欠发达地区

   D 经济落后地区

5. 您所在教研部门处于_______。 A 汉族地区 B 少数民族地区

6. 您所负责的教研地区有：省级示范性高中（ ）所，市级示范性高中（ ）所，非示范性高中（ ）所。

7. 您当教研员的时间：（ ）年。

8. 您所在地区使用的英语教科书是_______。

   A 人教版 B 北师大版 C 外研版 D 译林版 E 其他

### 一、对所在地区使用的实验教科书的整体看法调查（请在相应的等级上打钩）

| 编号 | 题 目 | 完全同意 | 同意 | 中立 | 不同意 | 完全不同意 |
|---|---|---|---|---|---|---|
| 1 | 教科书适合我所在地区的学生 | 5 | 4 | 3 | 2 | 1 |
| 2 | 教科书恰当地处理了初中、高中英语学习的衔接 | 5 | 4 | 3 | 2 | 1 |
| 3 | 教科书整体上反映了英语课程标准所设定的总体目标 | 5 | 4 | 3 | 2 | 1 |
| 4 | 教科书覆盖了英语课程标准规定的语言知识和技能 | 5 | 4 | 3 | 2 | 1 |

续表

| 编号 | 题　目 | 完全同意 | 同意 | 中立 | 不同意 | 完全不同意 |
|---|---|---|---|---|---|---|
| 5 | 教科书整体上促进了学生综合语言运用能力的发展 | 5 | 4 | 3 | 2 | 1 |
| 6 | 教科书注重引导学生形成积极主动的学习态度和正确的价值观 | 5 | 4 | 3 | 2 | 1 |
| 7 | 教科书为教师自主使用教科书留有空间 | 5 | 4 | 3 | 2 | 1 |
| 8 | 教科书中的素材有助于教师备课 | 5 | 4 | 3 | 2 | 1 |
| 9 | 教科书中的重要概念（如语法概念）能够被学生所理解 | 5 | 4 | 3 | 2 | 1 |
| 10 | 教科书内容体现了跨学科知识整合，加强了与其他学科的关联性 | 5 | 4 | 3 | 2 | 1 |
| 11 | 教科书充分考虑了学生的学习兴趣 | 5 | 4 | 3 | 2 | 1 |
| 12 | 教科书充分考虑了不同学生的学习风格 | 5 | 4 | 3 | 2 | 1 |
| 13 | 教科书充分考虑了学生的身心发展水平 | 5 | 4 | 3 | 2 | 1 |
| 14 | 教科书充分考虑了学生已有的知识与经验 | 5 | 4 | 3 | 2 | 1 |
| 15 | 教科书中文章体裁（包括故事类、应用文、新闻报道等）多种多样，有利于拓展学生的知识面 | 5 | 4 | 3 | 2 | 1 |
| 16 | 教科书选材注意了与现代社会及科技发展的联系 | 5 | 4 | 3 | 2 | 1 |
| 17 | 教科书选材注意了与学生生活实际的联系 | 5 | 4 | 3 | 2 | 1 |
| 18 | 教科书教学活动的指示语符合学生的英语水平 | 5 | 4 | 3 | 2 | 1 |
| 19 | 教科书的词汇量符合英语课程标准的要求 | 5 | 4 | 3 | 2 | 1 |
| 20 | 教科书所呈现的语言真实地道 | 5 | 4 | 3 | 2 | 1 |
| 21 | 教科书语言学习内容的编排梯度合理 | 5 | 4 | 3 | 2 | 1 |
| 22 | 教科书的内容关注不同文化的多元性和差异性，有助于扩展学生的国际视野 | 5 | 4 | 3 | 2 | 1 |
| 23 | 教科书各个章节/单元的学习目标清晰明确 | 5 | 4 | 3 | 2 | 1 |
| 24 | 教科书对教师实际教学具有指导作用 | 5 | 4 | 3 | 2 | 1 |

续表

| 编号 | 题　目 | 完全同意 | 同意 | 中立 | 不同意 | 完全不同意 |
|---|---|---|---|---|---|---|
| 25 | 教科书配套的教学资源（如书目、图片、网络资源、教师用书等）容易获得 | 5 | 4 | 3 | 2 | 1 |
| 26 | 教科书包含有附录（如文化背景知识、词汇表、课文注释等）供教师参阅 | 5 | 4 | 3 | 2 | 1 |
| 27 | 教科书对教学的设计能促进教师教学理念和教学方式的转变 | 5 | 4 | 3 | 2 | 1 |
| 28 | 教科书的使用能促进教师英语水平的提高 | 5 | 4 | 3 | 2 | 1 |
| 29 | 教科书的使用能丰富教师的跨文化知识 | 5 | 4 | 3 | 2 | 1 |
| 30 | 教科书对学习活动的设计能够做到情境化 | 5 | 4 | 3 | 2 | 1 |
| 31 | 教科书中的学习活动有助于学生听、说、读、写能力均衡发展 | 5 | 4 | 3 | 2 | 1 |
| 32 | 教科书中的学习活动有助于学生养成在生活中观察和使用英语的习惯 | 5 | 4 | 3 | 2 | 1 |
| 33 | 教科书中的学习活动有助于培养学生的创造性和批判性思维 | 5 | 4 | 3 | 2 | 1 |
| 34 | 教科书中的学习活动有助于学生发展有效的学习策略，形成自主学习的意识 | 5 | 4 | 3 | 2 | 1 |
| 35 | 教科书中的活动设计有助于学生开展合作学习 | 5 | 4 | 3 | 2 | 1 |
| 36 | 教科书中的学习活动的设计能够给学生留有一定的自主选择权和个性发挥余地 | 5 | 4 | 3 | 2 | 1 |
| 37 | 教科书中的学习活动能够让学生获得学习的成功体验，增强学习的信心 | 5 | 4 | 3 | 2 | 1 |
| 38 | 教科书所设计的学习活动易于操作 | 5 | 4 | 3 | 2 | 1 |
| 39 | 教科书中的练习有助于学生巩固所学知识 | 5 | 4 | 3 | 2 | 1 |
| 40 | 教科书中的练习有助于学生发展语言技能 | 5 | 4 | 3 | 2 | 1 |
| 41 | 教科书中评价的内容和目标具有明确性和针对性，便于师生把握 | 5 | 4 | 3 | 2 | 1 |
| 42 | 教科书中评价的方式具有激励性和多样化，能激励学生进取 | 5 | 4 | 3 | 2 | 1 |

续表

| 编号 | 题 目 | 完全同意 | 同意 | 中立 | 不同意 | 完全不同意 |
|---|---|---|---|---|---|---|
| 43 | 教科书提供的评价过程具有情境整合性，有助于提高学生实际运用语言的能力 | 5 | 4 | 3 | 2 | 1 |
| 44 | 教科书目录清晰，便于学生整体把握 | 5 | 4 | 3 | 2 | 1 |
| 45 | 教科书的插图对学生学习英语有帮助 | 5 | 4 | 3 | 2 | 1 |
| 46 | 教科书的字距、行距、段距合适，为学生圈点、勾画、批注留有足够空间 | 5 | 4 | 3 | 2 | 1 |
| 47 | 教科书图文搭配和谐、美观 | 5 | 4 | 3 | 2 | 1 |
| 48 | 教科书大小、形状便于学生携带 | 5 | 4 | 3 | 2 | 1 |
| 49 | 教科书价格在大多数学生可接受的范围之内 | 5 | 4 | 3 | 2 | 1 |
| | **题 目** | **过大** | **偏大** | **适中** | **偏小** | **过小** |
| 50 | 教科书的容量 | 5 | 4 | 3 | 2 | 1 |
| 51 | 教科书内容的难度 | 5 | 4 | 3 | 2 | 1 |
| 52 | 教科书习题的数量 | 5 | 4 | 3 | 2 | 1 |
| 53 | 教科书习题的难度 | 5 | 4 | 3 | 2 | 1 |
| 54 | 教科书阅读材料的长度 | 5 | 4 | 3 | 2 | 1 |
| 55 | 教科书听力材料的长度 | 5 | 4 | 3 | 2 | 1 |
| 56 | 教科书的词汇量 | 5 | 4 | 3 | 2 | 1 |
| | **题目〔与旧版（大纲版）教科书的比较〕** | **完全同意** | **同意** | **中立** | **不同意** | **完全不同意** |
| 57 | 教科书的模块设计更科学合理 | 5 | 4 | 3 | 2 | 1 |
| 58 | 教科书单元授课的课时安排更科学合理 | 5 | 4 | 3 | 2 | 1 |
| 59 | 教科书更重视学生体验式的语言学习过程 | 5 | 4 | 3 | 2 | 1 |
| 60 | 教科书注重学生的主动参与 | 5 | 4 | 3 | 2 | 1 |
| 61 | 与以前的教科书相比，我更加喜欢现在的教科书 | 5 | 4 | 3 | 2 | 1 |
| 62 | 与以前相比，我认为现在的学生更加喜欢他们的教科书 | 5 | 4 | 3 | 2 | 1 |

二、实验教科书对教师教学的促进作用调查（请在相应的等级上打钩）

| 编号 | 题目（使用实验教科书后……） | 完全同意 | 同意 | 中立 | 不同意 | 完全不同意 |
|---|---|---|---|---|---|---|
| 63 | 教科书有利于教师更好地理解课程标准的理念 | 5 | 4 | 3 | 2 | 1 |
| 64 | 教科书能促进教师教学观念的转变 | 5 | 4 | 3 | 2 | 1 |
| 65 | 教科书中的素材在一定程度上为教师备课减轻了负担 | 5 | 4 | 3 | 2 | 1 |
| 66 | 教科书有利于教师教学方式的改进 | 5 | 4 | 3 | 2 | 1 |
| 67 | 教科书设计的情境与问题帮助教师引导学生深入思考 | 5 | 4 | 3 | 2 | 1 |
| 68 | 教科书的习题和评价方式能促进教师改进评价思路 | 5 | 4 | 3 | 2 | 1 |
| 69 | 教科书的使用能促进教师更积极参与教研活动 | 5 | 4 | 3 | 2 | 1 |
| 70 | 教科书的使用能促进教师自身教学能力的增强 | 5 | 4 | 3 | 2 | 1 |
| 71 | 教科书能够促进当地区域教研活动质量的整体提高 | 5 | 4 | 3 | 2 | 1 |
| 72 | 教科书能够支持当地创造大量的优秀教学案例 | 5 | 4 | 3 | 2 | 1 |
| 73 | 教科书能够激发教研工作者思考并提升教研水平 | 5 | 4 | 3 | 2 | 1 |

三、实验教科书在教研指导方面的调查（请在相应的等级上打钩）

| 编号 | 题目（只针对您正在使用的那本教科书） | 总是 | 经常 | 有时 | 极少 | 从不 |
|---|---|---|---|---|---|---|
| 74 | 我指导教师在备课时合理利用教科书 | 5 | 4 | 3 | 2 | 1 |
| 75 | 我指导教师正确使用教科书的课外语言实践活动资源 | 5 | 4 | 3 | 2 | 1 |
| 76 | 我指导教师深入研读和挖掘英语教科书 | 5 | 4 | 3 | 2 | 1 |
| 77 | 我在命制所在地区统一考试题时会参考实验教科书中的内容 | 5 | 4 | 3 | 2 | 1 |
| 78 | 我指导教师做科研 | 5 | 4 | 3 | 2 | 1 |

## 四、影响实验教科书使用因素调查（请在相应的等级上打钩）

| 编号 | 题　目 | 完全同意 | 同意 | 中立 | 不同意 | 完全不同意 |
|---|---|---|---|---|---|---|
| 79 | 课程标准的培训提高了教师对教科书使用的效果 | 5 | 4 | 3 | 2 | 1 |
| 80 | 课标及教科书培训的数量和形式能满足教师使用教科书的需要 | 5 | 4 | 3 | 2 | 1 |
| 81 | 随着课标的实施，教师对教科书的理解和使用更到位 | 5 | 4 | 3 | 2 | 1 |
| 82 | 地区开展的教研活动对教师使用教科书发挥了积极的作用 | 5 | 4 | 3 | 2 | 1 |
| 83 | 当前教师的教学观念影响教科书的使用效果 | 5 | 4 | 3 | 2 | 1 |
| 84 | 当前教师的教学能力影响教科书的使用效果 | 5 | 4 | 3 | 2 | 1 |
| 85 | 当前的课时安排影响了教科书的使用效果 | 5 | 4 | 3 | 2 | 1 |
| 86 | 当前的评价方式影响了教科书的使用效果 | 5 | 4 | 3 | 2 | 1 |
| 87 | 当前的配套硬件设施影响了教科书的使用效果 | 5 | 4 | 3 | 2 | 1 |
| 88 | 教师对教科书的编写意图不十分清楚，影响了教科书的使用效果 | 5 | 4 | 3 | 2 | 1 |
| 89 | 教师对课标倡导的探究式学习的理念不熟悉，影响了教科书的使用效果 | 5 | 4 | 3 | 2 | 1 |
| 90 | 教师对课堂师生讨论互动不太习惯，影响了教科书的使用效果 | 5 | 4 | 3 | 2 | 1 |
| 91 | 教师对课程标准的考试要求不太清楚，影响了教科书的使用效果 | 5 | 4 | 3 | 2 | 1 |
| 92 | 教师对教科书的内容还不太熟悉，影响了教科书的使用效果 | 5 | 4 | 3 | 2 | 1 |

## 五、其他（请在相应的等级上打钩）

93. 您认为使用教科书给当地教师带来的负担________。

A 很大　　B 较大　　C 一般　　D 不太大　　E 不大

94. 您所在地区学校一般高中每周英语课时数为________课时（含补课）。

95. 您认为上述高中英语课时数是否合适？

A 过多　　B 偏多　　C 适中　　D 偏少　　E 过少

96. 根据您所了解的情况，您所在地区的英语教师是否认真研读了英语教科书？

A 全部　　B 大多数　　C 少数　　D 不太清楚

97. 在下列因素中，您认为哪些因素使教科书没有得到较好的、充分的利用？请选出相应因素，并按影响力从大到小的顺序排列，谢谢！

______________________________

A 教师教学观念　　B 教师教学能力　　C 教师培训内容、形式、时间

D 学生水平　　E 模块课程与课时安排　　F 评价方式

G 配套硬件设施　　H 其他________

98. 最后，请您从教研员的角度谈谈当前的教科书存在的问题。这些问题主要是教科书编写上的问题、课程设置上的问题，还是教科书使用上的问题？

______________________________

______________________________

______________________________

______________________________

______________________________

______________________________

问卷到此结束。谢谢！